GREEN BOOK OF SUV
ANNUAL REPORT ON THE DEVELOPMENT OF
CHINA'S SUV MARKET
(2016-2017)

SUV 绿皮书：
中国汽车 SUV 行业发展报告
（2016~2017）

汽车评价研究院 ◎编著
深圳航盛电子公司

经济管理出版社
ECONOMY & MANAGEMENT PUBLISHING HOUSE

图书在版编目（CIP）数据

SUV 绿皮书：中国汽车 SUV 行业发展报告（2016~2017）/汽车评价研究院，深圳航盛电子公司编著. —北京：经济管理出版社，2017.11

ISBN 978-7-5096-5410-1

Ⅰ. ①S… Ⅱ. ①汽… ②深… Ⅲ. ①越野汽车—汽车工业—工业发展—研究报告—中国—2016~2017 Ⅳ. ①F426.471

中国版本图书馆 CIP 数据核字（2017）第 249069 号

组稿编辑：范美琴
责任编辑：范美琴
责任印制：黄章平
责任校对：王淑卿

出版发行：经济管理出版社
　　　　　（北京市海淀区北蜂窝 8 号中雅大厦 A 座 11 层　　100038）
网　　址：www. E-mp. com. cn
电　　话：（010）51915602
印　　刷：玉田县昊达印刷有限公司
经　　销：新华书店
开　　本：710mm×1000mm /16
印　　张：23
字　　数：301 千字
版　　次：2017 年 12 月第 1 版　　2017 年 12 月第 1 次印刷
书　　号：ISBN 978-7-5096-5410-1
定　　价：79.00 元

中国汽车 SUV 绿皮书编委会

前　言

人类历史其实是一个不断提高自身智能和生理能力的过程。

人类期望自己能在天空飞翔，设计出了各种飞行器，大批量制造飞机几乎使每一个人都能体验和享受到飞行的乐趣和速度。人类盼望在大海里游得更远更快，设计出了船舶，实现了万里航行。人类希望自己不但要跑得快还能足够远，先是用马拉车代替自己的双脚，之后，设计出了改变自己、也改变了世界的汽车。

人类在提高自身智能和生理功能的同时，也破坏了环境，给自己的生活和生命埋下了陷阱和祸根：环境污染、生态失衡、人与自然交恶。

汽车不仅是人们改变世界的工具，也是影响环境和生态的重要因素。汽车发展到今天，其使命已不再是改变世界，而是恢复世界天真烂漫、自然原始的面貌。汽车应与自然和谐、与人和谐、与社会和谐，这是我们今天需要的汽车。

这样的汽车靠什么来实现？低碳绿色！这已经成为人类必需的选择，也是唯一的选择。否则，汽车给人类带来的福利将会转变为祸患。人类的双腿有力了，心肺却被污染和损害，设计汽车的目的被扭曲。

为此，我们与众多理念相同、价值观一致的伙伴，共同策划、组织、编撰了中国汽车系列绿皮书，客观描述和反映中国汽车行业在低碳绿色上付出的努力，讨论探索中国汽车实现低碳绿色发展的路径，总结推广中国汽车在低碳绿色上取得的经验，创造新时代中国汽车低碳绿色发展新模式，使汽车不仅成为人们改变世界的工具，也能成为人类保护世界环境的朋友。

目 录

第一部分

总报告:自主品牌SUV竞争力形成 的历史过程及原因分析

一、中国 SUV 汽车发展历史过程

（一）什么是 SUV

SUV 是英文"Sport Utility Vehicle"的缩写，其中文名称可译为"运动型多用途汽车"。由于国内行业组织在正式场合一直以"SUV"指代这一类车型，该称呼被一直沿用，成为与"轿车"、"MPV"并列的乘用车类型。

SUV 最早出现在 20 世纪 80 年代的美国，是为迎合年轻白领阶层的爱好而发展起来的一种车型。SUV 脱胎于越野车，但舍弃了后者的非承载式车身结构，改用承载式车身结构，在降低自重的同时，保证了较大的离地间隙，在一定程度上兼具轿车的舒适性和越野车的通过性能。与越野车相比，它最大的特点是在设计时强调了驾乘人员的舒适性。

按照所具备的通过性能的高低，SUV 划分为都市型 SUV 和越野型 SUV 两大类，其根本差别在于是否采用 4×4 的驱动形式，以及是否采用承载式车身结构。目前，国内市场上绝大多数 SUV 均为都市型 SUV，这类产品基本上都是以轿车底盘为基础进行设计，主要路况都是都市内道路，在设计时较少考虑野外无路场景下的应用。

为了方便比较与阐释，本报告中对涉及的车型按照不同标准进行了分类。其中，报告中提及的轿车、SUV、MPV、越野车等概念，是参照《汽车和挂车类型的术语和定义》（GB/T 3730.1—2001）和《机动车辆及挂车分类》（GB/T 15089—2001）两个国家推荐标准进行的分类；报告中涉及的豪华车市场、中级车市场等概念，主要参照价格的高低进行分类，具体标准见表 1-1。

表 1-1　乘用车细分市场划分标准　　　　　单位：万元

细分市场	价格区间
超豪华车市场	80 以上
豪华车市场	35~80
高档车市场	25~35
中高档车市场	18~25
中级型市场	12~18
经济型车市场	8~12
低价车市场	8 以下

国内目前对乘用车车型进行分类的标准有若干种，其中最常用的是德国大众汽车公司按照轴距与车长将车型分为 A00、A0、A、B、C等级别的方法。该方法简单易行，加之被导入的时间早，因此被广泛使用。但与十几年前不同的是，现阶段国内市场上的乘用车车型丰富，按照上述方法进行分类，存在大量跨级别车型，比如拥有 B 级车轴距但车长却还是 A 级车的产品。因此，本报告参照德国大众公司的分类标准，但对其进行了一定的改进，以便更好地描述国内 SUV 市场的竞争态势。具体分类标准如表 1-2 所示。

表 1-2　SUV 级别划分标准

级别	车长 （毫米）	轴距 （毫米）
微型	4000 以下	2400 以下
小型	4000~4300	2400~2650
紧凑型	4300~4500	2500~2750
中型	4500~4700	2600~2800
中大型	4700~5000	2750~2900
全尺寸	5000 以上	2800 以上

（二）SUV 在中国的发展历程

SUV 在其诞生后不久就以进口车形式进入我国市场，但彼时的 SUV 以西北部地区集团用户、企业用户为主，私人用户数量很少。真正意义上的 SUV 市场，尤其是家用 SUV 市场的形成与发展，是从 21 世纪初开始的。

本报告参照美国学者雷蒙德·弗农（Raymond Vernon）教授的"产品生命周期理论"，将国内 SUV 市场的发展过程进行划分；按照 SUV 的销量、市场上可选择的产品数量，将 SUV 在国内的发展划分为培育期、导入期、快速发展期三个阶段。

培育期指的是我国 2001 年底加入世界贸易组织之前。这一阶段的特点是国内 SUV 以集团用户为主，市面上国产 SUV 车型很少，价格高昂。

导入期指的是 2002~2007 年。这一阶段的特点是，伴随着国内私家车消费的兴起，SUV 开始逐渐走入家庭，销量逐年增加，但国内主流汽车企业对这一品类车型并不重视。

快速发展期是指从 2008 年至今。这一阶段的特点是，SUV 被越来越多的消费者所青睐，销量和市场占有率逐年增加，国内主流汽车企业大量开发投放新产品，但相比轿车种类，SUV 品种依然较少；市场竞争开始激烈，集中度却处于下降状态，消费者的品牌偏好尚未形成。

目前，国内 SUV 市场尚未进入弗农教授"产品生命周期理论"中提及的产品成熟期。在这一阶段的特点可概述如下：由于销量、单车利润较轿车高，汽车企业对 SUV 的重视程度会高于自身的轿车产品；同时，不同 SUV 的品牌溢价开始出现明显分化，市场集中度开始增加；大规模价格战此起彼伏，技术含量低的产品和实力弱的企业被边缘化。

下面，本报告将以时间为主轴，辅之以重要事件和重点企业发展过程，对 SUV 的发展历程进行简要梳理。

1. 培育期： 越野型 SUV 是唯一主角

在我国加入世界贸易组织之前，国内汽车市场全年规模仅为 100 余万辆，与近几年单月市场规模相仿，私家车消费亦未启动。SUV 作为一个新的产品种类，市场规模极小，均为越野型 SUV。其中最具代表性的是庆铃汽车有限公司、原沈阳金杯通用汽车有限公司和原北京吉普汽车公司在 2000 年前后投放的竞技者、开拓者和挑战者等车型。

庆铃竞技者的原型车是日本五十铃公司在 20 世纪 90 年代推出的"Rodeo"，雪佛兰开拓者即为同期海外市场上销售的雪佛兰 Blazer 的国产版本，而北汽挑战者则是原北京吉普公司在吉普切诺基的基础上再开发的产物。这三款车的共同点可归纳如下：

（1）均有四驱版本，最大爬坡度均超过 45°；

（2）重视通过性能，最小离地间隙都超过 190 毫米；

（3）后悬架均为非独立悬架结构。

总体上，在这一阶段，由于私人消费尚未兴起，国产 SUV 虽然在一定程度上追求提供更好的驾乘舒适性，但仍然更加重视车辆的越野性能和通过性能。此外，由于用户均为对售价、油耗不敏感的集团用户，此时的 SUV 售价均超过 20 万元，顶配版本甚至超过 30 万元，这也反过来影响了 SUV 进入家庭。

2. SUV 的第一次遍地开花

2001 年底，我国正式加入世界贸易组织，2002 年全国乘用车年销量历史性地突破 100 万辆，SUV 销量也从之前一年 4.4 万辆增加到 9.3 万辆。快速扩大的市场规模诱使大量外来资本进入汽车业，也刺激了已经具备汽车制造资质的企业加大了市场开拓力度。与此同时，2002 年起，国内大多数城市开始限制皮卡进城，但这种限制却对基于皮卡改造而来的 SUV 不起作用。

上述因素的叠加作用，使得国内 SUV 市场在 2003 年呈现繁荣景象：从产业层面看，有超过 30 家企业出产 SUV；从市场终端看，由于大量低价产品进入市场,刺激了 SUV 消费。这一年,SUV 市场规模在此前已经翻番的情况下又一次急剧增长,年销量第一次突破 10 万辆,一举攀升至 17.4 万辆。

金杯通用、北京吉普是这一阶段的领跑者之一,占据着 20 万元以上的高端市场;万丰、横店、中誉、奥克斯、波导、黑豹等昙花一现的汽车品牌,在这一阶段都曾推出过自己的 SUV;新凯汽车、大迪汽车、天马汽车、富奇汽车等或已经消失或被边缘化的企业,在此阶段都曾年产销过万辆,赚得盆满钵满;如今国内 SUV 领导者长城汽车也是抓住了这一次机遇,挖到第一桶金。

2003~2004 年,SUV 在我国第一次遍地开花。这一时期的特点是,基于五十铃皮卡底盘技术和丰田海拉克斯车身技术"组合"而来的低价位 SUV 盛行。虽然这类车型的技术含量很低,产品品质、操控性能也无法与同期的轿车相比,更远远落后于同期的进口 SUV,但由于成本低廉,使得它们能够以低价进入市场,既使更多的国内消费者能够享受汽车生活,又冲击了原有的 SUV 价格体系和市场竞争体系,为国产 SUV 几年后的兴起奠定了基础。尤其值得一提的是,彼时仍是集体所有制小型企业的长城汽车股份有限公司,抓住了发展机遇,开始演绎属于自己的传奇。

3. 东风本田 CR-V 的市场神话

SUV 第一次在神州大地遍地开花,2003 年 7 月,一家新的合资汽车企业——东风本田汽车有限公司在武汉成立。它由东风汽车集团股份有限公司与日本本田技研工业株式会社、本田技研工业(中国)投资有限公司联合成立。这家公司成立之初并未广受关注,但它却创下了中国汽车市场上难以超越的神话:其 2004 年、2007 年投产的前后两代本田 CR-V,不仅在国内市场上开创了都市型 SUV 这一全新品类产品,而且在其整个生命周期中,都没有出现降价促销现象。

CR-V 是英文 Comfortable Runabout-Vehicle(即舒适轻便车型)的

缩写，其为中文名"思威"，但相较于 CR-V 这一缩写，"思威"可谓鲜为人知。第一代本田 CR-V 是 1995 年 10 月推出的，本田公司基于第六代思域平台开发的 SUV 车型。2002 年，第二代 CR-V 上市，并于2004 年国产。第二代 CR-V 是在第 7 代本田思域平台上进行改进而来，驾乘舒适性进一步增强，也由此开创了国内都市型 SUV 这一新的品类。在当时的 SUV 市场上的产品，或是 15 万元以下的、基于皮卡底盘或越野车底盘开发的低端车型，或是 50 万元以上的、进口的高端产品，CR-V 因为价格适中，又能为车主提供完全不同的驾乘体验而备受青睐。

2007 年，东风本田投产第三代 CR-V。当时国内轿车市场已频现价格战，奇瑞等自主品牌企业也开始投放基于轿车平台开发的都市型SUV 车型，但这一切并未影响 CR-V 的热销。由于产品力强，产能不足，再加上"HONDA"的品牌溢价，CR-V 上市之初就出现加价提车现象，单车普遍需要加价 3 万元以上。2007~2011 年，CR-V 连续 5 年称霸国内 SUV 市场。东风本田也成为国内 SUV 热潮下最早的受益者。

CR-V 能够创下两代产品都不曾降价销售的市场神话，得益于没有可与之竞争的车型。2010 年前，合资汽车企业的重心在轿车市场上，没有企业投放能够与 CR-V 竞争的 SUV 车型，而自主品牌企业的产品显然难以与之竞争。2009 年以后，随着丰田 RAV4、福特翼虎等车型陆续国产，CR-V 遭遇强有力的竞争；虽然东风本田也于 2012 年推出换代 CR-V，但这一代车型已走下神坛。

4. 抓住机遇的长城汽车

除东风本田外，国内 SUV 热潮的另一个受益者，也是从目前看最大的受益者，是一家中国本土汽车企业——长城汽车股份有限公司。这家从皮卡生产企业转型而来的汽车公司，目前已经成为中国 SUV 市场当之无愧的"领头羊"，并已开始代表中国汽车产业向高端市场发起冲击。

长城汽车最开始是从事皮卡的生产及销售。2002 年之前，长城汽车的主营产品是皮卡,该公司于 2002 年前后进入 SUV 领域,陆续推出了赛铃、赛弗、哈弗等车型,及时把握住了国内 SUV 市场发展起步的契机。2003 年,长城汽车在香港 H 股上市。

2008 年,该公司进军轿车市场,推出了 C30 等多款轿车;轿车业务占其总量的比重在 2011 年达到峰值,随后开始走低。而从 2009 年起,长城汽车按照美国营销学者艾·里斯提出的"定位理论"对自身战略进行了调整,将业务发展的优先顺序从"轿车→SUV→皮卡"调整为"SUV→皮卡→轿车"。2010 年,哈弗 SUV (含多款车型) 的销量上升至同行业第一,随后连续两年成为 SUV 行业销量最大的品牌。

2013 年 3 月,哈弗系列 SUV 的保有量达到 100 万辆;长城汽车顺势将"哈弗"从产品品牌升级为独立的、专注于 SUV 市场的品牌,也成为国内当时唯一一个专门的 SUV 品牌。2014 年,该公司董事长魏建军先生正式宣布决定暂时放弃轿车业务,聚焦资源发展 SUV;同年,长城汽车推出定价在 20 万元以上的哈弗 H9,并于次年年初推出定位和定价接近的哈弗 H8,冲击高端 SUV 市场。2016 年,哈弗品牌 SUV 的销量突破 90 万辆,遥遥领先于国内竞争对手。同年,长城汽车发布全新的豪华 SUV 品牌"WEY",以期能够向上突破自主品牌企业普遍面临的"品牌天花板"。

从大趋势看,长城汽车的成功是因为抓住了 SUV 市场连续十几年持续增长的机遇,在这个市场还是主流企业看不上的小众市场时就进入,随着 SUV 市场发展成为国内乘用车市场最火热的细分市场,长城汽车也成为国内自主品牌企业的领导者之一。但不可忽视的是,长城汽车自己的坚持和战略选择也是至关重要的。虽然 2003 年它选择进入 SUV 市场的根本原因是因为这一市场的技术门槛、品牌门槛和资金门槛较低,易于进入,但在企业获得轿车生产资格,且在轿车市场实现较好起步后,长城汽车能够放弃已有的业务,重新将战略中心聚焦到 SUV 领域,却是企业最高管理者观察力和魄力的体现。

5. SUV 于 2008 年形成热潮

2007 年，SUV 销量增速首次明显超过乘用车行业整体增速，这固然得益于其较低的基数，但其占乘用车市场份额的比重也在同步增加，说明 SUV 市场接受程度是有实质性提高的。

2008 年，国内 SUV 销量占乘用车市场的比重首次突破 10%，达到 10.6%；随后几年，SUV 开始摆脱小众产品的定位，其销量和市场占有率连年增加，进入快速成长期，如图 1-1 所示。时至今日，SUV 已成为仅次于轿车的第二大乘用车品类，并有望在 2017 年取代轿车成为最受欢迎的乘用车品类。

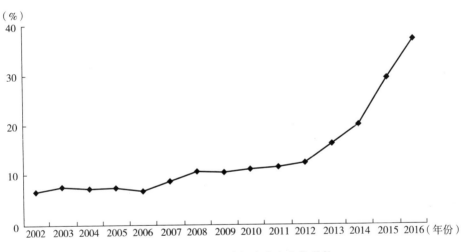

图 1-1 国内 SUV 市场占有率变化趋势

（三）驱动 SUV 市场快速增长的因素

1. 宏观因素

我国轿车消费从 2002 年开始进入快速发展期，截至 2007 年底，我国乘用车千人保有量超过 20 辆，绝大部分贡献来自轿车。此后，SUV 逐渐接替轿车，成为驱动乘用车市场发展的主要力量。

从宏观层面看，驱动 SUV 消费从 2008 年起高速增长的因素可归结为两点: 汽车消费升级和汽车需求重点的转变。

我国城镇居民收入水平在 2007 年后大幅提高, 由 2007 年的人均 1.4 万元提高至 2012 年的 2.4 万元, 2016 年增长至 3.36 万元。随着收入水平的提高, 用户的需求也开始多样化, 购车的首选不再局限于传统轿车, 选择 SUV 的用户开始明显增多。

相较于轿车, 都市型 SUV 有以下特点: 一是实用性更好, SUV 的内部空间更大; 二是驾乘舒适性更好, SUV 有着良好的操控性能, 且因为底盘而具有更开阔的视野; 三是外观时尚前卫, 更容易打动消费者。同时, 基于轿车平台开发的 SUV, 其油耗虽比轿车略高, 但仍在用户可接受范围内, 并未对购买产生明显的负面冲击。

此外, 2002 年起第一批购买私家车的用户, 从 2007 年起逐渐步入换购期, 换购和增购需求开始出现。对换购和增购用户来说, 购买档次更高一级的车型, 或购买较以往产品存在一定差异化的车型, 是他们在选择车辆时的主要需求, 所以在增购换购需求释放的过程中, SUV 消费占比将逐步提升。

2. 企业因素

从微观视角看, SUV 的毛利率和净利润高于同级别轿车, 是推动厂家在 2008 年后涌入 SUV 市场的根本力量。

两家以 SUV 作为公司主营业务的上市公司对应年份的年报显示, 2008~2010 年, SUV 的毛利润率高达 25%~30%, 而这是建立在两家公司销量远低于同期以轿车为主营业务的其他汽车企业基础之上的。

表 1-3 长丰汽车与长城汽车 SUV 毛利润率指标　　　　单位:%

	2008 年	2009 年	2010 年
长丰汽车	28.2	25.6	25.2
长城汽车	26.8	28.3	30.4

这一阶段，SUV 能够为企业带来丰厚的利润，主要原因是市场竞争不够充分，消费者可选的产品数量与其消费偏好之间不成比例；而高端进口 SUV 多为豪华车品牌，受关税、消费税的影响，售价大都高企，为中低端产品留下了充裕的定价空间，从而使市面上有限的 SUV 车型基本都能获得很高的溢价。

3. 终端因素

2008 年之前，国内市面上的都市型 SUV 车型数量较少。截至 2007 年底，国内主流汽车生产企业投放的 SUV 总量不足 30 款；2004~2007 年主流汽车企业新上市的 SUV 车型仅 11 款。从竞争格局看，市场上的 SUV 主要是自主品牌企业的产品与日系合资公司的产品，如表 1-4 所示。

表 1-4 2008 年前主流汽车企业 SUV 车型概况

	2002 年前	2003 年	2004~2005 年	2006~2007 年
合资企业	吉普切诺基 吉普大切诺基	丰田普拉多 丰田陆地巡洋舰 日产帕拉丁	本田 CR-V 现代途胜 三菱帕杰罗	起亚狮跑 日产奥丁
自主品牌	猎豹 东南富利卡 庆铃竞技者 江铃陆风 长城赛弗	风景冲浪 黄海曙光 吉奥 特拉卡	猎豹飞腾 哈弗 CUV 奇瑞瑞虎 江淮瑞鹰 中兴无限	华泰圣达菲

2008 年后，越来越多的汽车企业看到 SUV 市场的发展前景，开始推出产品参与竞争。欧系和美系合资公司也纷纷将其在外方母公司本土市场的新产品投放到中国市场上。截至 2012 年，市面上 SUV 车型数量已接近 70 款，且绝大部分都是基于轿车平台开发的都市型 SUV，如表 1-5 所示。

表 1-5 2008~2012 年部分主流汽车企业 SUV 投放概况

	2008~2009 年	2010 年	2011 年	2012 年
合资企业	日产逍客 日产奇骏 奥迪 Q5 丰田 RAV4 丰田汉兰达	大众途观 现代 IX35 起亚智跑	雪佛兰科帕奇 日产楼兰 纳智捷大 7	奔驰 GLK 宝马 X1 福特翼虎 福特翼搏 现代新胜达
自主品牌	哈弗 CUV 众泰 2008 哈弗 M1 瑞麟 X1 金杯霸道	哈弗 H5 哈弗 M2 威麟 X5 海马骑士	哈弗 H6 比亚迪 S6 荣威 W5 力帆 X60 中华 V5	吉利 GX7 哈弗 M4 传祺 GS4 金杯 S30 长安 CS35

随着 SUV 车型上市数量的逐渐增加, SUV 对消费者的吸引力越发增强, 推动市场规模进一步扩大。

二、自主品牌抓住了 SUV 市场快速增长机遇

(一) 自主品牌企业在 SUV 市场上取得了 58.2% 的份额

从 2007 起, 由于合资汽车企业开始向国内市场导入 SUV 产品, 自主品牌 SUV 虽然销量仍保持增长, 但其市场份额一度大幅度下滑。不过, 2012~2016 年的 5 年间, 国内 SUV 市场规模从约 200 万辆跃升至 905 万辆, 年均复合增长率高达 45.8%。自主品牌企业抓住了 SUV 市场大发展的历史机遇, 取得了较合资公司更好的发展。截至 2016 年底, 自主品牌 SUV 年销量达到 499.8 万辆, 2012~2016 年的年均复合增长率达到惊人的 52.2%, 如图 1-2 所示。

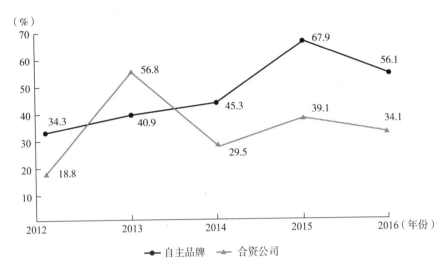

图 1-2　自主品牌与合资公司 SUV 销量增速变化

与此相对应的，自主品牌企业在 SUV 市场的份额也在 2015 年实现了对合资公司的反超，市场占有率从 2012 年底的 46.5% 攀升至 2016 年的 55.2%，如图 1-3 所示。

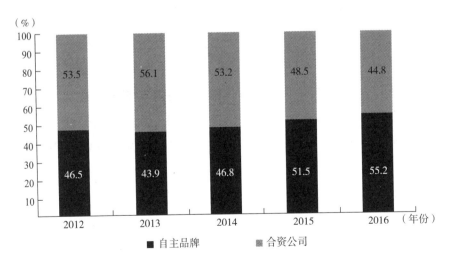

图 1-3　自主品牌与合资公司 SUV 市场占有率变化

（二）为什么自主品牌企业能抓住机遇？

为什么自主品牌企业能够抓住 SUV 市场快速发展的战略机遇期，实现销量和市场占有率的双丰收呢？

从根本上看，是因为合资汽车企业在 SUV 市场出现高速增长苗头之初并不重视这一市场，其具体表现是只有少数产品入市，对市场的细分程度远不如轿车市场；2010 年后，随着市场规模稳定在 100 万辆以上，跨国公司纷纷加大对 SUV 领域的资源投入，但在价格上并未下探。

2015～2016 年，国内小型 SUV 和紧凑型 SUV 市场再度高速增长，自主品牌企业从中获益匪浅。合资汽车企业因为此前对 15 万元以下的中低价位区间不重视，而将产品投放重点放在利润更高的中型 SUV、紧凑型 SUV 高端市场上，导致过去两年小型 SUV 和紧凑型 SUV 消费，尤其是中低价位的小型 SUV 和紧凑型 SUV 消费出现"井喷式"增长时，大部分合资企业由于没有合适的产品而无奈地作壁上观。

截至 2016 年底，SUV 已成为自主品牌企业最重要的产品，总体销量达到 526.99 万辆，销量是自主品牌轿车销量（228.17 万辆）的 2 倍有余；SUV 全年涨幅达到 55.1%，成为推动自主品牌销量增长的核心力量。

三、2016 年 SUV 市场格局分析

（一）中国汽车市场在政策刺激下再次放量增长

2015 年 9 月底，中央政府决定自当年 10 月 1 日至 2016 年 12 月 31 日期间，对 1.6 升及以下小排量乘用车实施车辆购置税减半征收政策。在这一政策的刺激下，我国汽车消费在 2016 年再度高涨，全年乘用车

产销量分别达到 2442.07 万辆和 2437.69 万辆，同比分别增长 15.5% 和 14.9%。

分品类看，除交叉型乘用车外，其他三大类乘用车——轿车、SUV 和 MPV——在 2016 年均取得销量增长。如图 1-4 所示，2016 年我国轿车销量达到 1215 万辆，较上年增加 40.5 万辆；SUV 销量为 904.7 万辆，较 2015 年增加 279 万辆；MPV 销量为 249.7 万辆，较 2015 年增加 38.8 万辆。SUV 对 2016 年国内乘用车销量的贡献度高达 88.1%。

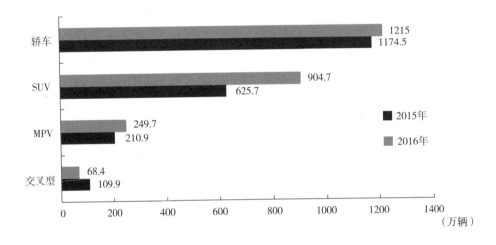

图 1-4 2016 年乘用车分品类销售情况

分排量看，享受车辆购置税减半征收政策优惠的 1.6 升及以下小排量乘用车 2016 年销量达到 1760.7 万辆，同比增长 21.4%，在乘用车总销量中的占比提升至 72.2%；按照排量进行划分，在 1.6 升及以下销量乘用车对 2016 年我国乘用车销量的贡献度高达 97.8%。

分企业国别看，自主品牌乘用车 2016 年销量增长 20.5%，达到 1052.9 万辆，占乘用车市场总量的 43.2%。其中，自主品牌 SUV 销量达到 526.8 万辆，同比增长 57.6%，在 SUV 市场的占比提高 4.8 个百分点，达到 58.2%；自主品牌轿车销量为 234 万辆，同比下降 3.7%，市场份额跌至 19.3%。

（二）SUV 成为乘用车市场驱动力

2016 年，国内轿车销量增长 3.44% 至 1214.99 万辆，但其占乘用车总销量的比重首次跌破 50%，比重为 49.54%，比 2015 年下降 5.66 个百分点。导致轿车占比下降的根本原因是 SUV 销量的持续高涨。

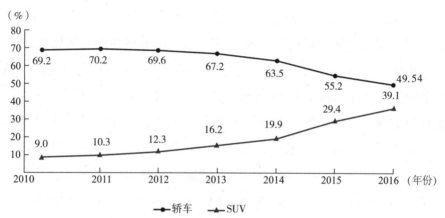

图 1-5　2010~2016 年 SUV 对轿车的替代率

2016 年，SUV 全年销量为 904.7 万辆，较 2015 年增加 279 万辆，成为 2016 年国内乘用车市场最重要的驱动力。

分级别看，紧凑型 SUV 虽逐年下降，但 2016 年仍是最大的细分市场；而小型 SUV 和中型 SUV 的市场份额均超过 20%，分别为 20.46% 和 21.97%，成为新的增长极。

分排量看，1.6 升及以下排量的小排量 SUV 的销量出现了爆发式增长。全年销量较 2015 年大涨 77.05% 至 496.39 万辆，占 SUV 总销量的比例同比增加 9.79 个百分点，达到 54.86%。此外，1.6~2.0 升排量的中等排量 SUV 的销量也增长 33.06% 至 351.47 万辆。中等排量和小排量 SUV 的销量增长成为推动 SUV 总销量快速增加的主要原因，受此因素推动，2016 年 SUV 占乘用车总销量的比重增加了 7.69 个百分点，达到 37.11%。

从企业国别看，自主品牌 SUV 企业成为 2016 年 SUV 市场高涨的最大赢家。自主品牌 SUV 企业 2016 年共实现销量 526.75 万辆，同比增长 57.57%，占 SUV 总销量的比重也较上年增加 4.8 个百分点，达到 58.2%。2016 年销量排名前 10 位的车型中，有 5 款自主品牌。

分驱动形式看，两驱 SUV 仍为国内 SUV 主流车型。2016 年，两驱 SUV 销量增长 47% 至 777.1 万辆，占 SUV 总量的 85.9%；四驱 SUV 销量增长 31.5% 至 127.6 万辆。由于四驱 SUV 的技术含量要显著高于两驱 SUV，因此合资公司在四驱 SUV 市场上占据着明显的竞争优势。

2016 年，我国共有 61 家企业参与两驱 SUV 市场的竞争，但半数以上的企业全年销量不足 10 万辆。其中，全年销量不足 1 万辆的企业数量为 11 家，全年销量在 1 万~5 万辆的企业有 16 家，全年销量在 5 万~10 万辆的企业有 8 家。在这一细分市场领跑的是两家自主品牌企业：长城汽车 2016 年以 89.7 万辆的销量领跑两驱 SUV 市场，市场占有率为 11.5%；重庆长安 2016 年销量为 54.1 万辆，市场占有率为 6.9%。

2016 年，我国有 36 家企业参与四驱 SUV 市场的竞争，但仅有 4 家企业销量超过 10 万辆。其中，有 8 家企业的年销量不足 1000 辆，另有 10 家企业的销量不足 1 万辆。在这一细分市场上领跑的全部都是合资汽车公司，其中一汽—大众是唯一一家年销量超过 20 万辆的企业，它以 21.8 万辆的成绩排名第一，紧随其后的是上汽通用和一汽丰田，2016 年销量分别为 16.2 万辆和 15.5 万辆。自主品牌中业绩最好的是湖南江南汽车制造有限公司，凭借众泰、大迈等车型的热销，该公司 2016 年销售 7.9 万辆四驱 SUV。

（三）企业继续密集投放产品

与销量持续高涨相对应的是各主流自主品牌企业在 2016 年密集投放 SUV 新车型的现象，投放数量已远超传统轿车和 MPV。图 1-6 为威尔森咨询公司统计的 2015~2017 年分级别 SUV 产品投放分布，非常明确地展现了不同细分市场的产品投放规模。

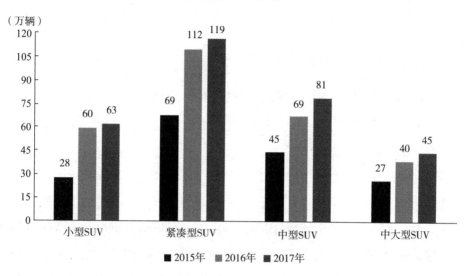

图 1-6　2015~2017 年 SUV 投放分布统计

　　其中，长城汽车、上汽集团和吉利汽车等均有较多 SUV 新车型推出，部分新车型销售火爆，成为新一代明星车型。其中，表现最突出的，当属上汽集团推出的荣威 RX5、吉利汽车推出的博越，上市后月销量均维持在 10000 辆以上。尤其吉利汽车在 2016 年推出的三款 SUV 新产品当年累计销量超过 18 万辆，占当年汽车总销量的近 1/4，显著带动了企业的业绩提升。

　　从目前各主流自主车企 SUV 产品谱系来看，紧凑型 SUV 竞争最为激烈，其次是小型 SUV 和中型 SUV，大中型 SUV 车型方面则仅有长城汽车已推出哈弗 H8、哈弗 H9 与合资品牌或国外品牌竞争，但市场表现不尽如人意。

　　除长城汽车拥有全谱系 SUV 产品，比亚迪布局也较完善以外，自主品牌 SUV 产品目前多集中于一类车型，如上汽乘用车、广汽乘用车、吉利汽车着重于紧凑型 SUV 产品，江淮、北汽绅宝则着重于小型 SUV。

四、2017 年 SUV 市场展望

（一）SUV 有望销量登顶

1. 前 6 个月，SUV 成唯一增长的细分市场

2017 年上半年，国内 SUV 销售增速仍然高于乘用车整体增速，成为乘用车中唯一增长的品类。

中国汽车工业协会公布的数据显示，2017 年 1~6 月，我国乘用车销量为 1126.3 万辆，同比增长 1.6%，增速较 2016 年同期下降 7.6 个百分点。其中，轿车销量同比下降 3.2%，实现销售 539.9 万辆；SUV 销量同比增长 16.8%，实现销售 452.7 万辆；MPV 销量同比下降 15.85%，实现销售 101.1 万辆；交叉型乘用车销量同比下降 25.3%，实现销售 31.7 万辆。从销量绝对值看，SUV 销量较 2016 年同期增加 65.2 万辆，占乘用车总量的比重达到 40.2%；轿车、MPV 和交叉型乘用车的销量较 2016 年上半年分别减少 17.7 万辆、18.9 万辆和 10.7 万辆。如图 1-7 所示。

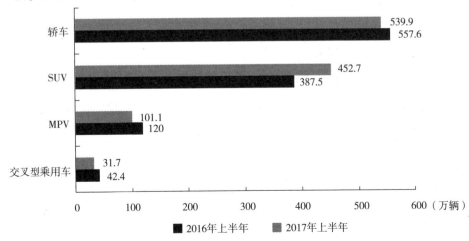

图 1-7 2017 年上半年乘用车销售情况

市场集中度方面, SUV 销量前 10 位车型的累计销量为 132.8 万辆, 同比增长 6.7%, 增幅低于 SUV 细分市场总体水平; 受此影响, 前 10 位车型占 SUV 市场总量的比重较 2016 年同期减少 3 个百分点, 下降至 29.3%。

市场份额方面, 自主品牌 SUV 总销量为 269.8 万辆, 市场份额达到 59.6%, 较 2016 年前 6 个月增加 3.6 个百分点。

产品方面, 在 2017 年 5 月进行换代的哈弗 H6 上半年的累计销量达到 22.65 万辆, 虽较 2016 年略有减少, 但仍在 SUV 品类中排名第一; 紧随其后的是广汽传祺 GS4, 销量为 18.08 万辆。除哈弗 H6、传祺 GS4 外, 另有 7 款车型 2017 年上半年销量超过 10 万辆; 上年同期, 只有 5 款车半年销售超过 10 万辆。

2. 车市滑坡后, 重心向 SUV 转移成必然选择

面对车市下滑的现状, 国内汽车企业已着手进行调整, 一是进行人事调整, 二是进行终端销售策略调整。终端销售策略调整的方向, 既有可能是价格体系调整, 也可能是商务政策调整。从目前的情况看, 汽车企业 2017 年下半年在营销端的商务政策重点会越发向 SUV 倾斜, 从而推动 SUV 销量继续增长, 并从轿车市场分流走更多的用户。

首先, SUV 市场仍处于发展期, 市场需求明显高于轿车。来自汽车之家对消费者在线检索车辆信息的分析数据显示, 对 SUV 的搜索量在各个价位市场上都在增加; 尤其在低端市场上, 对 SUV 的搜索线索占比在过去 3 年中增长 3 倍有余。

其次, SUV 的毛利润率高于轿车, 这意味着在同样或近似情况下, 销售 SUV 的回报更高。表 1-6 为同一款 SUV 及其依托的轿车平台上的产品, 在国内市场和美国市场的平均销售价格的比较。从中可以看出, 同平台的 SUV、轿车在华销售的均价差普遍大于在美国销售的, 而均价差平均数是美国的 2 倍左右。从中可以得出两个推论: 其一, SUV 的利润空间要大于在同一平台上开发出的轿车; 其二, 国内 SUV 的定

价溢价率较高，价格调整空间很大。

表1-6 中美市场同平台 SUV 与轿车价格比较

	中国			美国		
	轿车价格（万元，人民币）	SUV 价格（万元，人民币）	均价差（%）	轿车价格（万美元）	SUV 价格（万美元）	均价差（%）
福特 C 平台（翼虎 vs 福克斯）	10~17	19~27	41.3	1.7~2.9	2.3~3.1	14.8
马自达 BL 平台（CX5 vs 马自达3）	11~16	17~25	35.7	1.7~2.6	2.1~2.9	14.0
大众 PQ35 平台（途观 vs 速腾）	13~22	20~31	31.4	1.6~3.2	2.6~3.9	26.2
奥迪 B8 平台（Q5vs A4）	27~57	35~65	16.0	3.5~3.7	3.9~5.2	20.9
丰田 VX 平台（汉兰达 vs 凯美瑞）	18~33	25~43	25.0	2.3~3.1	2.9~4.3	25.0
丰田 MC 平台（RAV4vs 卡罗拉）	11~16	18~27	40.0	1.7~2.3	2.4~3.0	25.9
本田 B 平台（CR-Vvs 思域）	12~20	19~26	28.9	1.8~2.4	2.3~3.3	25.0
现代 A 平台（ix25 vs 朗动）	10~15	17~24	39.0	1.7~2.2	2.2~2.8	22.0
平均			30.2			15.7

因此，当市场消费环境变化时，汽车企业在重点销售时的占优策略是保证利润更高的 SUV 销量；而 SUV 较大的价格调整空间，也会让经销商在终端销售时有更大的灵活度。

在这样的大环境下，预计2017年 SUV 全年销量将会超过1000万辆; 不仅如此, SUV 销量超过轿车, 成为第一大乘用车品类也会是大概率事件。

(二) 新的蓝海市场依旧存在

10 年前, 众泰汽车有限公司在其微型 SUV 众泰 2008 上市的发布会上, 在同行业中第一次提出了 "蓝海理论", 认为相对于竞争激烈的轿车市场, SUV 市场产品较少, 竞争不充分, 适合新进入企业发展。

10 年时间过去后, 当年不起眼的 SUV 市场已经成为中国乘用车市场上最耀眼的细分市场。虽然 2017 年 SUV 全年销量有望突破 1000 万辆, 但在这一品类中仍然存在着多个蓝海市场。

1. 中型 SUV 市场进入增长期

2016 年, 国内乘用车销售增速为 14.9%, SUV 板块的增速则高达 45.57%, 市场占有率达到 37.50%。总体上, SUV 板块目前由小型 SUV 和紧凑型 SUV 主导。2016 年小型 SUV、紧凑型 SUV、中型 SUV、大型 SUV 的市场份额分别为 24.96%、57.41%、16.98% 和 0.64%。

小型 SUV、紧凑型 SUV 市场份额逐步攀升, 主要是与自主品牌厂商集中投放车型和合资企业错峰营销有关。小型 SUV 与紧凑型 SUV 之间呈现较为明显的替代效应; 而中型 SUV 市场维持稳定, 增速稳定在 14%~15%; 大中型 SUV, 尤其是中型 SUV 市场份额在 2013~2015 年稳步提升。来自汽车之家的大数据显示, 这一级别车型已进入市场红利期: 2016 年中型 SUV 的线索占比为 8.1%, 高于 6.9% 的中型 SUV 销量占比。

汽车企业在中型 SUV 的布局也逐渐展开。自主品牌方面, 江淮、吉利、长安、北汽、长城、奇瑞等自主厂商, 前期 SUV 产品均主要布局小型与紧凑型, 随着小型和紧凑型 SUV 市场取得佳绩, 为了实现 SUV 全产品布局与向上突破, 自主品牌在 2016~2017 年逐步投放中型及中大型 SUV。

合资汽车企业也开始在中型 SUV 市场积极布局。过去 3 年间，随着吉普自由光、福特锐界、别克昂科威，以及本田冠道等新车入市，合资汽车企业也在这一市场上收获颇丰。2017 年，雪佛兰、宝马、起亚等品牌也将投放多款新车。其中最有可能带动这一市场变革的是上汽大众。上汽大众的产品在 2016 年和 2017 年出现高密度改款和更新。其中，2016 年改款车型 16 款，新增车型 3 款，2017 年已落地和预期改款车型 14 款，新增车型 6 款。与 2016 年相比，斯柯达科迪亚克、大众途观 L、大众途昂等多款 SUV 车型都在 2017 年入市，此举将有效弥补该公司在 SUV 领域车型的不足。此前，上汽大众虽一直领跑车市但在 SUV 领域投入较少，仅靠途观一款车型苦苦支撑，随着该公司的产品重心开始转向 SUV，必然会对同类企业造成较大冲击，预计 2018 ~ 2019 年合资汽车企业之间将会爆发一场 SUV 价格战。

综上所述，中型 SUV 今后将一方面承接中型轿车用户的购车需求，另一方面也会吸收一部分紧凑型 SUV 车主的升级需求；在 2016 年站上了新的台阶后，预计从 2017 年起，中型 SUV 将有爆发式增长，占 SUV 市场的份额将达到 25% 以上。

2. 7 座 SUV 市场方兴未艾

2014~2016 年，小型 SUV 和紧凑型 SUV 持续火热，推动着 SUV 整体市场的上涨；无论是自主品牌企业还是合资汽车企业，都已在这两个细分市场上投放了大量车型，使之成为竞争激烈的"红海"。与此相对应的 7 座大中型 SUV 和大型 SUV 市场，需求逐渐成形，但产品相对较少，成为方兴未艾的蓝海市场。

7 座 SUV 成为市场新宠的原因：一是随着"全面二孩"政策的实施，部分消费者对汽车座位及空间有了更多的需求，使 7 座 SUV 成为已生育二胎家庭以及想要生育二胎家庭的刚性需求；二是消费者换购汽车的需求，之前 5~10 年中购买轿车的用户陆续进入换车期，调研数据表明，这部分购车者更青睐空间大的 SUV。

上述需求在市场终端的反映, 是部分车型的持续热销: 广汽丰田汉兰达上市两年以来, 终端仍加价销售; 长安福特锐界 80% 终端销量来自 7 座车型; 在 7 座车型的推动下, 东风小康风光 580 上市后月销持续超过 1 万辆。统计显示, 2014~2016 年, 7 座 SUV 的销量从不足 40 万辆快速增长到 104.3 万辆。

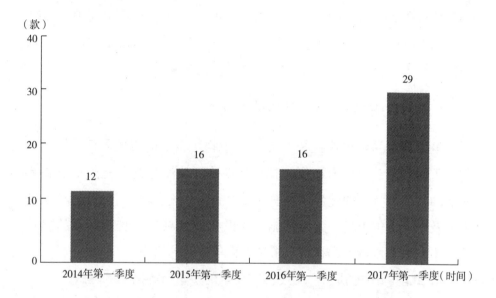

图 1-8 7 座 SUV 在售车型数量变化

快速增长的市场需求, 推动汽车企业投放更多的 7 座 SUV 进入市场, 2017 年第一季度有 13 款新车上市销售, 使 7 座 SUV 车型数量从 16 款增加到 29 款 (见图 1-8)。其中, 自主品牌企业投放 17 款车型, 合资汽车企业投放了 12 款车型。上汽大众更是在短时间内连续投放 7 座 SUV 大众途昂、斯柯达柯迪亚克和途观 L 等车型。

7 座 SUV 市场目前仍为蓝海状态, 但其红海化将是不可逆的趋势。

部分自主品牌企业在 7 座 SUV 市场上沿用了低价竞争策略, 投放产品的价格最低已下探至 10 万元以下。这种策略带来的后果有两点: 一是让更多的消费者买得起 7 座 SUV; 二是能够从接近价位的微面和

MPV 市场上分流用户。目前，上汽通用五菱正在运用这样的发展策略，其主力车型已经从微面升级为 MPV，并引导既有用户在换车时选购宝骏 730、宝骏 560 等 SUV。

综上所述，7 座 SUV 市场有望从 2017 年起成为各企业争夺的新的重点战场。预计今后的 SUV 市场会分化为两个完全不同的细分市场：一是售价在 25 万元以上的，满足中等及以上收入阶层精品化消费需求的高端市场；二是售价在 10 万元左右，满足中低收入阶层追求大空间的实用性市场。

（三）自主品牌 SUV 升级的新挑战

虽然自主品牌企业在 SUV 市场上取得了良好的市场表现，但其参与竞争的手段、产品附加值及其品牌溢价，并没有较合资汽车企业有本质的、不可替代的优势。考虑到自主品牌企业在轿车市场上已退守 8 万元及以下价位市场，如果不能抓住机会，在 SUV 市场上实现品牌升级，未来很有可能重蹈在轿车市场上竞争失败的覆辙。

1. 此前的市场领先， 不过是 10 年前轿车市场格局的翻版

2001 年以前，由于我国乘用车企业数量极其有限，政府对乘用车市场实施了严格的限制准入，使得产品价格虚高。2002 年以后，随着吉利汽车、奇瑞汽车等自主品牌企业获准进入乘用车市场，轿车定价较以往有了显著降低，刺激了国内私家车消费的高涨。自主品牌汽车也抓住了机遇，在 2002~2008 年获得长足发展。

不过，随着跨国公司纷纷调整中国战略，轿车市场的竞争态势发生了逆转。跨国公司通过降低单车利润及牺牲自己在合资公司产业链上的部分利益，降低了合资公司轿车产品的成本，从而具备了更大的市场竞争灵活性。从 2012 年起，合资汽车企业在与自主品牌企业的竞争中占据了明显的优势，这体现为两点：一是自主品牌企业的市场份额连续十几个月下滑；二是自主品牌企业轿车产品定价越来越低，仅

能在低价位市场上保持一定的竞争力，在 10 万元以上的细分市场上完全无法与合资企业相抗衡。

过去几年 SUV 市场的竞争态势，仿佛是 10 年前轿车市场竞争格局的再现。其具体表现为，由于品牌力不足，自主品牌企业只能通过错位竞争的方式与合资企业竞争。对不同企业投放的 SUV 车型的统计分析可以看出，从产品尺寸的角度看，自主品牌车型主要是紧凑型 SUV 和中型 SUV，而合资企业的产品则主要是小型 SUV 和紧凑型 SUV；也就是说，自主品牌企业通过主打更大尺寸的 SUV 与合资企业竞争，由于更加贴切国人喜爱大车的消费心理，使得在同等价位的细分市场上，自主品牌企业的竞争优势较大。这一点，在中低价位车型上体现得尤为突出。

此外，自主品牌 SUV 还通过高性价比蚕食 A 级轿车市场。对比相近价格段的 SUV 和轿车，本报告选取了 10 万~15 万元价格区间的轿车和 SUV 车型进行了对比，可以很清晰地看到以下几个特点：一是 SUV 和 A 级轿车的尺寸空间和动力差别不大；二是 SUV 的安全配置较 A 级轿车略强一些，比如多了电子刹车；三是 SUV 的多媒体配置较 A 级轿车要丰富，多配备 GPS 导航和中控台彩色大屏等。

上述特点在 10 万~15 万元的价格区间中体现得最为突出。从总体上看，售价在 10 万~15 万元价格区间的 SUV 占总量的比重是最高的，该价格区间的 SUV 内部结构呈现以下特点：一是中小车型销量占比最高，供给车型最多；二是自主品牌通过同价格跨级别的战略与合资品牌竞争，即自主品牌该价格区间车型主要为紧凑型 SUV，而合资品牌该价格区间车型主要为小型 SUV；三是适用消费升级替代 A 级轿车逻辑，10 万~15 万元的 SUV 仍有拓展空间，增长确定性最强；四是在这一价位上，消费者对品牌的诉求并不强，因此，自主品牌企业能够占据该市场。

虽然从销量上和市场占有率上，自主品牌企业在过去 3 年中拥有了一定的优势，但仍不足以将这种优势转化为胜势。从内因上看，自主品牌企业的品牌力并未得到根本提升，从外因看，跨国公司及其在华合资企业正在努力扩宽自己的 SUV 产品线，以求增加市场份额。合资企业在这方面的动作，可大致分为以下几种：一是投放新产品，比如上汽大众推出包括途昂在内的多款 SUV；二是同一款原型车交由两家合资公司生产；三是借助原有平台攻占低价 SUV 市场，比如一汽—大众计划在 2019 年投产其第三品牌的第一款车就确定为 SUV。

换言之，现阶段的 SUV 市场竞争，与 10 年前的 A 级轿车市场竞争逻辑相仿。自主品牌采用错位竞争策略换取比较竞争优势；可一旦跨国公司发挥了它们的比较优势——也就是品牌和品质——自主品牌如何避免当年轿车市场的溃败，就成为一个无法回避的问题。

2. 双积分制度会给自主品牌企业带来重大挑战

《乘用车企业燃油平均消耗量和新能源汽车积分并行管理办法》（以下简称《并行管理办法》） 即将实施。这意味着我国政府将对汽车企业同时开展燃油平均消耗量的强制性管理和新能源汽车生产的强制性管理。

《并行管理办法》对国内乘用车生产企业和进口乘用车汽车企业采取一视同仁的管理安排。其中，对年产 2000 辆及以上规模的乘用车企业，按照其当年的平均燃料消耗量实际值与目标值之间的差额计算企业所获得的平均燃料消耗量积分；实际值低于目标值的，获得平均燃料消耗量正积分，反之获得平均燃料消耗量负积分。对年产 50000 辆及以上规模的乘用车企业，按照一定的比例——2018～2020 年的比例依次为 8%、10% 和 12%——为其设定了强制性积分要求，企业所拥有的新能源汽车积分数量必须满足这一强制性要求。如果乘用车企业当年未获得足够的平均燃料消耗量正积分，企业可以通过使用之前几年转存的正积分、向关联企业"求助"、对外购买新能源汽车正积分等方式抵消自己的平均燃料消耗量负积分；如果企业未能满足新能源汽车积分的强制性要求, 则必须对外购买其他企业产生的新能源汽车正积分。

对于未能满足《并行管理办法》要求, 实现平均燃料消耗量积分和新能源汽车积分清零的企业, 国家工信部将会对其处以暂停不符合油耗要求的新车型申报公告和暂停生产的处罚。从目前的情况看, 这些车型基本都是 SUV。从工业和信息化部 2017 年 4 月对外公示的 2016 年平均燃料消耗量情况看, 包括长安汽车、长城汽车在内的数十家自主品牌企业, 尤其是以 SUV 为主力产品的企业无法满足 2016 年的油耗法规强制性要求。参考之前 10 年的发展看, 自主品牌企业按时满足的可能性不容乐观。

来自 NGO 组织能源与交通创新中心的统计数据显示, 2006~2015 年, 自主品牌汽车企业的 100 公里平均燃料消耗量仅下降了 0.5 升, 而合资汽车企业则下降了 1.4 升。造成这种差距的原因, 一方面是因为企业之间的技术差距, 另一方面也是因为自主品牌企业近年来将重心越来越多地转向 SUV, 而 SUV 的整备质量平均值要比轿车超出 200 千克, 这必然会对企业的平均燃料消耗量造成影响。

考虑到 2017~2020 年的燃油消耗量限值会越来越低, 自主品牌企业按时满足要求的难度非常大, 仅靠现有的发动机技术和整车传动系统效率的提升来实现, 几乎不可能。

另外,《并行管理办法》还对乘用车企业提出了必须要满足的新能源汽车积分要求。对于现在尚未进行相关产品研发的企业而言, 势必要通过对外购买的方式获取新能源汽车正积分, 这会使部分企业的成本上升, 削弱其竞争力。

简而言之,《并行管理办法》如果按期实施, 对合资汽车企业相对更有利, 因为它们可以从外方母公司处获得技术支持; 相对地, 该办法会对没有核心技术积累的部分自主品牌企业给予沉重打击。

（四）WEY 的前景可管窥自主品牌的未来

1. 失败的车型证明品牌的重要性

在过去十余年中，长城汽车股份有限公司成功地抓住了国内 SUV 消费爆发式增长的历史性机遇，从一家默默无名的小公司发展成为国内领先的自主品牌乘用车企业。虽然该公司的产品覆盖皮卡、SUV 和轿车等领域，但无论是从销量、利润率来说，还是从品牌影响力而言，SUV 都是长城汽车最核心的业务。

在成功取得市场认可后，长城汽车将战略中心转向提升自身研发实力，并同构与全球顶级供应商合作，提升产品品质。在 2015 年的长城科技节上，该公司董事长魏建军先生特别强调，加强与全球顶级供应商的合作，是长城汽车配套体系的战略方向。正是基于这一战略思维，2013 年，长城汽车与宝钢一同组建汽车用钢联合实验室，共同开发高强度钢板，帮助长城汽车实现产品轻量化；该公司还与哈曼中国签署战略合作协议，使用后者的扬声器模块，并让哈曼参与到哈弗新车型的技术开发中。该公司还与奥托立夫、福耀等企业开展了类似的战略合作，通过与全球顶级供应商的合作，长城汽车建立了完整的零部件供应链体系。

至 2014 年，哈弗 SUV 已连续 13 年领跑自主品牌 SUV 市场，并成为国内最畅销的 SUV 品牌，成为中低价位 SUV 细分市场上的领导者。在市场认可、供应链体系日渐完善，以及企业发展战略的共同推动下，长城汽车很自然地决定向上发展，进入更高的价格区间，以实现更长远的可持续发展。

2014~2015 年，长城汽车陆续推出哈弗 H8 与哈弗 H9 两款战略车型，意在向上突破 20 万元价格"天花板"。其中，哈弗 H8 被定位为豪华 SUV，与合资公司的竞品相比，H8 的性价比优势明显；长城汽车对该公司的产品性能和配置都极具信心，认为它已经达到合资企业的水平。哈弗 H9 则定位为越野风格 SUV, 标配为 7 座, 内部空间宽敞, 外形硬朗, 满足潜在消费者对野性的追求。在两款车上市后不久, 长城汽车将其质保期从 3 年/10 万公里延长至 6 年/20 万公里, 充分显示了其对这两款车质量的信心。

但是, 市场的反馈却出乎企业的意料。与此前推出的 H1、H2 等车型的热销形成鲜明对比的是, H8、H9 的销量数据很差。

H8 和 H9 输在哪里? 从产品层面看, H8、H9 有着很强的竞争力, 唯一合理的解释是品牌力不足以支撑哈弗品牌的售价超过 20 万元。

2. WEY 代表自主品牌在燃油 SUV 上的最高水平

哈弗 H8 和 H9 的失败, 并没有挫败长城汽车进军高端市场的战略规划, 在经过近两年的蛰伏后, 该公司于 2016 年 11 月发布新品牌 WEY ("魏派"), 对这一新品牌, 该公司给出的关键词是"轻奢、空间、时尚"。

与此前意图冲击高端市场的行为相比, 长城汽车此次组建 WEY 品牌的战略行为有以下新特点:

(1) WEY 品牌定位为高端市场, 全新品牌由该公司的国际化团队打造。WEY 品牌 CEO 严思曾在奥迪工作 30 余年, 来中国前任奥迪 Q3 产品管理经理, 主要负责奥迪汽车 SUV 产品的设计、研发工作; WEY 设计总监曾任宝马 M 系产品首席设计师, 先后主导设计了全新的宝马 X5M 和 X6M 等车型。WEY 品牌的管理与设计核心人物大都来自德国, 经验丰富。

(2) WEY 品牌的定位和定价并未冒进。此前长城汽车凭借着哈弗 H6、H2 等车型稳稳地占据着 15 万元以下市场, 而 H8、H9 的售价则一步跨入 20 万元以上的细分市场, 这种跨越被认为是上述车型失败的原因之一。或许是受此影响, WEY 品牌车型中率先上市的 VV7s 和 VV7c 定价为 16.78 万～18.88 万元, 售价只比 H6 高配车型高 20% 左右。长城汽车对这两款车的定位为高端、轻奢产品。

（3） WEY 品牌的命名方式向内部和外部强调了公司最高层对其重视程度，反映出它在长城汽车公司内部极高的战略等级。WEY 品牌的命名与长城汽车董事长魏建军的姓氏谐音，据称是美国营销学家艾·里斯的建议。对于这一品牌的前景，魏建军先生在 2017 年上海车展期间对媒体表示："把我姓都赌上了，不能失败，只能成功。"

在产品层面，WEY 品牌目前已上市的 VV7 在动力性能、智能配置等方面，较自主品牌同等价位车型的优势明显，亦优于合资汽车企业大部分同价位车型。

在渠道方面，长城汽车计划先在其核心经销商处建立店中店，并与万达合作在其商超内进行集中展示；与此同时，该公司在同步建设 WEY 品牌专属 4S 店，起步标准是 1000 平方米。

在营销层面，长城汽车一改自身过去重视产品轻忽营销的做法，非常重视营销事件，聘请奥美公关利用网络媒体、电视媒体等进行全面推广，并由魏建军先生亲自出演 WEY 的广告。

可以说，长城汽车 WEY 品牌从产品定义、设计研发、营销销售、渠道建设等方面，已代表着自主品牌企业在 SUV 领域的最高水平。2017 年 6 月，是 WEY 品牌第一款车 VV7 上市销售的第一个月，销量为 3166 辆，开局要好于 H8 和 H9 的开局。但目前对 WEY 品牌的前景进行预估为时尚早。

如果长城汽车倾尽全力打造的 WEY 品牌仍不能打破自主品牌企业的品牌上升的"天花板"，那么可以认为，在传统的产业规划和逻辑下，中国本土汽车企业将无法与跨国公司在品牌层面——其实质是战略层面——开展有效的竞争。要想打破这种宿命，自主品牌企业需要从更高的层面，比如从生产方式或商业模式上探索产业升级的可能性。

第二部分

行业发展报告

一、2016 年乘用车市场综述

（一）全年汽车产销规模逼近 3000 万辆　增速重回两位数

2016 年是"十三五"开局之年，中国汽车市场再传捷报。全年汽车新车产销量均突破 2800 万辆，八年蝉联全球第一。

在宏观经济缓中趋稳的形势下，汽车行业通过加大供给侧改革力度，使行业整体的产品结构调整步伐进一步加快，全年产销增速呈逐月增高的态势，进入下半年，增速的快速提升表现得尤为明显。凭借转型升级的持续深入和自主创新的不断突破，以及相关激励政策的支持，2016 年全年国内汽车市场再度释放出不容小觑的潜力。

值得一提的是，在距离 3000 万辆的市场规模越来越近的同时，2016 年中国汽车市场的增速并未因规模的不断扩大而导致增速的放缓。根据中国汽车工业协会的统计数据显示，2016 年全年，国内汽车产销量同比增长分别为 14.46% 和 13.56%，其中所占市场份额最大的乘用车领域，产销也均实现了两位数的同比增长，分别为 15.5% 和 14.93%。这是继 2014 年和 2015 年国内汽车产销量规模突破 2000 万辆之后，产销增速首次回归两位数。

表 2-1　2016 年汽车月度销量及同比增长变化情况　　　单位：万辆

月份	1 月	2 月	3 月	4 月	5 月	6 月	7 月	8 月	9 月	10 月	11 月	12 月
销量	250.06	158.09	243.97	212.24	209.17	207.07	185.19	207.1	256.41	264.99	293.87	305.73
增长率（%）	7.72	-0.86	8.76	6.32	9.75	14.58	23.03	24.22	26.14	18.65	16.55	9.47

资料来源：中国汽车工业协会。

表 2-2　2006~2016 年汽车销量及同比增长变化情况　　单位：万辆

年份	2006	2007	2008	2009	2010	2011	2012	2013	2014	2015	2016
销量	721.6	879.15	938.05	1364.48	1806.19	1850.51	1930.64	2198.41	2349.19	2459.76	2802.82
增长率（%）	25.13	21.84	6.7	46.15	32.37	2.45	4.33	13.87	6.86	4.68	13.65

资料来源：中国汽车工业协会。

（二）乘用车依旧是市场领涨顶梁柱　小排量乘用车成最大功臣

2016 年，国内乘用车产销量均超过 2400 万辆，再创历史新高。作为产销规模最大的细分市场，国内乘用车产销量占整个汽车产销量的比重分别为 86.75% 和 86.97%。

2016 年，从乘用车各细分市场看，除交叉型乘用车外，轿车、SUV 和 MPV 的产销量均实现了同比增长。其中，所占份额最大的轿车和增速最快的 SUV 两大细分市场，是拉动乘用车领域实现产销两位数增长的主力。轿车方面，2016 年的整体表现明显优于 2015 年（2015 年乘用车产销量同比下降、产销贡献度均为负数），整体产销量在突破 1000 万辆的基础上，保持了持续提升，但由于规模相对较大，轿车的产销量仅比 2015 年增加 40 余万辆；SUV 方面，2016 年继续保持快速增长，产销量首次突破 900 万辆，增量接近 300 万辆，在乘用车各细分市场中的产销增长贡献度均接近 90%。

表 2-3　2016 年乘用车各细分市场产销增长贡献度　　单位：万辆

	产量				销量			
	本期	同期	增量	贡献度（%）	本期	同期	增量	贡献度（%）
总计	2442.07	2114.34	327.73	100	2437.69	2121.03	316.66	100
轿车	1211.13	1165.6	45.53	13.89	1214.99	1174.54	40.45	12.77

	产量				销量			
	本期	同期	增量	贡献度（%）	本期	同期	增量	贡献度（%）
SUV	915.29	628.11	287.18	87.63	904.7	625.69	279.01	88.11
MPV	249.06	212.67	36.39	11.1	249.65	210.89	38.76	12.24
交叉型乘用车	66.59	107.96	−41.37	−12.62	68.35	109.91	−41.56	−13.12

资料来源：中国汽车工业协会。

从排量看，1.6 升及以下小排量乘用车对市场的贡献度最大。不可否认，无论是全年汽车产销量再创新高还是产销增速重回两位数，乘用车市场的优异表现都起到了决定作用。在这其中，1.6 升及以下小排量乘用车购置税减半政策（自 2017 年 1 月 1 日起，该项政策已经调整，将 1.6 升及以下小排量乘用车购置税的优惠幅度从 5% 调整为 7.5%）的持续实施，成为支撑整个乘用车市场实现快速增长的最主要刺激政策。

2016 年，受购置税优惠政策的影响，1.6 升及以下小排量乘用车的销量为 1760.7 万辆，同比增长 21.36%，这也是自 2012 年开始，国内 1.6 升及以下小排量乘用车连续五年销量超过 1000 万辆。2016 年，1.6 升及以下小排量乘用车对乘用车市场销量的增长贡献度高达 97.85%，对整体汽车市场的产销增长贡献度分别为 88.74% 和 92.03%。

综观 2006~2016 年 1.6 升及以下小排量乘用车销量变化可以发现，近十年间，国内 1.6 升及以下小排量乘用车的销量规模从 300 万辆持续跃升至 1700 余万辆。自 2009 年首轮 1.6 升及以下小排量乘用车购置税优惠政策推出后，该细分市场的销量实现了跨越式增长。2009~2016 年，该项政策经历了数轮延续，在政策的持续支持下，无论是生产研发层面还是市场消费层面，对 1.6 升及以下小排量乘用车产品都"钟爱有加"。一方面，市场对排量小、动力强、油耗低的小排量乘用车产品有着愈加多元、旺盛的需求；另一方面，为满足市场需求，车企纷纷加大产品创新和研发投入，在发动机及变速器等关键零部件领域都取得了相关技术突破，在产品的精细化定位和精准化营销等方面也卓有成效。

表2-4　2006~2016年1.6升及以下小排量乘用车销量及同比增长变化

单位：万辆

年份	2006	2007	2008	2009	2010	2011	2012	2013	2014	2015	2016
销量	333.99	373.58	420.1	719.55	946.08	984.52	1040.49	1192.22	1313.94	1450.86	1760.7
增长率（%）	25.65	11.58	12.45	71.28	31.48	4.06	5.69	14.58	10.21	10.38	21.36

资料来源：中国汽车工业协会。

1. 自主品牌乘用车收获颇丰， 年销量首次突破 1000 万辆

2016 年，自主品牌乘用车取得了量的突破，年销量首次超过 1000 万辆，同比增长 20.5%，在乘用车总销量的占比也持续提升至 43.19%。

这一量的突破背后，是自主品牌车企合力而为的结果。2016 年，销量排名前十的乘用车企中，自主品牌车企占据四个席位，分别是上汽通用五菱、长安汽车、长城汽车和吉利汽车。从整体看，这四家"自主军团"在 2016 年全年的市场占有率已经接近 20%，是整个自主品牌乘用车企市场占有率的近一半。

2016 年，得益于 SUV 和 MPV 市场快速增长以及多项刺激政策的惠及，众多自主品牌车企收获颇丰。尽管对长安汽车而言，2016 年并不是新品迭出的"产品大年"，但其仍取得了优异的市场业绩，长安品牌乘用车全年销量超过 128 万辆，同比增长 27.6%，在长安集团 300 多万辆的总销量中，自主品牌的销量份额已超越合资品牌，占比接近 60%，成为唯一一家自主品牌销量占比过半的整车企业。吉利汽车在 2016 年曾经两度上调全年销量目标，并最终以近 77 万辆的销售业绩超

额完成全年任务，同比增长超过 50%。长城汽车依靠在 SUV 领域的深度聚焦战略，2016 年总销量首次突破 100 万辆，同比增长 26%，其中明星车型哈弗 H6 的月销量在 2016 年底达到 8 万辆，创造了国内汽车市场单一车型的单月销量纪录（含进口及合资品牌）。作为自主品牌车企中较为"年轻"的一员，广汽传祺在 2016 年全年实现产销 38 万辆，同比增长 96%，如此出色的表现使其在自主品牌车企中迅速脱颖而出，成为增长速度领先的自主品牌车企。更加值得一提的是，在利润贡献度方面，广汽乘用车 2016 年营业收入达到 328.0757 亿元，同比增长 95.44%，获得净利润 30.43 亿元，占广汽集团全年净利润的 48% 以上，利润贡献度超越集团多数合资品牌。

在量的突破背后，也预示着自主品牌车企厚积薄发、从量变到质变实现蜕变的开始。通过产品质量的稳步提升以及体系能力的不断增强，自主品牌车企在成功跨进 1000 万辆销量门槛的同时，也在酝酿着一股强势的集体向上和转型升级，试图弥补品牌力的不足，逐步与主流合资品牌产品比肩。长城汽车和吉利汽车纷纷推出高端品牌，广汽传祺、长安汽车接连向中高端市场投放重磅车型，自主品牌车企正在通过多种途径来实现品牌的进一步提升。

2. 2016 年国内 SUV 市场特征

毫无悬念，2016 年 SUV 继续担当着引领乘用车乃至整个汽车市场实现增长的急先锋。从 2016 年国内 SUV 市场的总体表现和特征看，SUV 在中国消费者心目中的魅力指数在持续地、迅速地攀升，SUV 产品对市场增长的带动和支撑作用愈加突出。

在连续多年大幅超过市场整体增速、呈现爆发式增长的同时，SUV 已经成为国内乘用车企时下最关心、最关注、最乐此不疲地投入人力、物力、财力研发和生产的产品；SUV 市场也成为当下自主品牌、合资品牌以及进口跨国公司各路车企争相参与竞争和快速实现完善布局的细分市场，是车企的"立足之本，必争之地"。由于 SUV 细分市场的潜力不断被挖掘和持续释放，以 SUV 车型为主导所引发的产业布局变化、产品结构变化、企业战略调整，以及消费需求变化等，都在愈加深刻地改变着乘用车市场的固有格局。

3. SUV 全年产销首次突破 900 万辆， 与轿车规模差距迅速缩小

2016 年，高速增长的 SUV 细分市场再次释放了无限潜力。全年产销量首次突破 900 万辆，产销量分别为 915. 29 万辆和 904. 7 万辆，同比增长 45. 72% 和 44. 59%，成为乘用车各细分市场增速最快的部分，占乘用车销量总量的 37. 11%。

从 2010~2016 年国内 SUV 销量占乘用车销量份额的变化可以看出，仅仅五六年的时间，国内 SUV 的市场规模就从 100 万辆迅速扩张至 900 万辆，从 2013 年开始，更是以超乎寻常的速度，从 300 万辆左右的规模大幅攀升至 400 万辆、600 万辆、900 万辆。份额方面，在 2010 年，SUV 在整个乘用车市场的销量占比仅为 9.6%，在当时千万量级的乘用车市场中，SUV 还是个不起眼的"非主流"市场，到了 2016 年，SUV 与轿车的产销量差距迅速缩小，产销规模直追轿车，成为仅次于轿车的、乘用车领域的绝对主流市场。

表 2-5　2010~2016 年国内 SUV 销量占乘用车销量份额变化

年份	占比（%）
2010	9. 6
2011	11
2012	13
2013	17
2014	21
2015	29
2016	37

二、自主品牌车企继续称霸 SUV 细分市场
占有率接近 60%

在 900 万辆的市场规模中，自主品牌 SUV 继续以绝对优势称霸该细分市场。2016 年，自主品牌 SUV 共销售 526.75 万辆，同比增长 57.57%，占 SUV 销售总量的 58.22%，占有率比 2015 年提升 4.8%。

从 2016 年 SUV 销量占有率排在前十名的车企名单看，共有五家自主品牌车企位列其中，分别为长城汽车、长安汽车、广汽乘用车、上汽通用五菱和江淮股份。其中，销量占有率位居第一的长城汽车，旗下的 SUV 产品全年销量已经占到整个 SUV 市场销量的 10% 以上；长安汽车位列第二，也已经接近 6%。销量前十的 SUV 车型整体销量已经占到国内所有 SUV 生产企业总销量的 50% 以上。

从具体车型看，2016 年销量前十名的 SUV 车型也被自主品牌占据了半壁江山。根据中国汽车工业协会统计显示，2016 年销量前十名的 SUV 车型中，有六款自主品牌入围，其中前三名都被自主品牌包揽。长城哈弗 H6 以全年销量接近 60 万辆的业绩再次刷新了销量纪录，哈弗 H6 的出色表现不仅为长城汽车在 2016 年全年累计销量突破 100 万辆立下了汗马功劳，也成为 SUV 市场的明星车型和模范标杆。如果说哈弗 H6 是驰骋市场多年的"常胜将军"，那么作为自主品牌"新鲜血液"的传祺 GS4 和宝骏 560 可谓是备受市场宠爱的"新星"。在 2016 年，这两款车型以超过 32 万辆的业绩获得 SUV 车型销量第二、第三名。其余三款入围销量前十名的自主品牌 SUV 分别为长安 CS75、瑞风 S3 和哈弗 H2，销量排名分别为第六、第七和第八。从自主品牌入围销量前十名的 SUV 车型看，其主要优势集中在小型、紧凑型 SUV 细分市场，事实上，就 SUV 整体市场而言，也是小型、紧凑型 SUV 市场占据主要份额。

与 2015 年相比，2016 年自主品牌虽然入围 SUV 车型销量前十名的车型都为六款，但仍呈现出以下几个特点和变化：第一，哈弗在 SUV 领域的优势依旧明显。2016 年长城哈弗成为唯一有两款车型同时入围 SUV 销量前十名的自主品牌，2015 年是哈弗及长安两个自主品牌均有两款 SUV 车型入围销量前十名。第二，由于新品迭出、竞争加剧，产品的优胜劣汰过程也开始提速。比如，2015 年位列 SUV 销量前十名的奇瑞瑞虎、北汽幻速和长安 CS35 三款车型在 2016 年出局前十，被传祺 GS4、宝骏 560 补位。第三，销量前十名的 SUV，几乎被小型、紧凑型 SUV 包揽。无论是车型品种还是销量规模，在这一级别细分市场中，自主品牌车企的实力都优于合资品牌。而合资品牌入围 SUV 销量前十名的车型则以中型 SUV 为主，可见通过产品布局以及产品在各细分市场的表现，自主品牌与合资品牌划分了相对明确的势力范围，即自主品牌主要占据小型、紧凑型 SUV 细分市场，合资品牌主攻中型、中大型 SUV 市场。尽管在 2016 年，自主品牌车企纷纷向中高端 SUV 细分市场发起挑战并取得了一定进展，但整体实力与合资品牌仍然存在一定差距。

表 2-6 2016 年前十家 SUV 生产企业销量占有率

企业	销量占有率（%）
长城汽车	10.37
长安汽车	5.98
上汽通用	4.88
东风日产	4.59
北京现代	4.25
广汽乘用车	3.80
东风本田	3.78
上汽通用五菱	3.55
长安福特	3.11
江淮股份	3.05

资料来源：中国汽车工业协会。

表2-7　2016年销量前十名的SUV车型　　　　单位：万辆

排名	车型	销量
1	哈弗H6	58.07
2	传祺GS4	32.70
3	宝骏560	32.16
4	昂科威	27.54
5	途观	24.05
6	CS75	20.94
7	瑞风S3	19.79
8	哈弗H2	19.69
9	CR-V	18.03
10	奇骏	18.02

资料来源：中国汽车工业协会。

1. 小排量SUV最受市场宠爱

2016年，1.6升及以下排量的小型、紧凑型SUV的表现依然突出，共销售496.36万辆，同比增长77.05%，占SUV销售总量的54.86%。1.6升<排量≤2.0升和2.5升<排量≤3.0升的品种数量也呈较快增长，分别为351.47万辆和7.69万辆，同比增长33.06%和62.65%。2.0升<排量≤2.5升和3.0升以上排量的品种销量均呈现明显下降，分别为47.06万辆和2.08万辆，同比下降35.57%和38.59%。

与2015年基本一致，小排量、小型、紧凑型SUV仍然保持热销状态。作为目前SUV市场产品布局最为密集、自主品牌产品最集中的细分市场，凭借高颜值、高配置、高品质、低售价、低油耗、强动力、多功能等特点，小排量、小型、紧凑型SUV受到越来越多消费者的追捧。

通过梳理小排量、小型、紧凑型SUV市场的在售产品不难发现，几乎所有的自主品牌车企，在导入SUV车型时都将这一细分市场作为重中之重。同时，大部分自主品牌车企都以小型、紧凑型SUV作为进入该细分市场参与竞争的切入点，经过几年的耕耘，自主品牌车企在小排量、小型、紧凑型 SUV 市场形成了以产品数量多、性价比较高为特征的传统优势。数据显示，2016 年紧凑型 SUV 的销量仍占据 SUV 销售总量的一半以上，从价格层面看，10 万元以下的紧凑型 SUV 细分市场的竞争异常激烈。

在 2016 年，不仅自主品牌车企陆续推出中大型、中高端 SUV 产品，向合资品牌具备传统优势的细分市场发起挑战，合资车企也瞄准了小排量、小型、紧凑型 SUV 市场的潜力，以产品级别下探、价格下探等方式加紧了对该细分市场的布局。据不完全统计，2016 年，广汽菲克、一汽马自达、东风雷诺、东风悦达起亚等合资车企都纷纷推出了包括 JEEP 自由侠、CX-4、科雷嘉、KX5 在内的多款小型、紧凑型 SUV。

虽然在紧凑型、小型 SUV 市场，合资品牌的产品数量、销量规模与自主品品牌仍存在一定的差距，但不可否认的是，主流合资品牌对紧凑型、小型 SUV 市场的重视程度与日俱增，随着新车型的不断导入，小型、紧凑型 SUV 的性价比标杆被屡屡刷新，直接导致这一细分市场在竞争全面升级的同时，产品的更新换代速度也更快。可以说，合资品牌车企在 2016 年对小型、紧凑型 SUV 市场的重视程度达到了史上最高，自主品牌车企虽然在这一细分市场仍然占据着绝对优势，但随着合资品牌小型、紧凑型 SUV 价格的不断下探以及性价比的不断提升，对自主品牌是一个不可回避的挑战。

表 2-8 2016 年 SUV 按排量销量及同比增长

单位：万辆

排量（升）	销量	同比增长（%）
1.6 及以下	496.39	77.05
1.6<排量≤2.0	351.47	33.06

续表

排量（升）	销量	同比增长（%）
2.0<排量≤2.5	47.06	-35.57
2.5<排量≤3.0	7.69	62.65
3.0 以上	2.08	-38.59

资料来源：中国汽车工业协会。

2. 布局持续完善　SUV 产品矩阵初具规模

2016 年，国内 SUV 市场的另一个明显特征是，为了在 SUV 市场进一步强化优势，自主品牌、合资品牌都在着力打造覆盖更全面、更完善的矩阵式、多元化 SUV 产品阵容。这一特征和趋势，客观上使国内 SUV 市场产品布局持续完善，同时也带来了 SUV 细分市场竞争的更加精细化。简言之，在 2016 年，除了单独车型的热销所塑造的"个人英雄主义"之外，覆盖各档次细分市场更全面的产品阵容所形成的"团队作战"，被越来越多的车企实践。

在合资车企层面，包括上汽通用、上汽大众、广汽本田、东风神龙、东风日产、东风本田、北京现代、长安福特等在内的合资车企都在 2016 年形成了日趋完善的 SUV 产品阵容。其中，以上汽通用为代表的美系品牌，在别克、雪佛兰、凯迪拉克三个子品牌中均有 SUV 产品，从两驱到四驱，从小型、紧凑型到中型、中大型，从入门级到中高级，对 SUV 市场实现了多品牌、多档次的产品阵容覆盖，其中上汽通用别克昂科威凭借出色的表现成为 2016 年销量第四的 SUV，销量超过了强势竞争对手上汽大众途观。

作为在 SUV 市场发力略晚的德系品牌，2016 年，大众对中国 SUV 市场的布局明显加快。奥迪品牌中的新款 Q3，大众品牌中的途昂、途观 L 以及斯柯达品牌的柯迪亚克等重磅 SUV 都在 2016 年纷纷曝光，虽然途昂、途观 L、柯迪亚克正式投放市场的时间都在 2017 年初，但有了 2016 年的市场预热做铺垫，可以预见更丰富的 SUV 产品将为大众在华销量的进一步提升发挥作用。数款 SUV 车型的集体投放，在改变大众品牌此前在 SUV 市场单凭途观一款车型独闯天下（斯柯达野帝销量一直不佳）的时代已经过去，取而代之的是更加强势的、覆盖细分市场更全面的 SUV 家族阵容。可以说，通过在中大型 SUV 细分市场的集中、快速布局，大众品牌在短时间内弥补了此前在 SUV 领域产品投放数量相对不足的"短板"，为其在华的可持续增长提供了条件。

日系品牌中，包括广汽本田及东风本田在内，均在 2016 年底及 2017 年初推出了各自的 SUV 旗舰车型——冠道和 UR-V，使旗下的 SUV 车型更丰富，级别覆盖更全面。作为在 SUV 领域较早实现矩阵式产品布局的东风日产，也在 2016 年公布了针对主销车型逍客和奇骏的全新改款计划，改款后的车型于 2017 年上半年陆续上市。从全年销量看，东风日产的 SUV 车型在 2016 年全年销量突破 41 万辆，成为 SUV 车型累计销量最多的日系品牌；东风本田的 SUV 车型 2016 年销量为 34.2 万辆，位居日系车企 SUV 销量第二；广汽本田 2016 年全年 SUV 销量同比增长 42.2%，位居日系车企第一。

与其他系列的 SUV 呈销量同比增长不同，法系品牌 SUV 成为 2016 年 SUV 各系别中销量唯一呈现同比下滑的。2016 年底，东风标致的紧凑型 SUV 4008 正式上市，与 2008、3008 形成覆盖小型、紧凑型 SUV 市场的产品阵容。进入 2017 年，东风标致继续完善在 SUV 市场的布局，推出全新 7 座中型 SUV——东风标致 5008，并在 2016 年将 2017 年定为 SUV 年，形成了以 2008、3008、4008、5008 组成的 SUV 产品矩阵。与东风标致相比，系出同门的东风雪铁龙，在 SUV 市场的产品投放速度则相对慢了许多，2016 年并未有全新 SUV 车型推出，仅有一款 C3-XR 在售，长安 PSA 也仅有一款 SUV——DS6 在售。东风雷诺在 2016 年推出了紧凑级 SUV 科雷嘉，同时车身尺寸加长后的全新科雷傲也在 2016 年底上市，由此东风雷诺形成了"紧凑级+中型 SUV"的产品组合。虽然东风雷诺 2016 年全年的整体销售业绩并不高（3.65 万辆），但两款 SUV 累计 3 万辆的销售业绩占据该企业全年总销量的 82%。总体而言，2016 年法系 SUV 并未实现销量同比增长，一定程度上是由于其产品布局相对滞后，在 SUV 细分市场中参与竞争的产品数量不多、覆盖率不高、品牌力和竞争力不足。

自主品牌方面，2016 年越来越多的自主品牌车企有了打造 SUV 产品矩阵优势的意识，并付诸行动，取得了显著的效果。长安、长城、吉利、北汽、广汽乘用车等自主品牌车企的 SUV 产品系列阵容都已初具规模。比如，长安旗下的 SUV 产品在 2016 年形成了以 CS15、CS35、CS75、CX70 和 CS95 的强势阵容，产品覆盖从紧凑级到中型 SUV 细分市场，价格区间从 5 万元跨至 22 万元。2016 年，CS35 和 CS75 成为长安汽车 SUV 的销量主力，其中 CS75 累计销量超过 20 万辆，同比增长 12%，其他车型月销量也基本超过万辆。北汽绅宝凭借产品结构的迅速调整，在专攻 SUV 领域的 2016 年，凭借多款 SUV 新品实现了销量的高速增长。以绅宝 X25、X35 和 X55 组成的 SUV "三剑客" 在助力北汽绅宝 2016 年 SUV 全年销量实现同比 216.22% 的增长过程中起到了中流砥柱的作用。

2016 年，自主品牌车企在强化 SUV 市场布局和矩阵优势的同时，集体向中高端市场发力，也成为一个突出的特点和亮点。长城汽车在 2016 年销量突破 100 万辆，其 SUV 累计销量达 93 万辆，凭借对 SUV 市场的执着专攻，长城汽车走出了一条深度聚焦 SUV 市场的特色之路，哈弗 H1、H2、H5、H6、H7、H8、H9 在各自细分市场中的标杆作用不容置疑，尽管在向中高端市场探索的过程中，并不像在入门级细分市场中那么一帆风顺，但这似乎并未影响长城汽车向中高端 SUV 市场进发的决心。2016 年底，长城高端品牌 WEY 正式发布，宣布正式进军高档 SUV 市场，首款车型 VV7 于 2017 年 4 月上市，在向中高端市场进发的过程中，长城汽车又领先一步。

虽然在 SUV 细分市场的整体规模和体量上，吉利还不能与长城抗衡，但在 2016 年吉利通过向市场投放重磅车型博越，也开始在 SUV 领域有所斩获。博越上市后，吉利旗下 SUV 产品阵容得到了有益补充，在销量方面，博越月销量连续突破 2 万辆，成为该细分市场颇具竞争力的车型。同时，在向高端市场迈进的过程中，吉利也没有放松，在 2016 年发布了全新高端品牌领克，首款车型定位于紧凑型 SUV，计划于 2017 年第四季度上市。

广汽乘用车旗下的 SUV 车型在 2016 年的表现也十分突出，传祺 GS4 以全年销量超过 32 万辆的业绩成为整个 SUV 细分市场销量亚军。在 2016 年下半年，广汽乘用车推出了中大型 SUV 传祺 GS8，使旗下 SUV 产品阵容得到进一步扩充，传祺 GS8 的入市，也成为自主品牌 SUV 向中高端市场发起挑战的一股重要力量。自 10 月上市后到 2016 年底，传祺 GS8 的销量达到 9000 余辆，成为目前自主品牌在 16 万~26 万元，销量最好的中高端 SUV。

三、2016 年主流 SUV 产品市场投放及区域销量特征

（一）SUV 产品投放数量多、频率高 自主品牌"新品效应"依赖度更强

根据中国汽车工业协会数据显示，国内 SUV 产量占乘用车产量的份额从 2010 年的不到 10% 增长到 2016 年的 37.5%，这得益于市场的旺盛需求，SUV 的产量快速提升，产量规模在乘用车领域的占比也进一步提高。

从参与生产企业及在售车型款型数量上看，与 2015 年相比，无论是生产企业数量，还是在产、在售车型数量，2016 年均呈增长趋势。据不完全统计，2016 年国内市场在售 SUV 超过 200 款，其中，自主品牌车企在产、在售 SUV 数量达到近 140 款，占到整个 SUV 市场车型款型数量的 70% 左右。

表 2-9　2010~2016 年国内 SUV 产量占乘用车产量份额变化

年份	占比（%）
2010	9.6
2011	11
2012	12.9
2013	16.7
2014	21
2015	30
2016	37.5

资料来源：中国汽车工业协会。

2016 年，每个月的上市新车中都不乏 SUV 的身影。据统计，2016 年 1~12 月，每月都有数款 SUV（含全新及改款车型）投放到市场。从逐月上市的 SUV 车型数量看，上半年的 3 月、4 月为企业的新品集中投放期，下半年的 9 月新品上市较为密集。这也基本符合汽车市场的销量增长整体走向和规律，2016 年上半年从 3 月开始，汽车销量进入到增长的爬坡期，企业在 3 月和 4 月开始向市场投放的 SUV 新品的数量及投放频率达到高峰，为年中及下半年的销量增长提供更充裕的产品准备。2016 年 9 月的又一轮新品集中投放，更多的是为了年底冲击销量目标及与 2017 年上半年在产品层面实现更稳妥的衔接。

表 2-10　2016 年各月上市的部分 SUV

车型	上市时间
北汽绅宝 X55	2016 年 1 月
众泰 SR7	2016 年 1 月
特斯拉 Model X	2016 年 2 月
途观（改款）	2016 年 2 月
CS35（改款）	2016 年 2 月
观致 5	2016 年 3 月
哈弗 H9（改款）	2016 年 3 月

续表

车型	上市时间
哈弗 H6（改款）	2016 年 3 月
KX5	2016 年 3 月
CR-V（改款）	2016 年 3 月
科雷嘉	2016 年 3 月
传祺 GS4（改款）	2016 年 3 月
中华 V3（改款）	2016 年 3 月
CS75（改款）	2016 年 3 月
博越	2016 年 3 月
昌河 Q25	2016 年 3 月
CS15	2016 年 4 月
比亚迪元	2016 年 4 月
凯迪拉克 XT5	2016 年 4 月
风神 AX7（改款）	2016 年 4 月
威旺 S50	2016 年 4 月
纳智捷大 7（改款）	2016 年 4 月
纳智捷优 6（改款）	2016 年 4 月
BJ80	2016 年 4 月
BJ40（改款）	2016 年 4 月
宝沃 BX7	2016 年 4 月
劲炫 ASX（改款）	2016 年 4 月
哈弗 H7	2016 年 4 月
风度 MX6（改款）	2016 年 4 月
CX70	2016 年 4 月
驭胜 S350	2016 年 4 月
森雅 R7	2016 年 4 月
帝豪 GS	2016 年 5 月
力帆迈威	2016 年 5 月
北汽绅宝 X35	2016 年 5 月
瑞虎 3（改款）	2016 年 5 月
中华 V5（改款）	2016 年 5 月
长安福特锐界（改款）	2016 年 5 月

续表

车型	上市时间
自由侠	2016 年 5 月
宝骏 560 AMT	2016 年 6 月
众泰 T600（改款）	2016 年 6 月
昂克拉（改款）	2016 年 6 月
凯翼 X3	2016 年 6 月
一汽马自达 CX-4	2016 年 6 月
英致 G3（改款）	2016 年 6 月
荣威 RX5	2016 年 7 月
东风标致 3008（改款）	2016 年 7 月
骏派 D60（改款）	2016 年 7 月
风行 SX6	2016 年 7 月
一汽丰田 RAV4（改款）	2016 年 7 月
众泰大迈 X5（改款）	2016 年 8 月
凯翼 V3	2016 年 8 月
野马 T70（改款）	2016 年 8 月
哈弗 H2（改款）	2016 年 8 月
吉利远景 SUV	2016 年 8 月
昌河 Q35	2016 年 8 月
斯威 X7	2016 年 8 月
汉腾 X7	2016 年 9 月
启辰 T70（改款）	2016 年 9 月
长安福特翼虎（改款）	2016 年 9 月
BJ20	2016 年 9 月
KX3（改款）	2016 年 9 月
昂科威（改款）	2016 年 9 月
瑞虎 7	2016 年 9 月
瑞风 S3（换代）	2016 年 9 月
瑞风 S2（改款）	2016 年 9 月

车型	上市时间
奔腾 X80（改款）	2016 年 9 月
幻速 S3L	2016 年 9 月
驭胜 S330	2016 年 9 月
一汽奥迪 Q5（改款）	2016 年 9 月
英致 G5（改款）	2016 年 10 月
翼搏（改款）	2016 年 10 月
传祺 GS8	2016 年 10 月
广汽本田冠道	2016 年 10 月
东南 DX3	2016 年 11 月
科雷傲	2016 年 11 月
启腾 V60	2016 年 10 月
瑞虎 3x	2016 年 11 月
东风标致 4008	2016 年 11 月
陆风 X8（改款）	2016 年 11 月
风度 MX5	2016 年 11 月
DS6（改款）	2016 年 11 月
荣威 eRX5	2016 年 11 月
开瑞 K60	2016 年 11 月
风神 AX5	2016 年 11 月
景逸 X5	2016 年 12 月
MG 锐腾（改款）	2016 年 12 月
比速 T3	2016 年 12 月
启辰 T90	2016 年 12 月

资料来源：各企业发布。

SUV 领域另一个值得注意的现象是，由于新品投放速度快、车型升级改款效率高，SUV 领域的新品效应明显。实际上，这一特征并非在 2016 年开始显现，而是随着 SUV 市场竞争的日趋激烈，参与竞争的车企及车型数量增多，使 2016 年消费者对 SUV 的新品热衷度更高。

在 2016 年热销的 SUV 中，稳居销量前十名的车型包括哈弗 H6、传祺 GS4、昂科威、途观、CS75、瑞风 S3、哈弗 H2、CR－V 等都在 2016 年年内实现了改款或换代，更新换代后的新款车型通过对外观、动力、配置或空间等方面的改进，性价比得到进一步提升，为销量的增长提供了充分条件。相比于自主品牌，合资品牌推出全新车型的数量及频率较低，相应地其销量的增长对新品的依赖度也较低。在 2016 年上市的 SUV 中，大部分垂直换代或者改款的车型都被合资品牌占据。

作为一款全新车型，上市后迅速进入热销状态，在当下的中国汽车消费市场恐怕只有 SUV 做得到。一方面，基于 SUV 市场的持续火爆，车企针对 SUV 车型的研发和制造积极性得到史无前例的调动；另一方面，当市场推陈出新的节奏越来越快时，消费者的选择余地更大，外观更时尚、动力更强劲、舒适性智能化配置更丰富的全新 SUV 产品对消费者的吸引力更强，尽管是全新入市的车型，也能在很短的时间内得到市场的认可。

通过对 2016 年上市的部分热销的全新 SUV 车型进行梳理发现，当年上市、当年热销的全新 SUV 并不在少数。而这些迅速成为"爆款"的 SUV 几乎全部是自主品牌产品：吉利博越 2016 年 3 月上市，截至 2016 年底累计销量突破 10 万辆；长安 CS15，2016 年 4 月上市，截至 2016 年底累计销售 7.8 万辆，月均销量 9750 辆；北汽绅宝 X35，2016 年 5 月上市，截至 2016 年底累计销售 7.4 万辆，月均销量突破 1 万辆；荣威 RX5，2016 年 7 月上市，截至 2016 年底累计销售 9 万辆，月均销量达到 1.8 万辆；吉利远景 SUV，2016 年 8 月上市，截至 2016 年底累计销售 4.9 万辆，月均销量突破 1.2 万辆；奇瑞瑞虎 7，2016 年 9 月上市，截至 2016 年底累计销售 3.4 万辆，月均销量突破 1.1 万辆；传祺 GS8，2016 年 10 月上市，截至 2016 年底累计销售 9000 辆，月均销量 4500 辆，成为自主品牌 SUV 成功切入中高端、中大型细分市场的典范。

2016 年，吉利汽车在 SUV 市场陆续推出了博越、帝豪 GS 和远景 SUV 三款车型，凭借三款新品，吉利在 SUV 市场斩获颇丰，为其全年销售业绩的大幅提升奠定了基础。其中，吉利汽车历时三年半打造的首款 SUV 战略车型吉利博越，自 2016 年 3 月上市后，在同年 7 月，月销量就首次突破 1 万辆；同年 12 月，月销量首次突破 2 万辆，从上市到 2016 年底，9 个月的时间内累计销量突破 10 万辆，成为 2016 年当之无愧的"爆款王"。进入 2017 年，博越的热销依然持续，截至 2017 年 5 月，已经连续 6 个月月销量在 2 万辆以上。作为吉利 3.0 时代的重磅车型，博越从外观内饰设计、动力及舒适性智能化配置到性价比等方面都在同级竞品中树立了标杆，精准地迎合了消费者的需求，在产品分布较为密集、竞争激烈的紧凑型 SUV 细分市场上独领风骚。动力配置方面，吉利博越提供 1.8T 涡轮增压发动机和 2.0L 自然吸气发动机两种选择，所匹配的变速器分别为 6 速自动及 6 速手动，最大功率在 104~135 千瓦，最大扭矩在 178~295 牛·米，充沛的动力在同级车型中具备较为突出的优势；定位于智能精品 SUV 的博越，搭载了丰富的安全性、舒适性、智能化配置，比如在"安全识别圈"的概念下，通过 ESP、预判安全提醒、AEB 自动紧急刹车、城市预碰撞安全系统等配置构筑 5 层防护，最大限度地减少交通事故的发生，使博越成为一款"会智能刹车"的 SUV。在环保材料应用、车内空气质量监测净化等方面博越也下足了功夫，搭载的车内空气净化管理系统能在几分钟内将车内颗粒物浓度从 500 微克每立方米降低到 50 微克每立方米。在车联网技术的应用方面，博越先进的智能语音交互系统，引领消费者从触控时代进入人机对话时代。而 9.98 万~15.78 万元的高性价比，让竞争对手倍感压力。尽管博越进入市场参与竞争的时间并不早，但其走的高性能、高品质、高智能、高性价比的路线，巧妙地避开了 SUV 领域愈演愈烈的同质化竞争，以另辟蹊径的姿态，迅速在市场站稳脚跟。

另外值得一提的一款"爆款"车型就是上汽荣威 RX5。自 2016 年 7 月上市以来，截至 2016 年底累计销售 9 万辆，月均销量达到 1.8 万辆。以最好的设计、最好的研发制造、最好的技术、最好的价格和最高的品质成为自主品牌汽车"品价比"的标杆，并定位于全球首款量产互联网汽车。无论是动力油耗等"基本功"，还是智能互联的"加分项"，荣威 RX5 确实为消费者带来了不小的惊喜，成为其所在的紧凑型 SUV 细分市场中一名颇具实力的"新星"。基于上汽乘用车全新 SUV 架构平台 SSA 打造的荣威 RX5，造型设计采用荣威全新一代律动设计理念，具备时尚靓丽的"高颜值"。动力系统搭载"蓝芯"高效动力科技，有 2.0T 和 1.5T 两款缸内中置直喷涡轮增压发动机可供选择，其中 2.0T 发动机最大功率 162 千瓦，最大扭矩 350 牛·米，根据综合测试，其百公里加速比同级 SUV 快 2 秒以上，百公里刹车距离比同级 SUV 短 2 米以上，百公里油耗比同级 SUV 少 2 升，在动力性能及燃油经济型方面，领先同级竞品。在备受关注的智能互联功能方面，荣威 RX5 搭载了 Yun OS for Car 智能操作系统，通过独立的 ID 身份账号，用户可语音控制车辆和远程控制车辆，此外包括自适应地图、双盲定位、自助支付等"黑科技"也为消费者带来更多全新驾乘体验。价格方面，荣威 RX5 的售价区间为 9.98 万～18.68 万元，其中中高配车型的价格区间已经与同级别主流合资品牌 SUV 产生交集，这也是自主品牌在紧凑型 SUV 细分市场不断探索、努力向上的一次成功实践。同样，荣威 RX5 通过高性能、高品质、高科技实现产品本质性升级的同时，与合资品牌主流产品形成直接、正面竞争。数据显示，在荣威 RX5 上市之初的销售订单中，有 70% 的荣威 RX5 客户选购的是售价 14.88 万元及以上配置的款型，在这些客户中，至少有 40% 是来自原合资品牌的车主及潜在消费者。逐渐摆脱单纯依靠更多配置和更低价格的传统优势与合资品牌展开竞争，打造自主品牌专属的"品价比"优势，从市场反馈的情况看，荣威 RX5 的这次突破性尝试是成功的。

表 2-11 部分 2016 年上市的全新 SUV 当年销量　单位：万辆

车型	上市时间	2016 年销量
博越	2016 年 3 月	10.9
CS15	2016 年 4 月	7.8
北汽绅宝 X35	2016 年 5 月	7.4
荣威 RX5	2016 年 7 月	9
吉利远景 SUV	2016 年 8 月	4.9
瑞虎 7	2016 年 9 月	3.4
传祺 GS8	2016 年 10 月	0.9

资料来源：中国汽车工业协会。

（二）全国各区域市场南北热销、全面开花

1. 华东、 华中、 华北为 SUV 主销区域

总体上看，2016 年国内 SUV 一方面仍然呈现全国各区域市场全面
开花、各级别市场均实现热销的态势；另一方面由于各区域、各级别
市场的消费差异，导致对不同级别 SUV 车型的差异化需求日趋明显。

根据中国汽车技术研究中心数据资源中心统计数据显示，2016 年
SUV 销量前十名的省（自治区、直辖市）依次为：广东、江苏、山东、
河南、浙江、四川、河北、湖北、湖南和安徽。销量前十名的省（自
治区、直辖市），覆盖了华南、华东、华中、华北地区。其中，广东省
2016 年全年的 SUV 销量超过 88 万辆，位居全国各省（自治区、直辖
市）榜首。华东地区 SUV 销量进入前十名榜单的省份最多，是 SUV 销
售的核心区域。其中，江苏和山东两省份 2016 年 SUV 销量分别位列全
国各省（自治区、直辖市）第二、第三名。江苏省在 2016 年全年 SUV
销量突破了 62 万辆，同比增长 39.5%；山东省全年的 SUV 销量为 58
万辆，同比增长 40%。相比华东地区，华中和华北区域市场的增速最
快。河南省 2016 年的 SUV 销量为 56.9 万辆，位居全国各省（自治区、
直辖市）第四，实现了 54.4% 的同比增长，与河北省齐头并进，成为
2016 年全国 SUV 销量前十名的省（自治区、直辖市）中 SUV 销量同

比增长最快的两个省份。（以下对华东、华中、华北地区各省份 SUV 销量进行单独统计并分析）

表 2-12　2016 年 SUV（含进口）销量前十名的省（自治区、直辖市）

单位：万辆

省（自治区、直辖市）	销量	同比增长（%）
广东	88.8	40
江苏	62.7	39.5
山东	58	40
河南	56.9	54.4
浙江	56.5	32.5
四川	49.4	28
河北	45.3	54.4
湖北	41.1	31
湖南	37.5	43
安徽	33.5	46.6

资料来源：中国汽车技术研究中心数据资源中心。

2. 华东地区

在华东地区，江苏、山东、浙江、安徽四个省份都入围 2016 年 SUV 销量前十名，这也是华东地区之所以成为 2016 年 SUV 销售核心区域的重要原因。2016 年，华东地区的 SUV 累计销量达到近 260 万辆，占全国 SUV 总销量的近 30%。华东地区是国内 SUV 销量最多、所占市场份额最大的区域。

从 2013~2016 年的销量变化看，江苏、山东和浙江在这四年中 SUV 市场呈现几乎同步的高速增长势头。2013 年，三个省份的 SUV 年销量都处于 20 万辆水平，2014 年一同攀升至 30 万辆，2015 年全部突破 40 万辆，到 2016 年，三个省份的 SUV 年销量都达到了接近 60 万辆或者已经突破 60 万辆的水平。

在产能布局层面，华东地区的上海、江苏、浙江等地都是国内乘用车的生产大省（直辖市），落户的主流乘用车企较多，并形成了一定的产能规模。华东地区有着相当完善和成熟的乘用车企业生产、研发体系以及较为完善的全产业链布局，同时在消费层面也营造了良好的汽车消费氛围。这也为 SUV 在华东地区的热销奠定了得天独厚的产业基础。包括上海、苏州、杭州、南京、青岛等在内的华东地区所辖城市的汽车保有量在 2016 年底都超过 200 万辆，上海、苏州的汽车保有量更是突破了 300 万辆，位居全国城市汽车保有量前列。这些城市释放出的巨大汽车消费潜力，在一定程度上促进了 SUV 车型在华东地区销量及市场份额的不断攀升。

车型方面，小型、紧凑型 SUV 在华东地区的热销，以及消费者对中型 SUV 的较高关注度，为该区域 SUV 市场销量及份额的增长提供了重要的保证。数据显示，2016 年，华东地区的小型 SUV 销量占到全国小型 SUV 总销量的近 20%，中型 SUV 销量占到全国中型 SUV 总销量的 2%。另外，华东地区消费者对紧凑型 SUV 的购车指数及关注度也超过了 20%。可以说，在华东地区，各级别市场和各级别 SUV 产品实现了较为充分的对接。

表 2-13　2013~2016 年华东地区主要省（自治区、直辖市） SUV 销量统计

单位：万辆

区域	省（市）	2013 年销量	2014 年销量	2015 年销量	2016 年销量
华东地区	江苏	22.5	31.4	45	62.7
	山东	22.1	30	41.5	58
	浙江	24	30	42.7	56.5
	安徽	9.3	13.8	22.9	33.5
	福建	9	12	16	22
	上海	9.9	12.7	19.7	24.8

资料来源：中国汽车技术研究中心数据资源中心。

3. 华中地区：SUV销量逐年稳定攀升 市场潜力仍有增长空间

华中地区的湖北、湖南、河南入围2016年SUV销量前十名省份。其中，河南省的SUV销量同比增长达54.4%，不仅成为华中地区SUV市场增长的亮点，也成为全国SUV销量同比增长最快的省份。在不同级别SUV的销量占比及关注度方面，2016年，小型SUV在华中地区的销量占比为13%，中型SUV销量占比为11%，对紧凑型SUV的购车指数为12%。

在产能布局层面，华中地区的汽车产业布局并不如华东地区成熟和完善。湖北省作为全国汽车产业重镇，除了在区域内的市场消化一部分产能外，更多地实现了向外省输出。湖南、河南、江西的乘用车产业布局规模虽然并不算大，但完善的潜力不小。尤其是在SUV的产能布局上，包括东风日产、郑州日产、广汽菲克、广汽三菱、北汽昌河等在内的在SUV产品层面有着丰富产品线的乘用车企纷纷落户，使华中地区区域内乘用车企拥有了雄厚的SUV产品生产实力。可以说，华中地区是全国重要的一个SUV生产区域。

从整个区域市场规模上看，华中地区与华东地区仍存在一定的差距，但从未来SUV市场的增长潜力上看，华中地区仍然具备广阔的增长空间。华中地区的大部分区域均属于二三线及以下城市，消费能力和消费水平的增长和提升潜力很大。武汉、长沙、郑州等二线中等发达城市的整体经济发展均呈现较好的上升趋势，这为带动汽车消费的进一步普及起到了正面作用，同时，华中地区的三四线、五六线城市的汽车市场也有着相当大的开发潜力。这些都对未来华中地区SUV市场继续保持稳定增长，潜力持续释放提供了优越的市场条件。

表 2-14　2013~2016 年华中地区主要省（自治区、直辖市）SUV 销量统计

单位：万辆

区域	省份	2013 年	2014 年	2015 年	2016 年
华中地区	湖北	11.8	18.6	31.5	41.2
	湖南	12.7	17.3	26.2	37.5
	河南	16.6	24.9	36.9	56.9
	江西	6.6	9.7	15.7	23.8

资料来源：中国汽车技术研究中心数据资源中心。

4. 华北地区： SUV 销量参差不齐　多元化需求明显

华北地区的消费特征较为复杂，既有市场接近饱和的一线城市，又有颇具增长空间的二三线及以下城市。

全国最大的 SUV 制造企业——长城汽车坐落于华北地区，其主要生产基地分布于河北、天津等地。另外，北京作为高端制造基地，也聚集了具备较完善 SUV 产品布局的北京奔驰、北京现代、长安汽车等乘用车制造企业，涵盖高档品牌、合资品牌和自主品牌，其中长安汽车北京基地是 CS95 的诞生地。可以说，华北地区的 SUV 生产布局呈现多档次、多级别、多元化的特征。

从销量上看，华北地区各省（自治区、直辖市）之间呈现出较大差异。根据数据统计显示，北京和天津两个直辖市的 SUV 销量差距很大，2016 年，北京 SUV 销量突破 30 万辆，而天津的 SUV 销量仅为 7.8 万辆。综观近四年，这样的差异一直存在，且差距越来越大。另外，2016 年，河北作为华北地区 SUV 销量最多的省份，以同比增长 54.4% 的最高增速（与河南并列第一）位列全国 SUV 销量前十名省份第七。值得注意的是，河北 2013 年全年的 SUV 销量与北京基本持平，甚至略低，自 2014 年以比北京多出 3 万辆销量实现反超后，迅速与北京的 SUV 销量拉开距离，2015 年两个地区的 SUV 销量差距达到近 6 万辆，2016 年扩大至近 15 万辆。可见，在开拓 SUV 市场方面，河北省的地

域优势、市场快速下沉的优势得到充分发挥。山西和内蒙古的 SUV 销量水平相当,属于有待开发的潜力市场,根据两个地区的地理特点,SUV 市场有着很好的前景。

从产品上看,由于华北地区呈现较为复杂的消费特征,该地区对 SUV 的多元化需求也十分明显。简言之,无论是小型、紧凑型的入门级城市 SUV,还是中型 SUV、中大型 SUV,甚至是高端进口 SUV,都在华北地区有着一定的市场需求。实际上,这也是全国 SUV 市场特征的一个缩影。

表 2-15 2013~2016 年华北地区主要省(自治区、直辖市)SUV 销量统计

单位:万辆

区域	省份	2013 年	2014 年	2015 年	2016 年
华北地区	北京	15.7	17.6	23.4	30.4
	天津	5.5	4.6	6.6	7.8
	河北	15.4	20.6	29.3	45.3
	山西	8.1	9.2	12.4	17.6
	内蒙古	7.9	9	11	16.4

资料来源:中国汽车技术研究中心数据资源中心。

四、中国 SUV 市场的新机遇及新挑战

(一)机遇

1. 宏观政策层面结构调整、转型升级战略下 SUV 再迎新机遇

不可否认,多项宏观政策的引导,为国内 SUV 市场的持续繁荣营造了优越的环境。作为"十三五"规划的重要支撑,扎实推进"一带一路"倡议,也为转型升级中的中国汽车产业带来诸多机遇。作为在自主创新领域有着优异表现、在助力产业转型升级方面有着突出作用、在市场层面蒸蒸日上的 SUV 领域及市场也受益其中。

在产业结构调整层面，"一带一路"倡议被视为我国经济增长和结构调整的助推器。就中国汽车产业而言，"一带一路"倡议的实施，为产业结构调整和转型升级带来了新的机遇。截至 2016 年，虽然中国汽车市场新车销量已经连续八年蝉联全球第一，但主要依靠的是不断挖掘国内市场的潜力。换句话说，当前的中国汽车产业还是一个主要依赖国内市场的内向型汽车产业结构。从市场角度看，这样的产业结构不但抗风险能力偏低，内向型的产业结构模式也不利于长远的可持续发展。事实上，以内向型产业结构模式为主的中国汽车产业正面临着诸多发展"瓶颈"。比如，过度依赖国内市场导致市场规模到达一定量级后增速放缓，汽车产业的生存空间和压力急剧上升；在国内市场高速增长期间迅速扩张的产能，在市场增速放缓后呈现出日益严重的产能过剩等问题。这也正是近几年，汽车行业着手调整产业结构和实现转型升级的迫切需求，而"一带一路"倡议的实施为突破这些"瓶颈"提供了更多可行性方案。

在"一带一路"倡议的推进下，中国车企的新一轮全球化布局正在提速。依托"一带一路"倡议实现布局提速，更多的是以加快海外布局、加速中国车企"走出去"步伐为核心。在"一带一路"倡议的利好下，包括北汽、广汽、长安、吉利、长城、华晨在内的多家主流自主品牌汽车制造企业都纷纷推出了最新的海外市场扩张计划，加快针对"一带一路"沿线的海外市场布局，包括海外建厂、进一步加强海外渠道及服务建设等。而在自主品牌乘用车借"一带一路"倡议加速"走出去"步伐的同时，SUV 作为自主品牌乘用车中颇具亮点和优势的产品品类，也将借此机会迎来一个在海外市场展露身手的契机。从 2016 年乘用车各品类车型出口量及同比增长情况看，SUV 已经逐步承担起支撑中国车企海外出口增长的主要动力。据中国汽车工业协会数据统计，2016 年，乘用车共出口 47.71 万辆，同比增长 11.54%。其中，MPV 和 SUV 的出口量呈现快速增长态势，分别出口 1.21 万辆和

19.1 万辆，同比增长分别为 56.11% 和 51.08%。轿车的出口量为 23.51 万辆，同比下降 0.97%。虽然从绝对量上看，SUV 出口的规模还不及轿车，但超过 50% 的增速则很好地印证了未来 SUV 在出口方面有着巨大的潜力。

除了依托"一带一路"倡议持续打造和发挥自主品牌 SUV 在国际市场的优势外，在国内市场持续推进的供给侧结构性改革中，SUV 也凭借自身产品特性和市场不断显现的旺盛需求，成为汽车产业顺应供给侧改革以及产业结构调整、转型升级方向的"排头兵"。技术研发的投入和能力的提升、产品品质和性能的不断升级、市场销量的可持续增长和规模的不断扩大，SUV 产品在国内汽车产业全产业链所呈现的这些特征和趋势都在证明，它是符合供给侧改革和产业转型升级发展客观规律的产品。同时，SUV 所释放出的活力，对优化产业结构和企业的产品结构及产能、带动消费市场实现可持续增长都起到了正面作用。

2. 行业政策层面　多项政策叠加　加速推进 SUV 小排量化

在行业政策层面，随着汽车行业节能减排任务的日益艰巨，多项以节能减排为目的的行业政策的实施及相关环保标准要求的趋严，对 SUV 产品的核心技术提出了更高的要求。受相关行业政策影响，近几年国内 SUV 的产品结构向小排量、节能化倾斜。

2016 年，第四阶段《乘用车燃料消耗量限值》标准正式实施，按照这一标准，企业生产的乘用车平均油耗限值为 6.7 升/100 公里，到 2020 年，乘用车平均油耗限制降至 5 升/100 公里。按阶段逐步趋严的乘用车燃料消耗量限值政策，对此前在"控油耗"方面并不擅长的 SUV 产品提出了更高的节能要求。一方面，市场的持续快速增长，使 SUV 成为越来越多车企纷纷着手研发制造的热门产品；另一方面，随着多项节能减排政策的叠加，如何既符合行业政策要求又能满足市场需求，成为企业在针对 SUV 市场进行产品研发、生产及投放时所重点考虑的问题。

在消费层面，2016 年 1.6 升及以下小排量乘用车购置税减半的优惠政策依然实施，这也直接刺激和拉动了 1.6 升及以下小排量 SUV 的销量持续快速增长。数据显示，2016 年，1.6 升及以下小排量 SUV 的销量接近 500 万辆，占到国内全年 SUV 总销量的一半以上，另外 77.05% 的增速，也使其成为 2016 年 SUV 各排量级别中销量增长最快的部分。

从生产层面到消费层面，多项政策的出台及实施进一步加速了小排量 SUV 销量的快速增长。在技术层面，既能提供充沛动力，又能实现更低油耗的小排量涡轮增压发动机在 SUV 领域得到迅速普及，同时也得到了市场的高度认可，SUV 的小排量化成为近几年的突出趋势。

2016 年销量前十名的 SUV 车型中，哈弗 H6、传祺 GS4、宝骏 560、昂科威、途观、CS75、哈弗 H2 等大部分车型都搭载了 1.6 升及以下的小排量涡轮增压发动机，而且搭载小排量涡轮增压发动机的产品也逐渐成为支撑销量的主力车型。值得一提的是，在技术层面，为了实现动力和油耗更加完美的结合，近几年自主品牌车企通过自主研发，实现了长足进步。以哈弗为例，包括哈弗 H1、哈弗 H2、哈弗 H6 在内的多款车型，均搭载了 1.6 升及以下的小排量发动机，其中 1.3T 和 1.5T 两款小排量涡轮增压发动机在哈弗的小型、紧凑型 SUV 产品中得到了广泛应用。1.3T 发动机的最大功率达 102 千瓦，最大扭矩 235 牛·米，1.5T 发动机的最大功率 110 千瓦，最大扭矩 210 牛·米。传祺 GS4 同样搭载了广汽乘用车自主研发的 1.3T 和 1.5T 两款小排量涡轮增压发动机，其中 1.3T 发动机最大功率 101 千瓦，最大扭矩 202 牛·米，1.5T 发动机最大功率 112 千瓦，最大扭矩 235 牛·米。在排放方面，这些自主品牌车企自主研发的小排量涡轮增压发动机的排放都达到了国五以上标准。可以说，与主流合资品牌的小排量涡轮增压发动机相比，无论是动力性能、燃油消耗，还是排放等级等方面，自主品牌小排量涡轮增压发动机的综合性能差距在迅速缩小，甚至已经不相上下。

3. 市场层面市场竞争升级 SUV踩准节奏迎机遇

伴随着汽车产业的转型升级，国内汽车市场的竞争也日趋激烈，市场增长从粗放型增长方式向集约型增长方式转变。集约型市场增长方式的核心特征是，在生产规模不变的基础上，更多地通过采用新技术、新工艺、加大科技含量等途径来实现产品的销量提升和市场增长。在这个过程中，提高生产要素的质量和利用效率更为重要。

2016年，SUV累计销量首次突破900万辆，依靠产品的持续更新、新技术的不断应用、新产品的层出不穷，SUV产品在市场增长从粗放转向集约的过程中正迎来新的发展机遇。如果说十年前的中国SUV市场还是一个方兴未艾的"非主流"小众市场，如今，SUV车型从产品数量到产销规模与轿车之间的差距已经迅速缩小，产销同比增速多年来都大幅超过乘用车市场整体的产销增速，是近几年国内乘用车市场当之无愧的增长亮点。从小众到主流，SUV在国内市场的持续热销，正是在汽车产业转型升级、产品结构持续调整、汽车消费不断升级的过程中，通过不断调整、实践、探索而获得的成功。

自主品牌SUV销量和市场份额的持续攀升并占据优势地位，小排量SUV的备受追捧，7座SUV市场的继续拓展，都使SUV产品和技术在不断适应市场需求的同时，迎来更多市场机遇。随着集约型增长方式逐渐在汽车行业成为主流，SUV市场竞争的升级势不可当，未来SUV领域将进入到更注重增长质量、更依赖效率提升、更倾向于着力打造核心技术和体系能力建设的状态。自主品牌车企在不断尝试品牌向上的突破中，进一步拓展SUV产品谱系、完善产品布局、提升品牌形象，合资品牌也在通过不断地下探，与自主品牌SUV产生更多的竞争交集。在自主品牌与合资品牌SUV逐步告别"泾渭分明"的市场竞争格局的同时，强势的品牌及产品仍然具备更广阔的市场增长空间。

（二）挑战

当国内 SUV 市场连续创造销量奇迹、打破增速纪录、不断带给业界惊喜的同时，诸多不可回避的挑战也在 SUV 市场保有量急速扩张、市场规模逐渐扩大后纷纷出现。

1. 市场增速放缓　优胜劣汰提速

在连续多年产销同比增长超过 50% 后，国内 SUV 市场的规模实现了迅速扩大，增速放缓也随着 SUV 市场基数的扩张"如期而至"。

数据显示，2017 年 1~5 月，乘用车产销分别完成 963.8 万辆和 942.1 万辆，同比分别增长 3.1% 和 1.5%。在乘用车各类车型中，除 SUV 产销量保持增长外，轿车、MPV、交叉型乘用车的产销量均出现下降。尽管 SUV 是 2017 年前 5 个月中乘用车领域唯一实现产销同比增长的细分市场，但增速却明显回落至 20% 以内，至少是近五年内同期增速最低。

在进入消费升级阶段后，市场增速的放缓随之而来的是优胜劣汰的提速。2016 年，SUV 整体市场在看似"皆大欢喜"的背后，仍然有部分产品未能充分地适应市场，难以摆脱销量同比下滑的窘境。根据中国汽车工业协会统计数据显示，2016 年，奔腾 X80、华晨 V5 等 SUV 车型的销量均出现了超过 60% 的同比下滑，哈弗品牌的旗舰 SUV 车型 H9 的市场表现也不佳，销量同比下滑 18%，长安福特旗下两款 SUV 翼虎和翼博的销量分别下滑 15% 和 25%。从这些销量下滑的车型可以看出：首先，在快速升级的 SUV 市场，消费者对品牌的认知度越来越强，一些品牌力不强的产品，市场竞争力开始显现出不足；其次，在自主品牌产品布局较为集中的紧凑型、小型 SUV 细分市场竞争越来越激烈，产品力、性价比不高的车型已经开始被淘汰，同时自主品牌向中高端市场发起冲击虽然有成功的案例，但实际还是有一定难度系数，并不是随随便便就能成功；最后，面对激烈竞争，合资品牌在 SUV 细分市场正在遇到来自自主品牌前所未有的强势挑战。

增速放缓的背后并不意味着对SUV市场的过分悲观。事实上，中国的SUV市场犹如一位正在告别快速增长的"青少年"，进入成长速度相对缓慢，但身体结构逐渐成熟的青壮年时期。这一阶段的重点并不是增长的速度，而是增长的质量、市场结构的完善和成熟。根据北京正则大成汽车信息咨询中心的统计数据显示，2017年第一季度，国内SUV市场规模达到3953.02亿元，同比增长23.92%，这一数据意味着，尽管产销量的增速在明显放缓，但SUV市场的消费能力仍然处于较强的增长状态。另外，2017年第一季度SUV市场销售的平均价格出现了近三年来的首次上涨，这也说明在产销量增速放缓的同时，SUV市场开始进入到新一轮消费升级。

表2-16　2016年部分销量下滑的SUV　　　　单位：万辆

车型	销量	同比增长（%）
奔腾X80	2.2	-60
骏派D60	1.2	-58
雪佛兰科帕奇	2.2	-32
东风标致3008	4.4	-34
北京现代ix35	7.2	-32
华晨V5	0.97	-66
哈弗H9	1.2	-18
长安福特翼虎	11.5	-15
长安福特翼搏	4.2	-25
纳智捷优6	3.1	-36

资料来源：中国汽车工业协会。

2. 同质化之殇与寻求差异化之迫

SUV市场的急速扩张，直接影响了车企针对SUV市场的加速布局。向SUV市场投放新车型数量的逐年上升，在保证SUV市场持续繁荣的同时，也不可避免地因在部分细分市场产品投放过于密集而导致较为严重的产品同质化现象，以及因此而产生的恶性价格竞争等问题。实际上，SUV 部分细分市场的产品同质化现象在 2015 年就已经初露端倪，在 2016 年这一问题随着市场转型升级的加速而进一步暴露。

同质化现象较突出的是紧凑型、小型 SUV 市场，而在这一细分市场占据绝对市场份额优势的自主品牌车企，在享受依靠"短平快"快速向市场投放一款或多款产品所带来的销量增长的同时，也在承受着因产品过度密集所带来的同质化竞争之殇。

从 2016 年销量前 20 名的自主品牌小型 SUV 中可以看到，一家车企的多款产品均上榜的现象相当普遍。比如，江淮的瑞风 S3 和 S2，哈弗的 H2 和 H1，绅宝的 X25、X35 和 X55，长安的 CS35 和 CS15，昌河的 Q35 和 Q25，力帆的 X50 和 X60 都是多款车型征战同一级别细分市场。这个现象说明，针对目前基数最大的小型、紧凑型 SUV 市场，企业的产品投放积极性异常高涨。但这一现象的背后，却形成了产品的同质化，而由此带来的价格战等恶性竞争，为 SUV 市场的可持续增长埋下隐患。值得注意的是，在同一品牌内部，多款车型切入同一细分市场，一定程度上形成"自相残杀"的局面，多款车型并没有形成明显的差异化竞争优势来打出组合拳，而是将更多的精力放在了内耗上，并不利于整个品牌在细分市场份额的提升。另外，与其他车企推出的竞品相比，越来越明显的同质化现象，也扰乱了整个细分市场的竞争秩序。一个很明显的例子是，北汽绅宝的三款 SUV 车型都在小型 SUV 细分市场，尽管凭借新品效应在 2016 年取得了与自身相比不错的销售业绩，但由于产品的布局过于集中，使其在 2017 年开年后的市场表现并没有表现出更强的后劲。另外，昌河的两款小型 SUV 产品与北汽绅宝旗下的产品出自同一平台，也就是说，4、5 款出自同平台的产品都聚集在同一细分市场。事实上这样的局面，不仅没有使两家企业形成合力与其他同级竞品展开竞争，多款产品的同质化反而给两家企业带来了不小的市场压力。

在因同质化现象导致的诸多弊端屡屡显现之际，寻求差异化竞争优势迫在眉睫。在寻求差异化竞争的道路上，一些自主品牌车企先走一步，并获得明显成效。比如，开始在智能互联领域大做文章的吉利博越和荣威 RX5，正在从自主品牌车型以性价比为优势，向以质价比、智价比、品价比为优势过渡，并取得了良好的阶段性成果。

针对小型、紧凑型 SUV 市场的布局中，合资车企也表现出了高涨的热情。尽管合资品牌的小型、紧凑型 SUV 在车型数量上并不占据优势，但它们的市场表现却不俗。2016 年，缤智、炫威等合资品牌小型、紧凑型 SUV 经典车型，以及一汽马自达 CX-4、广汽菲克自由侠、东风雷诺科雷嘉等新车型的相继投放，使合资品牌小型、紧凑型 SUV 的产品阵容空前强大，新老车型的相互配合，占据了一定市场份额。更加值得一提的是，高档品牌的纷纷介入，为 2016 年的小型、紧凑型 SUV 市场带来了另一股新势力，实际上这也正是高档品牌在 SUV 市场寻求差异化竞争的结果。以一汽—大众奥迪 Q3、华晨宝马 X1、广汽讴歌 CDX、北京奔驰 GLA 为代表的高档品牌紧凑型、小型 SUV 构成了这一细分市场又一波颇具实力的搅局者，开辟了差异化竞争的新思路、新格局。

表 2-17　2016 年销量前 20 名的自主品牌小型 SUV　　单位：万辆

车型	销量	同比增长（%）
瑞风 S3	19.8	0.59
哈弗 H2	19.7	16.9
CS35	17.3	2
瑞虎 3	11.8	-1.6
中华 V3	10.3	34.7
绅宝 X25	8.1	—
CS15	7.8	—

车型	销量	同比增长（%）
绅宝 X35	7.4	—
哈弗 H1	6.9	-7.2
瑞风 S2	4.8	79.3
比亚迪元	4.6	
森雅 R7	4.5	—
风神 AX3	3.7	
绅宝 X55	3.1	—
凯翼 X3	2.3	
昌河 Q35	1.7	—
力帆 X50	1.6	-20
力帆 X60	1.6	-45
昌河 Q25	1.3	—
骏派 D60	1.2	-58

资料来源：中国汽车工业协会。

3. 向上与下探交织 风险挑战犹存

2016 年，自主品牌的向上之举有了实质性进展，更为可喜的是，越来越多的向上之举将落点选在了 SUV 领域。WEY 和领克两个自主高端品牌将首款车型都锁定在了 SUV，传祺 GS8 的突出表现为自主品牌进入中大型、中高端 SUV 市场再度树立了信心。同时，合资品牌包括高档品牌的 SUV 产品持续下探，在 2016 年的 SUV 市场形成了下探和向上两股强势力量交织的局面。

在这样的竞争环境下，形成了小型 SUV 细分市场，自主品牌的传统优势仍然存在，但合资品牌越发明显的下探趋势，也在重塑小型 SUV 细分市场的竞争格局，随着具备较强品牌力和成本优势的合资品牌的加入，未来在小型 SUV 市场的竞争中自主品牌将迎接巨大挑战。在紧凑型 SUV 市场，自主品牌的产品升级趋势明显，而普通合资品牌随着高档品牌紧凑型 SUV 的纷纷投放，迎来了"上挤下压"的竞争局面。在中大型 SUV 市场，合资品牌的"老大"地位随着自主品牌的向上而迎来了前所未有的挑战，越来越多的自主品牌中型 SUV 正在与主流合资品牌的产品形成正面竞争。不过，合资车企也在试图通过更多的新品导入来竭尽全力确保在中大型 SUV 市场的优势地位。

在价格层面，售价在 10 万元以内的 SUV 仍然以自主品牌为主导，据统计，这一价格区间的自主品牌车型占到了 90% 以上。合资品牌虽然在这一价格区间的产品数量不大，但其竞争力不容小觑，随着合资品牌 SUV 向这一价格区间的持续下探，将对自主品牌 SUV 构成威胁。售价在 10 万~20 万元的 SUV 车型，已经出现了自主品牌与合资品牌混战的局面。在这一价格区间，自主品牌产品的普遍优势仍然是高颜值、多配置、高性价比，而合资品牌则更多地依靠较强的产品力、服务力和营销力来开拓市场。在 20 万~30 万元的售价区间，则基本是合资品牌占据主导地位，自主品牌已经开始跃跃欲试发起挑战。而售价区间在 30 万元以上的车型，则几乎是高档品牌的天下。

基于以上变化和特征，小型、紧凑型以及售价区间在 10 万元以下的 SUV 市场，在 2016 年已经陷入较为严重的价格战，随着市场增速的放缓，价格战的激烈程度也在不断升级。另外，随着竞争的加剧，自主品牌车企在 SUV 领域呈现的两极分化趋势越来越明显。一部分企业在产品的不断升级和品牌的持续向上过程中积累了差异化竞争优势，另一部分企业则仍以简单粗暴的价格战、冲销量为主要竞争手段。

五、SUV 车型的新技术和新动向

随着国内 SUV 市场的高速增长和份额的持续扩大，诸多新技术在 SUV 上得到越来越广泛的应用。在不断的探索和实践中，搭载更多新技术的 SUV 车型也代表着汽车产品和技术发展的新方向。

（一）小排量增压发动机成主流

在传统技术方面，小排量涡轮增压发动机的运用已经在 SUV 领域成为主流。无论是合资品牌还是自主品牌，都在旗下 SUV 车型中较为普遍地使用了小排量涡轮增压发动机。可以说，目前在国内小型、紧凑型 SUV 细分市场中，小排量涡轮增压发动机几乎已经成为"标准配置"。

在不断严苛的乘用车燃料消耗量限值标准下，小排量涡轮增压发动机之所以逐渐成为 SUV 车型选择搭载的主流发动机，不仅因为它能够为企业的达标做出实质性贡献，其动力更强、油耗更低的双重优点，也能满足消费者的需求，同时由于排量主要集中在 1.6 升以下，还能享受到购置税优惠政策。

随着自主研发能力的不断提升，小排量涡轮增压发动机也已经不再是合资品牌的专利，众多自主品牌车企也具备了这一核心技术的研发能力。从 2016 年销量前十名的 SUV 中可以发现，其中绝大部分车型都普遍搭载了小排量涡轮增压发动机。比如长城哈弗 H6，分别搭载 1.3T 和 1.5T 两款涡轮增压发动机；传祺 GS4 也搭载 1.3T 和 1.5T 两款涡轮增压发动机；宝骏 560 搭载的 1.5T 发动机也是主销车型；昂科威搭载 1.5T 和 2.0T 两款涡轮增压发动机；途观更是 1.4T、1.8T 和 2.0T 大、中、小排量涡轮增压发动机都有；CS75 的主销车型也搭载了 1.5T 和 1.8T 两款涡轮增压发动机。

从排量上看，1.5 升已经成为小排量涡轮增压发动机的黄金排量。通过横向对比，目前自主品牌与合资品牌在这一排量涡轮增压发动机的核心技术性能参数已经不相上下，哈弗、长安、广汽传祺、吉利、比亚迪等自主品牌车企旗下的 1.5T 涡轮增压发动机，最大功率普遍超过了 100 千瓦，最大扭矩也在 200~250 牛·米，同时排放也都达到了国五标准。经过多年的努力，目前自主品牌车企研发的小排量涡轮增压发动机的动力性能，与大众、通用等合资品牌的同级别发动机性能参数基本持平。

除了传统汽油机之外，在节能环保的大环境下，油电混合动力技术凭借不受续驶里程困扰且兼顾节能环保的特性，也在 SUV 领域方兴未艾。在油电混合动力技术方面，一直以来是日系车企比较擅长的领域，近几年来包括保时捷、沃尔沃、凯迪拉克等其他品牌也陆续加入其中，推出油电混合动力 SUV。从目前国内市场的销售情况来看，搭载油电混合动力技术的 SUV，主要集中在中高端品牌以及进口细分市场，销量规模并不大。

（二）SUV 电动化之——插电式混合动力技术化解暂时性难题

在国内新能源汽车快速发展的背景下，汽车产业和汽车市场的"电动化"之风，也吹向了 SUV 领域。其中，插电式混合动力技术在 SUV 车型上开始得到推广和应用。

在插电式混合动力领域，上汽荣威和比亚迪成为比较有代表性的企业。2016 年，上汽荣威推出了插电式混合动力 SUV 荣威 eRX5，该款车型搭载 1.5T 涡轮增压发动机及电动机，其中发动机最大输出功率 124kW，电动机额定功率 30kW，这套动力系统的百公里综合油耗仅为 1.6 升。比亚迪在 2016 年也推出了旗下第二款插电式混合动力 SUV——宋双模版。该车的动力系统由 1.5TI 发动机、六速自动变数器和高转速前后电机组成，动力表现并不逊于传统动力车型。

除了自主品牌之外，外资品牌也在插电式混合动力 SUV 细分市场展开了布局。比如，宝马在 2015 年推出了 X5 的插电式混合动力版本车型，搭载一套由 2.0T 发动机和同步电动机组成的插电式混动系统，可以提供 230 千瓦的综合最大功率和 450 牛·米的最大扭矩。官方数据显示，X5 xDrive40e 的百公里加速时间为 6.8 秒，综合油耗为 3.9 升/100 千米，油电混合的续航里程近 900 公里。另外，插电式混合动力版本的 X1 车型也计划于 2017 年登陆中国市场。此外，奥迪、奔驰、沃尔沃、凯迪拉克等品牌也陆续发布可插电式混合动力车型，其中不乏 SUV 的身影。就技术层面而言，与油电混合动力技术相比，插电式混合动力车型搭载的电池容量相对较大，可以进行外部充电、可用纯电模式行驶，待电池电量耗尽后再启动传统发动机的功能，并适时向电池充电。与纯电动技术相比，插电式混合动力技术既可以发挥纯电动技术的一部分优势，也可以不受电池续驶里程不足、充电桩设施不尽完善所带来的困扰，在电池电量储备不足的情况下，可以通过传统燃油发动机来延长续驶里程。可以说是 SUV 以及整个乘用车电动化发展过程中，现阶段比较可行的方案之一。

在消费层面，受全国各地对插电式混合动力车型的相关补贴政策并不统一等因素影响，与纯电动汽车相比，插电式混合动力车型目前在国内市场的份额并不大。据中国汽车工业协会统计数据显示，2016年，国内插电式混合动力汽车产销分别完成 9.9 万辆和 9.8 万辆，同比分别增长 15.7% 和 17.1%，占全年新能源汽车产销量的 19%。其中插电式混合动力乘用车产销分别完成 8.1 万辆和 7.9 万辆，同比分别增长 29.9% 和 30.9%。2017 年上半年，插电式混合动力车型的产销量萎缩，并呈现较大幅度的同比下降，数据显示，2017 年 1~6 月插电式混合动力汽车的产销量分别完成 3.7 万辆和 3.5 万辆，同比分别下降 14.4% 和 19.7%。

（三）SUV 电动化之——纯电动之风吹向 SUV 领域

据中国汽车工业协会数据统计，2016 年新能源汽车市场继续保持了快速增长。新能源轿车尤其是纯电动轿车随着技术的不断成熟和完善、质量的不断提升、充电设施的不断完善，以及补贴政策支持，市场呈现旺盛需求。2016 年，新能源轿车共销售近 29 万辆，同比增长 60%，其中纯电动轿车占据绝对主力，销售 24 万辆，同比增长超过 75%。

虽然在新能源乘用车领域，目前纯电动轿车仍占据主要份额，但SUV的纯电动化也逐渐有了端倪。北汽新能源、广汽传祺、江淮、比亚迪、华泰等自主车企都推出了纯电动SUV，纯电动SUV正在成为未来企业的必争之地。一些目前已经或尚未取得新能源汽车生产资质的新进车企，也将自己的首款纯电动车型规划为SUV。面对中国新能源汽车市场的巨大潜力，国外品牌中，特斯拉也推出了纯电动SUV Model X，包括大众、通用、福特、宝马、奔驰、丰田、本田、日产、现代在内的主流跨国车企也相继公布了其在华的新能源汽车战略，而电动SUV无疑是占据了SUV和新能源两个中国汽车市场的最大亮点。

在技术性能方面，随着电池技术的不断提升，纯电动SUV也在不断实现更长的续驶里程。目前自主品牌在售的纯电动SUV的续驶里程普遍为200~300公里，上汽荣威ERX5则在综合工况下的续驶里程可达到320公里，时速在60公里的匀速工况下续驶里程可达425公里。特斯拉Model X的续驶里程在400~500公里。

无论是宏观政策还是终端市场，新能源汽车产业在国内的发展前景都相当可期。基于这样的背景，来探讨SUV是否能够实现电动化的问题，不妨持乐观态度。首先，政策的导向促使企业的参与度很高，对核心技术的研发和应用积极性很高；其次，随着技术的不断成熟、配套设施的日趋完善、续驶里程的不断延长、充电的便利性得到提升、制造成本的持续下降，以及SUV细分市场的持续增长，这些都将为纯电动SUV，尤其是城市SUV的纯电动化进程提速，为SUV的电动化奠定条件和基础。

如今在中国，SUV早已不是"油老虎"的代名词，而是被迅速的小型化、小排量化、低油耗化的特征取而代之。未来，随着乘用车企业平均燃料消耗量与新能源汽车积分并行管理办法的推行，将进一步迫使乘用车企为达到更低的油耗标准采取更多的方法，其中依靠在新能源领域的布局，获得积分不失为一条直接、有效的途径。从政策、技术、市场、消费等诸多层面，随着新能源汽车市场的继续壮大，SUV 的零排放时代是否即将到来，值得期待。

（四）智能化技术加持下的 SUV

智能互联技术在 SUV 上的广泛应用也成为时下 SUV 领域的新动向。由于消费群体的日益年轻化，他们对车辆的智能化、网联化需求越来越高。因此，为了打造一辆"智商和情商"都更高的 SUV，满足消费者需求，合资品牌和自主品牌车企都不遗余力。

包括通用的 On Star 系统、宝马的 iDrive、沃尔沃的 Sensus Connect、奥迪的 Audi Connect、福特的 SYNC、日产的 CARWINGS 智行+等在内的跨国公司的智能网联系统，都陆续被运用到旗下合资品牌的 SUV 车型中。智能车载系统的广泛应用使 SUV 车型的个性化、人性化、智能化功能越来越全面。汽车的交通工具单一属性被进一步弱化，在强化人车互动的同时，将网络、智能、情感、科技融为一体，多方面解决和满足驾驶员用车、生活的多重需求。

值得一提的是，在智能互联技术的开发和应用上，不少自主品牌车企将智能互联系统植入 SUV 车型中，掀起一股自主品牌 SUV 智能互联的热潮。比较具有代表性的是吉利和上汽荣威。作为吉利汽车进入"3.0"时代后推出的首款智能互联精品 SUV，博越在智能安全、智能驾驭、使用、多媒体和远程控制等多个领域实现了突破。通过人机语音交互系统，可以实现对车辆的各种指令控制，城市预碰撞安全系统、自适应巡航系统等，将目标放在更加智能化的主动安全上，成为智能化安全领域的先锋。另外，AQS 空气质量管理系统也为车内驾乘人员提供了更加智能、舒适、环保的车内环境。

2016 年，上汽与阿里联手打造互联网汽车，首款量产车型荣威 RX5 搭载 YunOS for Car 智能操作系统，借助独立 ID 身份账号，通过大数据为用户提供个性化服务。该车一经上市就迅速在市场上获得成功，成为上汽乘用车的"销量增速王"，打破了荣威品牌此前"叫好不叫座"的魔咒，9.98万~16.98万元的售价，使其真正实现了互联网汽车"买得起、用得爽"。此外，奔腾X40和长安CS35也搭载了基于安卓系统的车载互联系统，可实现手机和汽车的互联功能。

汽车产业已经不可抗拒地迎来了"新四化"（新能源化、互联网化、智能化、共享化）时代。2016年，上汽与阿里巴巴的联手合作，意味着中国最大的汽车制造企业正从传统汽车制造企业向互联网汽车制造商和服务商全面转型。谷歌、百度、特斯拉、奔驰等越来越多的车企及互联网公司也在向人工智能领域挖掘更大的潜力，纷纷投身于无人驾驶技术的开发和应用，将汽车行业的智能化技术的研发和实践推向新的境界。伴随着互联网化和智能化的快速推进，全球汽车产业格局面临重塑。

对于中国汽车产业而言，无论是新能源，还是互联网、智能化，都将是实现转型升级的重要推手，而SUV作为市场活跃度最高的领域，必然成为新能源、智能互联等创新实践的最佳载体。

六、主要合资品牌SUV 2016年在中国市场的表现

（一）各系别SUV销量普遍增长，销量占比下滑是主流

2016年，除了自主品牌SUV依旧在国内市场占据强势地位之外，其他系别合资品牌SUV也借助国内SUV市场的火爆，在销量及市场占有率方面实现了不同程度的增长。

根据中国汽车工业协会的数据统计，2016年，尽管没有自主品牌SUV的增幅大，但日系、美系、德系和韩系SUV的销量均比2015年有较快增长，只有法系SUV在2016年的销量呈现同比下降。其中日系合

资品牌 SUV 在 2016 年销量突破 130 万辆，比 2015 年增加 30 余万辆，不仅是各系别合资品牌 SUV 中销量和占比最大的，也是各系别合资品牌 SUV 中销量增幅最高的；美系品牌 SUV 的表现也不错，2016 年销量比 2015 年增加了 27 万余辆；韩系品牌 2016 年全年销量比 2015 年增加了近 15 万辆；德系品牌 SUV 增长得最少为 8.85 万辆；而法系品牌 SUV 2016 年销量比 2015 年少了 2400 辆。从 2016 年合资品牌 SUV 销量前十名车型看，日系品牌 SUV 入围的车型数量最多，为 5 款，美系和德系品牌入围的均有两款，韩系品牌有 1 款入围。

在销量同比增长方面，排名前十的合资品牌 SUV 在 2016 年大部分都实现了不同程度的正增长。只有途观的销量呈 6% 的同比下降，新道客由于是当年新上市的车型，所以暂时没有销量同比增长数据。在实现同比增长的车型中，全新途胜的增幅最高，达到 282.8%；新奇骏的增幅最低，为 8.3%。

在销量占比方面，由于自主品牌 SUV 军团的强势表现，使各系别合资品牌 SUV 虽然在 2016 年大部分都实现了销量的增长，但在销量占比方面却难逃下滑的大趋势。数据显示，2016 年，日系品牌 SUV 的销量占全年 SUV 总销量的 14.61%，在各合资系别中位居榜首，但与上年相比占比则出现了 1.74% 的下降。同样，德系、韩系和法系的销量占比也出现了下滑，其中德系的下滑幅度最大，为 2.08%。美系品牌成为其中唯一实现销量占比增长的合资品牌 SUV，但增幅很小，只有 0.07%。

表 2-18　2016 年各系别合资品牌 SUV 车型销量及占比变化

单位：万辆

系别	销量	占比（%）	占比同比变化（%）
日系	132.18	14.61	-1.74
美系	86.37	9.55	0.07

系别	销量	占比（%）	占比同比变化（%）
德系	69.6	7.69	-2.08
韩系	60.36	6.67	-0.63
法系	19.86	2.2	-1.03

资料来源：中国汽车工业协会。

表 2-19　2016 年合资品牌 SUV 销量前十名车型　单位：万辆

车型	销量	同比增长（%）
昂科威	27.5	68.9
途观	24	-6
CR-V	18	15.1
新奇骏	18	8.3
全新途胜	17.7	282.8
缤智	16.4	29.4
XR-V	16.2	36.3
新逍客	14	—
奥迪 Q5	12.9	13.6
锐界	12.4	89.9

资料来源：中国汽车工业协会。

（二）日系品牌 SUV 在中国市场的表现

在华日系合资车企包括：一汽丰田、广汽丰田、东风日产、东风英菲尼迪、郑州日产、广汽本田（含广汽讴歌）、东风本田、一汽马自达、长安马自达、长安铃木、广汽三菱。

表 2-20　日系合资车企及其在售国产 SUV 车型（截至 2016 年底）

企业	车型
一汽丰田	陆地巡洋舰、普拉多、全新 RAV4
广汽丰田	汉兰达
东风日产（含东风英菲尼迪）	逍客（老款）、奇骏（老款）、楼兰、新奇骏、QX50L、新逍客
郑州日产	帕拉丁
广汽本田（含广汽讴歌）	缤智、冠道、讴歌 CDX
东风本田	CR-V、炫威
一汽马自达	CX-7、CX-4
长安马自达	CX-5
长安铃木	锋驭、维特拉
广汽三菱	劲炫、劲畅、欧蓝德

表 2-21　2016 年日系国产 SUV 销量及同比增长　　　　单位：万辆

企业	国产 SUV 销量	同比增长（%）
一汽丰田	15.5	8.9
广汽丰田	9.2	22.3
东风日产	41.5	36.6
东风英菲尼迪	0.8	0.4
郑州日产	11.8	-22.1
广汽本田（含广汽讴歌）	18	42.2
东风本田	34.2	24.3
一汽马自达	4	-47.6
长安马自达	5	3.2
长安铃木	5.3	50
广汽三菱	5.6	-0.8

注：数据统计均为合资车型，不含合资自主。

资料来源：中国汽车工业协会。

市场表现分析：产品布局持续完善，销量及占比继续保持优势。

在各系别合资品牌 SUV 中，日系品牌无论是在销量还是占比方面都具备领先优势。2016 年，这一特征依旧继续保持。在 2015 年销量突破 100 万辆之后，2016 年日系 SUV 销量继续提升至超过 130 万辆。尽管销量有所提升，但销量占比却下降了 1.74%，这主要是由于自主品牌 SUV 的强势表现，吞噬了包括日系品牌在内的大部分合资品牌 SUV 的市场份额。

从产品层面看，2016 年，日系 SUV 在原有产品布局较为完善的基础上，继续拓展和挖掘在小型、紧凑型、中型、中大型 SUV 等各细分市场的增长空间和潜力。一方面，多款重磅新车的推出，使日系 SUV 的整体竞争力得到了巩固；另一方面，部分老款车型在 2016 年也都陆续推出了改款车型，实现了升级，及时适应了市场的需求。其中，广汽本田在 2016 年推出了全新中大型 SUV 冠道，丰富了广汽本田在 SUV 市场的产品阵容，同时也意味着在小型 SUV 市场卓有建树的广汽本田开始在中高端市场发力。一汽马自达推出了轿跑 SUV CX-4，以个性、跨界的特征成为 SUV 市场上一道独特的风景，并成为支撑一汽马自达旗下 SUV 全年销量的主力。广汽三菱在 2016 年也推出了国产欧蓝德，进一步丰富了旗下 SUV 产品阵容。此外，日系高端品牌在 2016 年继续推出国产 SUV 车型。继东风英菲尼迪在 2015 年推出国产 QX50L 之后，2016 年，广汽讴歌也推出了国产 CDX，正是以国产车型的身份切入高端紧凑型 SUV 市场。这也意味着，在高端 SUV 细分市场，日系品牌通过在中国实现本地化生产的方式进一步降低成本，提升日系高端品牌 SUV 的性价比优势。除推出全新的车型外，相当一部分日系品牌 SUV 也都在 2016 年推出了更新换代后的产品。比如，RAV4、逍客等主流日系 SUV 都针对市场需求陆续推出了新款车型。

从 SUV 市场的产品布局和销量上看，日系车企之间也存在着较大的差异。东风日产无论是在产品数量、产品布局的完善程度上，还是在销量上，都领先于其他日系车企。2016 年，东风日产的 SUV 军团实现销量 41.5 万辆，位列日系车企第一。此外，东风本田和广汽本田也呈现出较好的成长性。这也得益于旗下拳头产品的优异表现，东风本田的两款主力 SUV 产品 CR-V 和炫威的全年销量分别突破 18 万辆和16 万辆，都是月平均销量超过 1 万辆的主流车型；广汽本田在 SUV 市场的销售业绩也主要由旗下的小型 SUV 缤智所贡献，缤智全年销量达到 16.4 万辆，占广汽本田 SUV 全年销量的 90% 以上。广汽丰田仍凭"标杆型"产品汉兰达，巩固着其在中大型 SUV 市场的稳定地位，但随着美系 SUV 在中大型细分市场的发力，2016 年汉兰达的销量被长安福特的中大型 SUV 锐界超越。

在大部分日系车企 SUV 销量均呈现同比增长的同时，也有一部分车企的销量呈现下滑，比如一汽马自达、郑州日产和广汽三菱，2016 年销量同比下滑分别为 47.6%、22.1% 和 0.8%。造成下滑的原因则各不相同，一汽马自达虽然 CX-4 在上市后受到一定的关注，但由于产品定位等原因，并未达到突出的市场效果。虽然一定程度上支撑了一汽马自达在 SUV 细分市场的销量，但和其他竞品相比，却仍然有一定的差距，加之 CX-7 的销量屡屡下挫，导致一汽马自达在 SUV 市场的整体销量下滑。郑州日产的销量下滑则主要是由于产品单一且老旧，单凭一款帕拉丁闯天下，已经跟不上国内 SUV 市场快速增长和变化的节奏。而广汽三菱呈现销量小幅下滑，主要是由于劲炫和劲畅两款车型的全年销量均为同比下降。

日系 SUV 在国内市场仍然具备较强的优势，产品丰富、产品阵容强大、覆盖细分市场较为全面，且产品的性价比较高，但从 2016 年各日系车企在 SUV 市场的销量变化看，两极分化的现象越来越明显。

（三）美系品牌 SUV 在中国市场的表现

在华美系合资车企有：上汽通用、长安福特、江铃福特、广汽菲亚特克莱斯勒。

表 2-22　美系合资车企及在售国产 SUV 车型（截至 2016 年底）

企业	车型
上汽通用	雪佛兰科帕奇、别克昂科拉、雪佛兰 Trax、昂科威、凯迪拉克 XT5
长安福特	翼虎、翼搏、锐界
江铃福特	撼路者
广汽菲亚特克莱斯勒	自由光、自由侠、指南者

表 2-23　2016 年美系国产 SUV 销量及同比增长　　　单位：万辆

企业	国产 SUV 销量	同比增长（%）
上汽通用	44.2	34.6
长安福特	28.1	9.5
江铃福特	0.7	48
广汽菲亚特克莱斯勒	13.3	—

注：数据统计均为合资车型，不含合资自主。

资料来源：中国汽车工业协会。

市场表现分析：成长性普遍良好，销量跃升至合资品牌各系别第二位。

2016 年，对美系合资品牌 SUV 而言是收获的一年。2016 年，美系 SUV 销量突破 86 万辆，与 2015 年相比，销量增加了 27 万余辆，一跃超过德系品牌，成为合资品牌各系别 SUV 全年销量亚军。2015 年，美系 SUV 的全年销量与德系 SUV 之间有近 2 万辆的差距，在 2016 年，这一差距不仅得以弥补，而且美系 SUV 的销量还以近 17 万辆的优势领先于德系 SUV。

从各家车企的表现来看，上汽通用旗下的国产 SUV 在 2016 年销量突破 44 万辆，占美系 SUV 销量的一半以上，同比增长 34.6%，成为美系 SUV 实现增长的支撑；长安福特旗下的 SUV 在 2016 年的销量与 2015 年基本持平，同比实现 9.5% 的增长；江铃福特虽然在绝对量上并没有其他几家美系车企高，但其凭借撼路者实现了旗下 SUV 销量超过 16% 的同比增长；广汽菲亚特克莱斯勒，在 2016 年 SUV 全年销量首次突破 10 万辆，也显示出较好的成长性。

新品的导入对美系 SUV 在 2016 年呈现出良好的成长性功不可没。近几年美系品牌加快了在二线高档品牌细分市场的产品布局，并取得了不错的业绩，包括凯迪拉克、林肯在内的美系高档品牌也逐步成为国内二线高档品牌中的主流。凭借丰富的配置和较高的性价比优势，自上市至 2016 年底，凯迪拉克 TX5 的销量达到近 3.5 万辆，使美系 SUV 在中型高档 SUV 市场开始成功试水。2016 年，广汽菲亚特克莱斯勒国产化进程提速，连续导入了两款新品自由侠和指南者，积极参与到小型、紧凑型 SUV 市场的竞争。事实证明，这两款新品的确为广汽菲亚特克莱斯勒的业绩提升起到了实质性拉动作用。相比之下，长安福特的表现则稍有逊色，尽管锐界跻身合资品牌 SUV 销量前十名，但 SUV 车型整体的销量增长速度则不如其他美系品牌明显。受多次安全隐患而实施召回的翼虎和被缤智、炫威等同级合资竞品抢尽风头的翼博在 2016 年的销量均呈现较大幅度下滑，其中翼虎下滑近 15%，翼博下滑近 25%。

（四）德系品牌 SUV 在中国市场的表现

在华德系合资车企有：一汽—大众、上汽大众、北京奔驰、华晨宝马。

表 2-24 德系车企及在售国产 SUV 车型（截至 2016 年底）

企业	车型
一汽—大众	Q5、Q3
上汽大众	途观、野帝、途观 NF
北京奔驰	GLK、GLA、GLC
华晨宝马	X1

表 2-25 2016 年德系国产 SUV 销量及同比增长　　　单位：万辆

企业	国产 SUV 销量	同比增长（%）
一汽—大众	21.8	19.6
上汽大众	26.9	-3.7
北京奔驰	15.4	46.9
华晨宝马	5.5	33.1

注：数据统计均为合资车型，不含合资自主。

资料来源：中国汽车工业协会。

市场表现分析：高档 SUV 市场优势明显，"短板"亟待补齐。

在产品线依旧并不丰富的条件下，2016 年德系 SUV 的销量占比难掩下滑趋势。2016 年全年，除了上汽大众途观 NF 上市外，德系 SUV 并没有推出全新国产 SUV，一汽—大众品牌旗下依旧没有 SUV 车型的事实，一定程度上阻碍了德系 SUV 在中国市场整体业绩提升的速度。面对 SUV 市场的激烈竞争，德系 SUV 的销量已经被美系 SUV 反超。

不过，依托德系品牌在中国市场的良好口碑和消费基础，大部分德系车企的 SUV 在 2016 年销量依旧呈现了较大幅度的同比增长。值得一提的是，德系 SUV 在高档 SUV 细分市场的整体表现优异，以奔驰、奥迪、宝马为首的德系高档品牌 SUV 几乎占领了高档 SUV 细分市场的绝大部分份额。Q3、Q5、GLA、X1 等车型在 2016 年的销量都呈现了两位数的同比增长，且最高增幅超过 56%。

鉴于一直以来在 SUV 细分市场的产品缺失，一汽—大众方面也透露了未来的产品规划，将在未来 1~2 年陆续投产多款 SUV 车型，而上汽大众也在 2017 年推出包括途观 L、途昂、斯柯达柯迪亚克等在内的多款 SUV，来进一步扩充 SUV 产品阵容。可以说，随着新车型的持续导入，德系 SUV 有着一定的市场增长空间，但随着 SUV 市场竞争的日益激烈，以及由此所带来的竞争格局的改变，布局相对滞后的德系 SUV 要想实现市场份额进一步增加的目标也不轻松。

（五）韩系品牌 SUV 在中国市场的表现

在华韩系合资车企有：北京现代、东风悦达起亚。

表 2-26　韩系车企及在售国产 SUV 车型（截至 2016 年底）

企业	车型
北京现代	途胜、ix35、新胜达、ix25、全新途胜
东风悦达起亚	狮跑、智跑、KX3、KX5

表 2-27　2016 年韩系国产 SUV 销量及同比增长　　单位：万辆

企业	国产 SUV 销量	同比增长（%）
北京现代	38.5	30
东风悦达起亚	22	38

注：数据统计均为合资车型，不含合资自主。

资料来源：中国汽车工业协会。

市场表现分析：韩系车市场份额继续下挫，SUV 顽强增长。

2016 年，由于自主品牌的强势崛起、日系品牌的全面复苏和持续发力，以及"萨德事件"的负面影响等多重因素，韩系乘用车品牌的市场占有率继续下降。不过，在 SUV 领域，韩系品牌依然保持了较稳定的销量增长。

　　从两家韩系在华合资车企的具体表现看，北京现代和东风悦达起亚2016年的SUV销量都呈现了30%以上的同比增长，对于韩系品牌而言实属不易。就产品层面，2016年两家韩系车企在SUV领域推出的全新车型只有一款——东风悦达起亚KX5，可以说2016年并不是韩系SUV的产品大年。事实上，一些上市时间相对长的"老车型"对销量增长的贡献度确实不如相对较新的产品。北京现代旗下在售的五款SUV车型涵盖小型、中型、中大型多款产品，虽然布局较为完善，但从销量上看，只有ix25和全新途胜在2016年的销量中保持了同比增长。其中，ix25凭借性价比优势以及终端力度较大的优惠，在小型SUV市场打拼出一片天，全年销量突破11万辆，同比增长超过10%；全新途胜全年销量接近18万辆，实现了280%以上的同比增长，成为2016年北京现代旗下的SUV"爆款"车型。与北京现代类似，东风悦达起亚的狮跑、智跑等老车型已经不太能适应市场变化的节奏，相比较而言，KX3和新上市的KX5的市场表现相对不错，但无论是与同门兄弟北京现代相比，还是与其他系别的同级竞品相比，东风悦达起亚KX3和KX5两款车型的市场表现都存在一定的差距，全年销量均维持在6万辆的水平。

　　不可否认，随着自主品牌产品品质、性价比、品牌力的提升，此前以性价比优势见长的韩系品牌正在遭遇前所未有的冲击。这一趋势在自主品牌有着绝对"主场优势"的SUV领域也得到了较为突出的体现。虽然在SUV整体快速增长的大背景下，韩系SUV的销量也在顽强增长，但对韩系品牌而言，未来的压力确实不小。

（六）法系品牌SUV在中国市场的表现

　　在华法系合资车企有：东风神龙（东风标致及东风雪铁龙）、长安PSA、东风雷诺。

表 2-28　法系车企及在售国产 SUV 车型（截至 2016 年底）

企业	车型
东风神龙	标致 3008、标致 2008、标致 4008、C3-XR
长安 PSA	DS6
东风雷诺	科雷嘉、科雷傲

表 2-29　2016 年法系国产 SUV 销量及同比增长　　单位：万辆

企业	国产 SUV 销量	同比增长（%）
东风神龙	15.9	-13.44
长安 PSA	1	-43.8
东风雷诺	3	—

注：数据统计均为合资车型，不含合资自主。

资料来源：中国汽车工业协会。

市场表现分析：SUV"产品大年"仍难摆脱销量下滑。

总体而言，法系车从规模到品牌影响力都与主流合资品牌存在一定的差距，在正视差距的基础上，法系车也根据自身特点调整战略，并专门针对 SUV 市场实施了一系列举措。2016 年，法系品牌在中国市场陆续投放了 3 款 SUV，这对于相对小众的法系品牌而言，算是"产品大年"。

东风标致将 2017 年定为企业的"SUV 年"，虽然主攻 SUV 市场的战略思路确定得并不算早，但确实意味着东风标致开始针对 SUV 市场展开布局。在原有两款紧凑型 SUV 的基础上，2016 年东风标致推出了中型 SUV 东风标致 4008，由于是在 11 月上市，截至 2016 年底，累计销量为 9000 辆，并实现了 67% 的销量环比增长，这对于东风标致而言算是个不大不小的惊喜。但作为合资品牌竞争较为激烈的中型 SUV 细分市场，在新车效应逐渐淡化后，受法系品牌在中国市场的品牌力所限，以及其他主流品牌在中型 SUV 细分市场掀起的激烈竞争，4008 将如何继续保持销量的稳步攀升，则是摆在东风标致面前的一道必答题。2017年，东风标致继续深入推进SUV战略，中大型SUV东风标致5008也将推出，进一步完善旗下SUV产品矩阵。

在新品投放方面，东风雷诺在2016年实现了从无到有，一年内投放了科雷嘉、科雷傲两款国产SUV。作为成立时间不长的法系合资车企，2016年东风雷诺迎来了成立之后的第一个产品大年。首款国产车型科雷嘉和第二款国产车型新一代科雷傲成为支撑企业销量增长的"双擎"。尽管入局较晚，但随着两款国产车型的投放，东风雷诺开始在紧凑型和中型SUV细分市场"发声"，并凭借此前进口销售渠道积累的口碑，取得了一定的效果。

相比较而言，东风雪铁龙和长安PSA在2016年则比较沉寂。全年均无全新SUV车型推出，不过东风雪铁龙旗下的C3-XR在2016年累计销量突破7万辆，并实现了超过10%的同比增长。而长安PSA的DS6在2015年实现销量大幅增长后，2016年则开始出现较大幅度下滑。尽管改变法系品牌在中国市场的境遇并非一日之功，但从SUV切入试图一定程度上实现改善，也取得了相应的正面效果。

第三部分

细分市场报告

一、中国小型 SUV 的现状与前景分析

（一）概述

近年来，SUV 的销量一直保持强劲的增长势头，其中小型 SUV 的销量增长也非常显著，相比于之前小型 SUV 较小的市场份额，可以明显看出市场对于小型 SUV 的接受度处于逐步提升的阶段，虽然在短时间内难以与紧凑型 SUV 的市场占有率一较高下，但是小型 SUV 在 SUV 市场中的市场占有率大体上一直呈现增长的趋势。图 3-1 和图 3-2 分别是 2011~2016 年各个 SUV 车型的销量占比及其变化趋势，2011 年小型 SUV 的销量占比仅为 5.2%，是各个类型中销量占比最小的，然而在接下来的几年中逐步增长，在 2015 年达到最高值 28.6%，仅次于紧凑型 SUV 的销量占比。虽然小型 SUV 在 2016 年市场份额有所下降，但销售总量仍然保持了较高速度的增长，由 2015 年的 174.85 万辆，增加到了 2016 年的 212.41 万辆，增速为 21.5%。可以看出，随着消费者更加理性，小型 SUV 不仅进入了消费者的视野中，也越来越成为消费者的最后选择，近几年的小型 SUV 的销量占比增长趋势完全说明了小型 SUV 的市场潜力仍然值得期待。

（二）定义

综合市面现有的 SUV 车型，结合目前的分类方式，本书将小型 SUV 定义为车身长度介于 3850~4350 毫米，轴距小于 2679 毫米，或至少要符合其中一条的 SUV 车型为小型 SUV。小型 SUV 以其较高的性价比，良好的操控性、通过性、舒适性、经济性以及较强的实用性越来越受到消费者的重视，成为现在 SUV 市场中不可或缺的一部分。

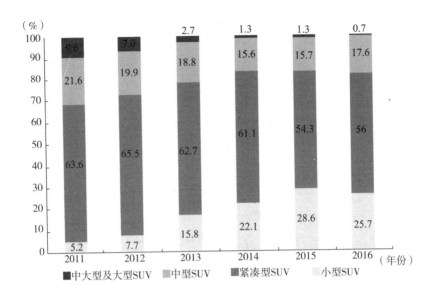

图 3-1 2011~2016 年各类型 SUV 销量占比

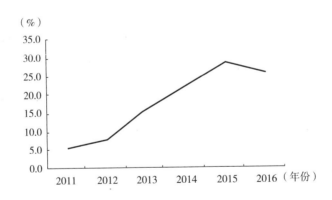

图 3-2 2011~2016 年小型 SUV 销量占比变化情况

（三）车型市场表现及销量

表 3-1 和图 3-3 统计了 2016 年市场上常见的 43 款小型 SUV 车型的品牌、销量和价格区间。对其品牌进行分类得到小型 SUV 的自主品牌和合资品牌的占比如图 3-4 所示。从两个图中可以看出，有大约 3/4

的小型 SUV 的最低报价在 10 万元以下，而且这部分车型基本上都是自主品牌；而在最低报价超过 10 万元的车型中几乎全部都是合资品牌。自主品牌在价格上面的优势是显而易见的。另外，在小型 SUV 市场中，自主品牌的车型占比达到了 70%，合资品牌的车型只有三成，纯进口的车型几乎为零。据统计，2016 年小型 SUV 市场中自主品牌的销量占据小型 SUV 总销量的 63%（见图 3-5）。总体说来，在小型 SUV 细分市场，不管是车型的数量，还是销量的占比，自主品牌都领先于合资品牌，在近几年稳步增长的小型 SUV 市场中处于优势地位。

表 3-1　2016 年市场上常见的小型 SUV 品牌、车型、销量及价格区间统计

排名	品牌	车型	销量（辆）	价格区间（万元）
1	江淮	瑞风 S3	197947	6.58~9.58
2	长城	哈弗 H2	196926	8.68~12.88
3	长安	长安 CS35	164076	6.89~9.89
4	本田	缤智	161711	12.88~18.98
5	本田	XR-V	118414	12.78~16.28
6	奇瑞	瑞虎 3	113468	6.89~9.89
7	现代	北京现代 ix25	103342	11.98~18.68
8	中华	中华 V3	77943	6.57~11.77
9	长安	长安 CS15	74182	5.39~7.39
10	绅宝	绅宝 X35	73461	6.58~8.88
11	雪铁龙	雪铁龙 C3-XR	71945	10.88~17.18
12	通用	昂科拉	67372	13.99~18.99
13	起亚	起亚 KX3	65513	11.68~17.78
14	绅宝	绅宝 X25	62741	5.58~7.58
15	东风	东风风神 AX7	61859	9.97~14.97
16	长城	哈弗 H1	45838	5.49~7.89
17	比亚迪	元	41175	5.99~24.98
18	铃木	维特拉	38069	9.98~15.98

排名	品牌	车型	销量（辆）	价格区间（万元）
19	一汽	森雅 R7	37636	6.69~9.99
20	通用	创酷	36225	9.99~16.39
21	东风	东风风神 AX3	35289	6.97~8.77
22	福特	翼搏	31831	9.48~12.98
23	标致	标致 2008	31298	9.97~16.37
24	绅宝	绅宝 X55	26343	7.68~11.98
25	斯柯达	Yeti	24207	12.98~20.98
26	Jeep	自由侠	24013	13.48~20.28
27	凯翼	凯翼 X3	16419	6.66~9.69
28	昌河	昌河 Q25	16119	5.59~7.59
29	力帆	力帆 X50	16032	5.98~8.28
30	昌河	昌河 Q35	15888	6.59~8.69
31	力帆	力帆 X60	12447	7.30~9.09
32	东南	东南 DX3	12242	6.79~10.39
33	一汽	骏派 D60	11851	5.69~9.99
34	铃木	锋驭	11281	10.98~16.48
35	潍柴英致	英致 G3	8042	5.69~8.08
36	北汽	BJ212	6401	5.86~7.03
37	中兴	中兴 GX3	5989	6.38~6.98
38	永源	永源 A380	4024	5.99~9.88
39	北汽幻速	幻速 S2	3190	5.18~6.08
40	江淮	瑞风 S2	818	5.88~7.68
41	野马	野马 F16	320	5.78~6.98
42	众泰	众泰 T200	176	4.60~6.30
43	比速	比速 T3	172	7.49~8.69

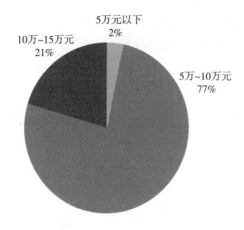

图 3-3 小型 SUV 价格分布

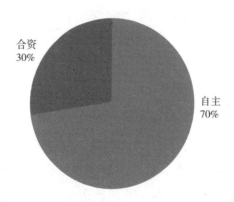

图 3-4 小型 SUV 自主车型和合资车型占比

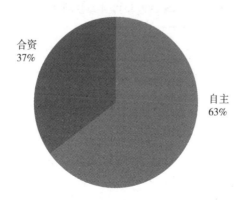

图 3-5 小型 SUV 自主车型和合资车型销量占比

小型 SUV 相比于同样级别的轿车，乘坐空间更大，离地间隙更高，因此具有更好的通过性。与此同时，在拥挤的城市中，更小的尺寸也意味着更为便捷，小型 SUV 可以更加方便地行驶和停靠，这是中大型 SUV 难以做到的。

另外，车辆的经济性也逐渐成为人们选购汽车时的主要考虑因素。小型 SUV 都是小排量车型，在能够满足大多数道路情况的条件下，拥有比中大型 SUV 更好的经济性无疑会更好地吸引消费者。

（四）性能及技术特点

小型 SUV 近年来的销量持续增长，各大厂商均对小型 SUV 的研发投入了大量精力，这与小型 SUV 的性能、技术特点和消费者及市场的期望相契合是密不可分的。

1. 车身结构尺寸

表 3-2 将小型、紧凑型、中型以及中大型 SUV 的车身结构尺寸进行了对比。可以发现，小型 SUV 整车尺寸小，便于在城市中行驶和停放；整备质量轻，提高了汽车的经济性；与此同时，最小离地间隙与紧凑型 SUV 非常接近，使小型 SUV 的通过性也有一定的保证，既能很好地满足城市道路的要求，对于非城市道路也有较好的适应性。

表 3-2 不同类型 SUV 车身结构尺寸对比

	小型	紧凑型	中型	中大型
整备质量（千克）	1100~1480	1330~1780	1650~2220	2060~2800
车身长度（毫米）	3850~4350	4300~4750	4400~4850	4750~5150
轴距（毫米）	小于 2679	2560~2760	2650~2800	2890~3050
行李箱容积（固定值）（升）	300~350	400~500	500~700	600~800
最小离地间隙（毫米）	140~190	140~210	170~230	180~240

2. 发动机参数

发动机的性能特点与汽车的动力性和经济性尤其相关。小型 SUV 通常采用 1.4~1.8 升排量的发动机，自主品牌以 1.5 升为主，比如江淮瑞风 S3、中华 V3 等。而合资品牌相对来说采用 1.8 升排量的发动机比较常见，比如本田缤智两款舒适型是 1.5 升而其他五款均为 1.8 升，而号称缤智姊妹版的 XR-V 也是提供了 1.5 升和 1.8 升排量的不同车型可选。雪铁龙 C3-XR 全部车型都是 1.6 升的。

通过小型 SUV 与紧凑型、中型和中大型 SUV 的发动机排量比较（见表 3-3）可以看出，小型和紧凑型发动机参数相对接近，排量差别不大，而中型和中大型则更需要大排量的发动机。

发动机的功率和扭矩参数也是衡量一台发动机性能和整车性能的重要参数，小型 SUV 在最大功率和最大扭矩方面和其他车型有着较为明显的差距，这与车型的具体定位密切相关。

表 3-3 不同类型 SUV 发动机参数比较

	小型	紧凑型	中型	中大型
排量（升）	1.4~1.8 以 1.5 居多	1.5~2.5 以 1.5 和 1.8 居多	2.0~2.5 以 2.4 居多	2.0~5.7 以 3.0 居多
最大功率（千瓦）	70~100	100~150	120~180	120~220
最大扭矩（牛·米）	130~200	150~320	190~370	250~400

发动机的进气方式可分为自然吸气、机械增压以及涡轮增压三类。小型 SUV 中采用自然吸气的车型相对更多；一些比较追求动力的车型会采用涡轮增压；为了兼顾部分追求动力性的消费者，有些车型以自然吸气为主，同时推出配备涡轮增压的高功率车款。但总体看来，小型 SUV 更倾向于采用自然吸气的进气方式，而中型及中大型 SUV 则更多采用涡轮增压的进气方式。

供油方式也是发动机很重要的一个配置，直接关系到发动机的燃烧效率。小型 SUV 中，采用多点电喷的占据了绝大多数。

不同品牌的发动机也都有自己独特的技术，比如本田的 i-VTEC 技术、长安的 DVVT 技术等，这也是各品牌展现自己实力的重要方式。

3. 变速器

小型 SUV 的变速器多为手动挡，挡位数多为 5~6 挡，也有用 4 挡手自一体的，比如雪铁龙 C3-XR、用无级变速器的本田缤智、奇瑞瑞虎 3 等。

为了让消费者有更多的选择，大多数车型都会分别推出手动版和自动版，分别配备手动变速器和手自一体变速器。

4. 底盘

小型 SUV 与紧凑型和大多数中型 SUV 一样都是承载式车身，这与中大型 SUV 的非承载式车身有着本质上的区别。小型 SUV 的前悬架大多采用麦弗逊式独立悬架，也有少数例外，如江淮瑞风 S3 采用双横臂扭杆式独立悬挂，但是后悬架则通常采用低成本的扭力梁式后悬架。也有其他的形式，但基本都采用半独立或非独立悬架。

同时，小型 SUV 大都采用前置前驱的驱动形式，小部分采用前置四驱，甚至有采用适时四驱的，但是相比于紧凑型 SUV 甚至中型、中大型广泛采用四驱形式而言，前置前驱还是小型 SUV 的主要驱动形式。

5. 制动

不管是自主品牌还是合资品牌，小型 SUV 的车轮制动的标配是前制动为通风盘式，后制动为盘式居多，少量采用鼓式。在驻车制动上，几乎所有小型 SUV 都采用传统的手刹。很少有配备电子驻车系统的。而紧凑型 SUV 部分车型会配备电子驻车，中型和中大型 SUV 大量配备电子驻车系统。

6. 安全及操控配置

小型 SUV 的安全气囊标配是主、副驾驶座气囊，部分车型可以配备前后排侧气囊。操控配置方面，小型 SUV 基本都配备 ABS 防抱死系统、制动力分配系统（EBD/CBC 等），但是一些合资品牌除此之外还配备有刹车辅助（EBA/BAS/BA 等）牵引力控制系统（ASR/TCS/TRC 等）和车身稳定控制系统（ESC/ESP/DSC 等）。

如图 3-6 所示，从销量来看，小型 SUV 的前三甲都是自主品牌，分别是江淮瑞风 S3、哈佛 H2 和长安 CS35，这也充分说明了自主品牌小型 SUV 在市场中的领导地位。江淮瑞风 S3 以将近 20 万辆的销量在小型 SUV 市场中独占鳌头，而本田缤智则是合资品牌 2016 年度销售量最高者，因此下面就对瑞风 S3 和本田缤智两款典型车型进行阐述。

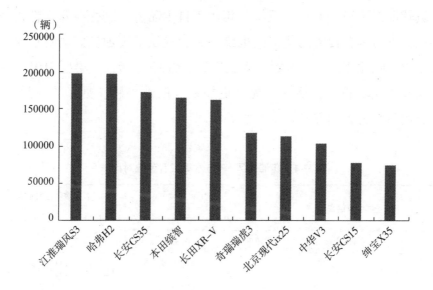

图 3-6 2016 年小型 SUV 销量前十名

从表 3-4 可以发现，瑞风 S3 之所以能够成为 2016 年小型 SUV 销量冠军，其较低的价格带来的优势功不可没。但是，在这样的价格前提下，瑞风 S3 并没有放弃在技术细节上的追求，它的底盘系统采用前麦弗逊后扭力梁式非独立悬架，使瑞风 S3 在日常使用中操纵性和舒适性都有较为稳定的表现。发动机也采用了 VVT 可变气门正时技术，根据发动机的运行情况，调整进气（排气）量和气门开合时间、角度，使进入的空气量达到最佳，提高燃烧效率，达到省油的目的。

另外，虽然在动力性相关技术仍然不及合资品牌优秀，但是在以有限的成本做出一款符合大众期待的车这一项上瑞风 S3 无疑是成功的。

而本田缤智作为小型 SUV 市场中合资品牌的销量冠军，正是凭借其出色的动力、宽裕的空间、时尚的外形在小型 SUV 市场中占得了一席之地。缤智对安全性和实用性予以极大的重视。该车全系标配有 ABS 防抱死系统、制动力分配系统、刹车辅助系统、牵引力控制系统、上坡辅助系统和自动驻车系统。相比于自主品牌，缤智在安全性以及实用性方面具有较大的优势，也给驾驶者提供了更加良好的舒适感和操纵感。除此之外，缤智的轴距也达到了 2610 毫米，在小型 SUV 中车身尺寸也相对较大，给乘客提供更加良好的乘坐感、更好的空间感，也让出行变得更加方便。

表 3-4　江淮瑞风 S3 与本田缤智参数对比

车型信息		江淮瑞风 S3 2016 款 1.5L 手动舒适型	本田缤智 2016 款 1.5L 手动两驱舒适型
厂商报价		6.58 万元	12.88 万元
发动机	基本参数	1.5L 113 马力 L4	1.5L 131 马力 L4
	配气机构	DOHC	DOHC
	最大马力（Ps）	113	131
	最大功率（kW）	83	96
	最大扭矩（N·m）	146	155
	发动机特有技术	VVT	i-VTEC
	供油方式	多点电喷	直喷
	油耗	6.5L/100km	6.2L/100km

续表

车型信息		江淮瑞风 S3 2016 款 1.5L 手动舒适型	本田缤智 2016 款 1.5L 手动两驱舒适型
	变速器	5 挡手动	6 挡手动
底盘转向	驱动方式	前置前驱	前置前驱
	前悬架类型	麦弗逊式独立悬架	麦弗逊式独立悬架
	后悬架类型	扭力梁非独立悬架	扭力梁式非独立悬架
	转向助力类型	电动助力	电动助力
车轮制动	前制动器类型	通风盘式	通风盘式
	后制动器类型	鼓式	盘式
	驻车制动类型	手刹	电子驻车
安全装备	主/副驾驶座安全气囊	主√　副√	主√　副√
	前/后排侧气囊	—	前√　后—
	胎压监测装置	—	—
	无钥匙启动/进入系统	—	—
操纵配置	ABS 防抱死	√	√
	制动力分配（EBD/CBC 等）	√	√
	刹车辅助（EBA/BAS/BA 等）	—	√
	牵引力控制（ASR/TCS/TRC 等）	—	√
	上坡辅助	—	√
	自动驻车	—	√

　　无论是以瑞风 S3 为代表的自主品牌还是以本田缤智为代表的合资品牌，都尽力使发动机和变速器参数匹配，以期获得更好的输出扭矩和燃油经济性。在底盘方面，前轮采用麦弗逊式独立悬架几乎已经成为标准配置。小型 SUV 的优势在于其比同级别轿车有更好的通过性，比中大型 SUV 有更好的操纵性，这两款车也在这些方面做了很多的工作。在追求良好的经济性的同时，也在试图增大车内空间，使得小型 SUV 也能让消费者获得更大的空间。在安全配置和操纵性配置方面，各厂商也越来越

多地运用主动式电子安全配置，甚至推出自己的专利产品，也说明安全问题成为消费者在选车时的重要考虑因素。当然，时尚的外观以及精致的内饰都是各大厂商力求突破以期吸引消费者的要点。

（五）发展现状与前景预测

1. 总体发展趋势及展望

近年来小型 SUV 发展态势及未来预测。

根据初步统计，从 2011~2016 年的 SUV 市场（见图 3-7）来看，SUV 的销量整体呈现大幅上升趋势，2012 年相比 2011 年销量同比增长 31.3%，2013 年更是同比增长 48.5%，2014 年 23.4% 的同比增幅相比前两年的销量增长率有所下滑，但是 2015 年的同比增幅出现一个较大的飞跃，高达 52.1%，在随后的 2016 年仍然保持了 43.05% 的高增长率。

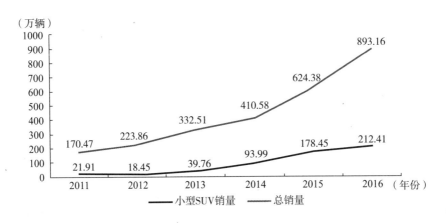

图 3-7 2011~2016 年小型 SUV 销量及 SUV 总销量

可以看到，SUV 以其较好的路况适应性、宽裕的车内空间、时尚美观的外部造型赢得越来越多消费者的青睐，可以预见在接下来的两年里，SUV 销量上涨的趋势仍然会保持下去。

通过观察近年来小型 SUV 每年的销量同比增幅（见图 3-8）可以

发现，除 2012 年是负增长以外，2013 年直到 2015 年都实现了约 100%
的同比增幅，但是在接下来的 2016 年同比增幅有所放缓。按照这个趋
势，预计 2017 年小型 SUV 仍将保持增长，但同比增幅将继续放缓至
40% 左右，2017 年小型 SUV 的销量有可能接近 300 万辆。

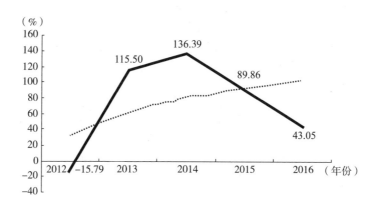

图 3-8 2012~2016 年小型 SUV 销量的同比增幅

从图 3-9 可以看出，2011~2013 年，小型 SUV 其市场占有率一直
徘徊在 10% 左右，但是从 2013 年开始，小型 SUV 越来越受到消费者的
青睐，在销量节节攀升的同时，市场占有率也迅速提高，从以前并不
算是主流的 SUV 类型，一跃成为 SUV 市场中除紧凑型 SUV 以外销量和
市场占有率最多的 SUV 类型，并对紧凑型 SUV 和中大型 SUV 的市场份
额产生了挤压。

综合以上分析，可以预见，在接下来的两年甚至是更长的时间里，
小型 SUV 在销量上将保持较高的增长速度，但市场份额相对会保持稳
定，小型 SUV 与紧凑型 SUV 一起，将继续成为主流 SUV 车型。

2016 年小型 SUV 市场细分及相关预测。

从图 3-10 和图 3-11 可以看出，2016 年小型 SUV 的销量趋势与
SUV 市场的总体走势基本一致，前三个季度保持基本稳定的态势，第
四季度有较大的增长。

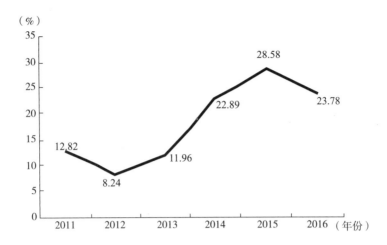

图 3-9　2011~2016 年小型 SUV 市场占有率

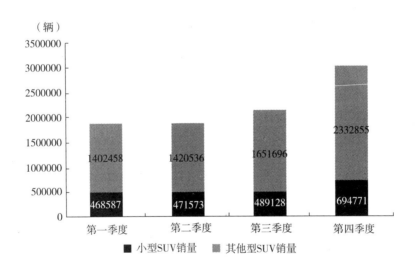

图 3-10　2016 年 SUV 销量分季度统计

　　根据 2016 年的 SUV 市场销量走势，可以预测 2017 年小型 SUV 市场各季度及全年销量走势与 2016 年基本相同，应该会呈现前半年甚至前三个季度都相对平稳，在第四季度会有一个较高的走势的现象，但增长幅度相比前几年会有所放缓。

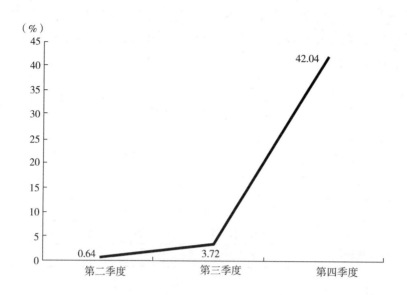

图 3-11 2016 年各季度小型 SUV 销量环比增幅

2. 地域市场表现

由于我国土地面积辽阔，不同地域的地理环境差异较大，各地适合的车型也有所不同。本小节从地域分布角度入手，借助购车指数，反映不同地域消费者对小型 SUV 的关注度，并结合不同车系、品牌等因素进行分析。

购车指数能够直接反映用户对于某款汽车的购买意向程度。所谓购车意向行为包括：在线查询汽车报价、拨打经销商 400 服务电话、在线预约试驾、在线下订单等。之所以采用购车指数进行分析，是因为一些城市由于限购，不能对销量做出影响，但购车指数可以真实地反映出消费者对于某款车辆的关注度及购买意愿。

采取以下办法进行数据信息的统计与处理：选取 2016 年销量前 20 名小型 SUV 车型中的 8 款代表车型进行分析，总销量为 108.53 万辆，占小型 SUV 总销量的 60% 以上，覆盖日系、韩系、美系和自主品牌等主要 SUV 生产厂家，车型包括江淮瑞风 S3、长安 CS35、哈弗 H2、本田缤智、奇瑞瑞虎 3、本田 XR-V、现代 ix25、别克昂科拉；将全国分为华北、华东、华南、华中、东北、西部（西北及西南）六大地区，每个地区所选城市如表 3-5 所示，所选代表城市小型 SUV 的销量总和能占到该地区销量的 85% 以上。

表 3-5　各个地区代表城市

华北	北京、天津、石家庄、保定、太原、唐山、济南、青岛
华东	上海、南京、苏州、杭州、宁波、合肥
华南	广州、厦门、惠州、深圳
华中	长沙、武汉、郑州
东北	哈尔滨、沈阳、长春、大连
西部	西安、重庆、成都、乌鲁木齐

（1）国内各地区小型 SUV 购买关注度分析

根据上述统计方法获得 2016 年小型 SUV 关注度地区分布见图 3-12。从图 3-12 中可以看出，小型 SUV 在华北、西部、华东地区的关注度都相当高，这三个地区的销量总和将近七成，东北地区和华南地区的关注度则相对较低，这两个地区均不足 10%，华中则达到 13%。可以看出，在华东、西部和华北地区，消费者更加倾向于选购体积相对小巧、功能实用、油耗、经济性好的小型 SUV，而在华南和东北地区的消费者则不那么倾向于选择小型 SUV，而是把目光投向更大一些的车型。这样的差异与各地的人文地理环境和经济发展状况都有着密切的关系。

（2）自主与非自主品牌紧凑型 SUV 市场

图 3-6 是关于部分小型 SUV 车型的 2016 年销量统计图，在该排名中，国产品牌江淮瑞风 S3 稳居榜首，成为最为畅销的小型 SUV 车型，而哈弗 H2 和长安 CS35 则分居第二、第三位，国产品牌包揽前三名，前五名中有四个都是国产车型。从市场占有率来看，自主品牌在小型 SUV 市场中已经占据了 63% 的市场份额，并且有逐渐扩大的趋势。可以看出，

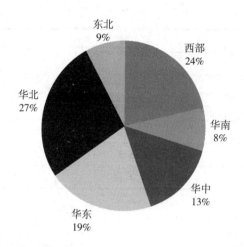

图 3-12 2016 年小型 SUV 总销量全国地区分布

一些优秀的国产品牌越来越受到消费者的青睐,尤其是在小型 SUV 市场的竞争中,国产品牌已经开始建立了一定优势,具有相当的市场竞争力。

3. 各品牌车型在不同级别城市的分布特点

为了进一步分析企业品牌及其地域和城市级别之间的内在联系,在全国范围内选取了 8 个小型 SUV 销量较好的车企作为代表(见表 3-6),统计其主打车型 2016 年在全国销量前 50 名的城市,并对这 50 个城市进行城市级别分类,得到各个车型在不同级别城市的购买比例如图 3-13所示,从一定程度上反映不同级别城市的消费者对各大车企生产的小型 SUV 的购买倾向。

表 3-6 十个典型企业的车型及其价位分布 单位:万元

企业	车型	价位分布
江淮	瑞风 S3	6.58~9.58
长城	哈弗 H2	8.68~12.88
本田	缤智	12.88~18.98
本田	XR-V	12.78~16.28

续表

企业	车型	价位分布
奇瑞	瑞虎 3	6.89~9.89
现代	ix25	11.98~18.68
雪铁龙	C3-XR	10.88~17.18
比亚迪	元	5.99~24.98
长安	CS35	6.89~9.89
通用	昂科拉	13.99~18.99

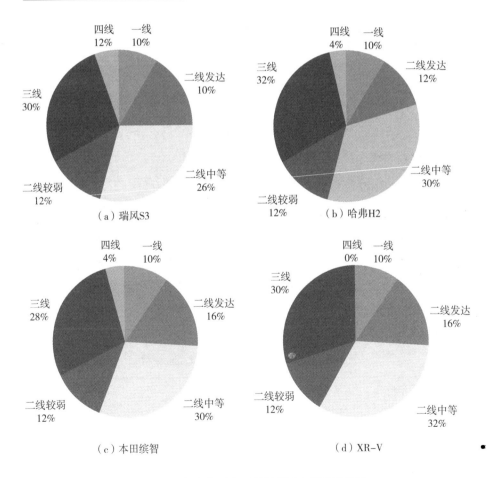

图 3-13　各个车型在不同级别城市的购买比例

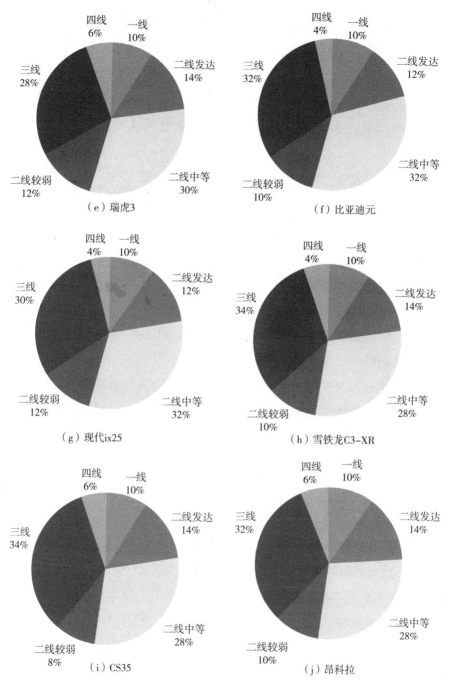

图 3-13　各个车型在不同级别城市的购买比例（续）

作为小型 SUV 销量冠军的江淮瑞风 S3 在各线城市的购买比例相对均匀，在三线城市和四线城市的占比非常突出的，从某种程度上反映了江淮集团非常成功地对目标人群做出了预判，其定价在 6.58 万~8.88 万元，用较低的价格降低购车门槛，以达到抢占三线、四线城市小型 SUV 市场的目的。最后的销售结果也说明这样的策略是相当成功的。

类似地，另外几个销量靠前的国产品牌长安 CS35、哈弗 H2 和奇瑞瑞虎 3 也都呈现出三线、四线城市销量比例较高，而一线、二线城市比例相对较低的情况，可以看出国产小型 SUV 品牌在三线、四线城市是有优势的。

与紧凑型 SUV 的部分自主品牌车型的销量前 50 名城市中没有一线城市入围的情况有所不同，自主品牌小型 SUV 虽然对于三线、四线有所偏重，但在其他各线城市也都有消费者，自主品牌小型 SUV 的市场在各线城市的分布相对均匀。

与自主品牌在三线、四线城市销售更多的情况有所不同，一些合资品牌如本田缤智、现代 ix25 和别克昂科拉等在一线城市更受欢迎，这与一线城市的消费者通常有更强的购买力和购买需求有关。较高的定价，影响了合资品牌小型 SUV 对三线、四线城市消费者的吸引力。

（六）新车型的研发及市场销售情况

小型 SUV 市场近几年的上佳表现让各家厂商都对于小型 SUV 新车型的设计和研发给予了极大的重视，也不断向市场投放新车型。2016 年，销量靠前的车型中新车型就占了半壁江山，如江淮瑞风 S3、本田 XR-V、本田缤智、现代 ix25、中华 V3、雪铁龙 C3-XR 等。

图 3-14 是 2016 年新上市的几款代表车型在各个季度的销量走势。江淮瑞风 S3 作为 2016 年小型 SUV 市场中的销量冠军，2016 年第一季度的销量就已经达到了 5.37 万辆，在第二、第三季度经历短暂下滑

后，第四季度甚至达到了 6.36 万辆的销量，这在小型 SUV 市场中已经是一个非常出色的销量了。而另一个国产车型中华 V3 与江淮瑞风 S3 有着类似的表现，在第一季度就达到了较高的销量，第二、第三季度的销量略有下滑，在第四季度上升，可以看出消费者对于国产品牌的接受度还是很高的，而国产品牌因其突出的价格优势以及较高的性价比在小型 SUV 市场还是有着独特的优势。本田缤智和本田 XR-V 的销量也非常抢眼，缤智的销量更是全年持续攀升，可以看出消费者对于这款日系小型 SUV 的青睐。XR-V 也是几乎全年保持上升趋势，仅仅在第四季度有些许下滑。除此之外，ix25 的销量就没有那么多的起伏，ix25 的销量全年都保持在一个较高的水准。雪铁龙 C3-XR 则和缤智一样，几乎全年保持上升。可以看出，合资品牌在小型 SUV 市场仍然占有极为重要的地位，随着时间推移以及品牌的口碑积累，自主品牌小型 SUV 将面临来自合作品牌更激烈的竞争。

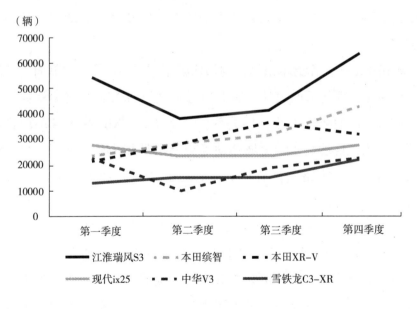

图 3-14 2016 年典型新车型季度销量走势

为了便于读者进一步了解 2016 年度小型 SUV 热销车型，以下将针对几款代表性车型的主要特点做简要描述。

江淮瑞风 S3：作为小型 SUV 的销量冠军，瑞风 S3 在小型 SUV 的市场上的表现一直都是非常不错的。作为江淮汽车推出的首款小型 SUV，消费群体主要定位于年轻人，所以这款车可以说在外形上是下足了功夫。不仅如此，相比同级别的其他车型，同样的价格，瑞风 S3 提供了更为丰富的配置，在性价比上也是相当的突出。总体来说，时尚的整体设计、丰富的配置、出色的空间，以及低廉的价格，正是这款车的销量一直居高不下的原因。

本田缤智：作为日系小型 SUV 的代表车型，缤智在中国市场也受到很多消费者的青睐，缤智在各项测试中都是同级别车中排名靠前的，其综合实力可见一斑。值得一提的是，缤智对空间的利用率相当高，后排乘坐空间相当宽裕，其内饰做工也是广受好评。在动力总成方面，缤智采用的自然吸气发动机+CVT 变速器偏向舒适，动力平顺流畅。缤智以其超强的综合实力、细致的内饰做工，以及具有运动气息的外观受到了很多消费者的喜爱。

本田 XR-V：作为本田缤智的姊妹版车型，XR-V 更加偏向于年轻化与个性化，在细节的设计上颇有新意。这也跟 XR-V 将消费群体定位于追求个性的年轻人有直接关系。除此之外，XR-V 的基础配置诸如倒车影像、自动驻车、上坡辅助等功能也是相当齐全的。所以，时尚动感的外形、丰富的配置、平衡的综合实力恰是 XR-V 的核心竞争力。

现代 ix25：作为韩系 SUV 极具代表性的一款车型，2015 年月均 8000 辆以上的销量说明了我国小型 SUV 市场和广大消费者对它的认可。韩系的设计让 ix25 的外观看起来时尚动感，其对于空间的利用也会非常用心，副驾驶座位下的抽屉也是一个亮点。动力方面，虽然发动机并不非常强劲，但是配套的 6AT 变速器，让动力的响应相当灵敏，驾驶感受也很舒适。

北汽绅宝 X35：这款车于 2016 年初上市，对比其他小型 SUV，它的空间优势明显，后排空间突出，也因此受到很多消费者的喜爱。同时，设计也非常时尚动感，深受年轻消费者的喜爱。

比亚迪元：首先值得一提的是，比亚迪是一家同时掌控新能源汽车电池、电机及充电配套、整车制造等核心技术并拥有成熟市场推广经验的企业，在 2016 年推出的新车型比亚迪元填补了比亚迪在小型 SUV 细分市场的空白，它的设计秉承着比亚迪的最新家族式设计语言，造型设计动感时尚，内饰也很有科技感，可以说深受年轻消费者的喜爱。

综上所述，每一个汽车厂商的每一款车型都有着鲜明的特点，无论是在设计上、外观上还是在动力上，各个方面都根据市场的具体情况做出了精确的判断。这样的车才更加容易赢得消费者的青睐。而随着汽车在中国越来越普及，大多数家庭已经不仅仅是买车就可以，而是需要买适合自己需求的汽车。SUV 尤其如此，汽车厂商只有重视消费者的需求，并且努力提高技术水平，完善设计，才能在激烈的市场竞争中占得先机。

（七）小结及 2017 年度小型 SUV 市场预测

本节主要从车型定义、性能特点、技术优势、发展状况、未来的趋势预测以及新车型研发等角度来分析小型 SUV，此外还结合地理区域分布、城市级别分类、各个企业、车系派别以及消费者的购车关注度等相关因素来解析小型 SUV 的市场。

相比其他的车型，小型 SUV 具有性价比高、道路适应性好、使用便捷的特点。自主品牌在小型 SUV 市场中已经成为中坚力量，无论是销量还是市场接受度都有着相当大的优势。

通过市场细分，既可以更直观地了解到该车型的市场定位及其市场现状的成因，也可以从侧面反映出市场需求以及消费者喜好。这能够对我国未来汽车行业的发展起到指导性的意义，也方便对 2017 年小型 SUV 的市场进行预测。

1. 市场方面

预计 2017 年小型 SUV 的销量仍然会有较大幅度的上升，可能会达到 300 万辆左右，但是上升的幅度将会逐步放缓。自主品牌仍然是 2017 年小型 SUV 市场的中坚力量，而且随着自主品牌在研发方面投入的增加，相信 2017 年小型 SUV 市场中的自主品牌占比将会有进一步的提升。华东、华北以及西部地区仍然会是小型 SUV 销量较好的地区。不同企业品牌车型在不同级别的城市中的销售情况也将与 2016 年类似。

2. 新车型方面

预计 2017 年各个企业品牌会将 2016 年卖得好的车型继续推出 2017 新款，如哈弗 H2、本田缤智等。与此同时，各企业也会陆续推出新车型，根据新车型的变化趋势，推测 2017 年小型 SUV 将有 5~10 款新车型面市。

3. 技术方面

整体来看，小型 SUV 所采用的技术已经较为成熟，2017 年基本不会有开创性的新技术出现并被应用到新车型中，但各个企业品牌都会更注重细节和整车品质的提升，力求以较低的成本将各种先进技术整合、应用到新车型中，比如车联网技术、自动驻车系统、倒车影像、GPS 导航系统、蓝牙/车载电话，内、外后视镜自动防炫目，并线辅助、全景摄像头、自动泊车入位、发动机启停技术等。这些技术的采用会为消费者提供更舒适的驾车体验。同时值得注意的是，越来越多的新能源 SUV 也在发展，自主品牌可能也会加大这方面的投入，预计 2017 年会有更多的新能源小型 SUV 面世，并成为新能源汽车增长速度最快的车型。

二、中国紧凑型 SUV 的现状与前景分析

（一）概述

2011～2016 年，紧凑型 SUV 始终占据着 SUV 市场的半壁江山，以其极高的性价比得到了消费者的青睐。图 3-15 具体显示了紧凑型 SUV 2011～2016 年的销量占比走势，从中我们可以看出，紧凑型 SUV 的市场份额虽然有所波动，但始终占据着五成以上的市场份额。虽然在 2011～2015 年，随着小型 SUV 涌入市场，紧凑型 SUV 的市场占有率受到了一定影响，缓速下降，但在过去的 2016 年里，紧凑型 SUV 凭借自身优势，从小型 SUV 那里争得市场占有率，销量占比呈现回升态势。

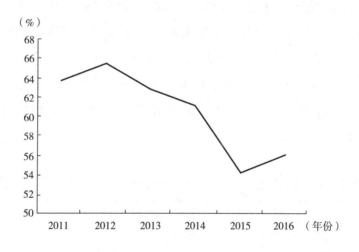

图 3-15　2011～2016 年紧凑型 SUV 销量占比

（二）定义

结合市面现有 SUV 车型，综合目前的分类方式，本书将紧凑型 SUV 定义为车身长度在 4300～4750 毫米，轴距在 2560～2760 毫米，或

至少要符合其中一条的 SUV 车型。该类 SUV 车型依靠良好的操控性、通过性、安全性、轿车般的驾乘舒适性以及宽敞的空间，吸引消费者的目光，从而成为 SUV 市场上的绝对主力。

（三）车型市场表现及销量

表 3-7 统计了 2016 年市场上常见的紧凑型 SUV 车型的品牌、销量和价格区间。以各个车型的最低报价为准，进一步统计可以得到紧凑型 SUV 的价格区间分布如图 3-16 所示。2016 年有 52.4% 的紧凑型 SUV 的最低报价在 10 万元以下，且这些车型绝大多数都是自主品牌；价格分布在 10 万~20 万元的车型占到近 40%，价格在 20 万元以上的车型占到 8.5%，这些车型则大都是合资品牌。相比 2015 年，10 万元以下的车型占比减小，10 万~20 万元的车型占比相对稳定，20 万元以上的车型从 2015 年的 1.9% 增至 2016 年的 8.5%，可以看出紧凑型 SUV 的价格正在逐步提升，有越来越多的中高档车型涉足紧凑型 SUV 这一细分领域。一些自主品牌虽然最低报价在 10 万元以下，但其高配款的价格可达到 20 万元左右，说明自主品牌紧凑型 SUV 已经不再以低价格作为市场竞争的筹码，而是通过将产品升级分类，以满足各个层次消费者的需求。

表 3-7　2016 年市场上常见的紧凑型 SUV 品牌、车型、销量及价格区间统计

排序	车企	车型	销量（辆）	价格区间（万元）
1	长城汽车	哈弗 H6	580683	8.88~14.68
2	广汽传祺	传祺 GS4	326906	9.98~16.18
3	上汽通用五菱	宝骏 560	321555	6.98~10.58
4	上汽大众	途观	240510	19.98~31.58
5	长安汽车	长安 CS75	209353	7.88~14.88
6	东风本田	CR-V	180319	17.98~24.98
7	东风日产	奇骏	180202	17.98~26.88

续表

排序	车企	车型	销量（辆）	价格区间（万元）
8	北京现代	途胜	176687	15.99~23.99
9	东风日产	逍客	139684	13.98~18.98
10	一汽丰田	RAV4 荣放	116389	17.98~26.98
11	长安福特	翼虎	115083	18.48~27.58
12	吉利汽车	博越	109209	9.88~15.78
13	比亚迪汽车	宋	100042	8.99~28.00
14	北汽银翔	幻速 S3	98377	5.38~6.98
15	海马汽车	海马 S5	96320	7.38~10.68
16	众泰汽车	大迈 X5	90039	6.99~12.19
17	上汽荣威	荣威 RX5	90033	9.98~29.68
18	一汽大众	奥迪 Q3	88901	23.42~34.49
19	长丰汽车	猎豹 CS10	82680	8.98~14.68
20	陆风汽车	陆风 X5	80002	7.98~13.38
21	东南汽车	东南 DX7	77211	9.69~13.99
22	东风日产	启辰 T70	72399	8.98~12.78
23	东风悦达起亚	智跑	71951	14.48~22.98
24	北京奔驰	奔驰 GLA 级	66909	26.98~39.8
25	北京现代	北京现代 ix35	64642	14.98~22.28
26	吉利汽车	帝豪 GS	60521	7.78~10.88
27	东风悦达起亚	起亚 KX5	56253	15.68~23.18
28	奇瑞汽车	瑞虎 5	55075	8.88~12.38
29	力帆汽车	迈威	51843	5.78~7.98
30	吉利汽车	远景 SUV	49443	7.49~10.19
31	长安马自达	马自达 CX-5	49147	16.98~24.58
32	江淮汽车	瑞风 S5	47805	10.08~13.58
33	华晨宝马	宝马 X1	47374	28.60~43.90
34	北汽银翔	幻速 S6	45345	7.98~11.68
35	华泰汽车	新圣达菲	44937	7.75~10.88

排序	车企	车型	销量（辆）	价格区间（万元）
36	东风标致	标致 3008	44293	14.07~22.32
37	东风风行	景逸 X3	41012	6.69~8.69
38	众泰汽车	众泰 SR7	40825	7.38~11.80
39	川汽野马	野马 T70	37818	6.66~23.98
40	一汽马自达	马自达 CX-4	37719	14.08~21.58
41	广汽三菱	新劲炫 ASX	35236	11.48~14.98
42	奇瑞汽车	瑞虎 7	34177	9.79~15.39
43	东风裕隆	优 6 SUV	30817	11.98~20.08
44	宝沃汽车	宝沃 BX7	30740	16.98~30.28
45	上海汽车	锐腾	27569	9.88~17.97
46	东风雷诺	科雷嘉	23999	13.98~20.88
47	江淮汽车	第二代瑞风 S5	23838	8.95~13.95
48	东风风行	风行 SX6	23620	6.99~10.29
49	北汽威旺	北汽威旺 S50	23423	7.98~12.08
50	长安汽车	哈弗 H5	23300	9.48~16.38
51	吉利汽车	吉利 GX7	22576	6.99~11.99
52	一汽奔腾	奔腾 X80	19775	9.98~14.78
53	北京汽车	北京 BJ20	17783	9.68~13.98
54	广汽三菱	欧蓝德	16655	15.98~22.38
55	汉腾汽车	汉腾 X7	16117	7.98~14.88
56	北汽绅宝	绅宝 X65	12375	9.88~14.98
57	华泰汽车	经典圣达菲	11066	6.08~6.98
58	观致汽车	观致 5 SUV	10878	13.99~19.49
59	凯翼汽车	凯翼 V3	10178	6.28~7.88
60	长安标致雪铁龙	DS 6	10004	19.39~30.19
61	华晨汽车	中华 V5	9661	8.98~14.58
62	开瑞汽车	开瑞 K60	9453	5.88~7.78
63	东风悦达起亚	狮跑	9301	10.98~19.68

排序	车企	车型	销量（辆）	价格区间（万元）
64	北京汽车	北京 BJ40	9217	12.98~18.68
65	东风标致	标志 4008	9002	18.57~27.37
66	海马汽车	骑士	8203	7.88~9.38
67	东风风行	景逸 X5	8011	7.99~10.89
68	东风风度	风度 MX6	7590	12.28~16.98
69	广汽乘用车	传祺 GS5	7526	12.38~22.98
70	东风雷诺	科雷傲	6027	17.98~26.98
71	观致汽车	观致 3 都市 SUV	5079	12.79~17.99
72	东风风神	东风风神 AX5	2246	8.97~12.8
73	郑州日产	帕拉丁	1583	16.48~25.28
74	北京汽车制造厂	勇士	483	19.90~20.90
75	北京汽车制造厂	北京 BW007	424	8.28~12.28
76	广汽菲克 Jeep	指南者	300	15.98~24.18
77	曙光汽车	翱龙 CUV	50	8.98~12.38

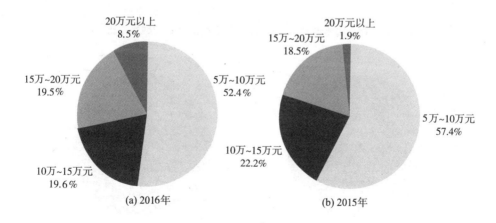

图 3-16 紧凑型 SUV 价格区间分布

对表 3-7 中各个车型的品牌进行分类得到紧凑型 SUV 的自主品牌和合资品牌的占比如图 3-17 所示。2016 年自主品牌的车型占到了

64.63%，合资品牌的车型占 35.37%，纯进口的车型几乎为零，相比 2015 年，自主品牌进一步丰富了自己的车型。图 3-18 则显示了 2015 年和 2016 年自主品牌与合资品牌的销量占比，2016 年自主品牌的销量占紧凑型 SUV 总销量的 61.75%。结合图 3-18 中的数据，可以发现，2016 年的自主品牌车型数目较 2015 年同比增长 5.8%，而销量占比却较 2015 年同比增长了 12.5%，这说明自主品牌的紧凑型 SUV 在 2016 年取得了长足的发展，产品竞争力得到进一步提升，强有力地抢占了合资品牌的市场。

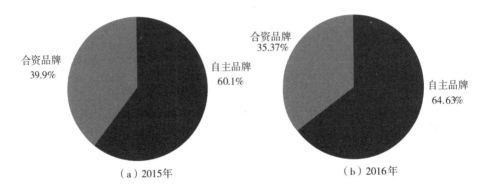

图 3-17 紧凑型 SUV 自主品牌及合资品牌车型数目占比

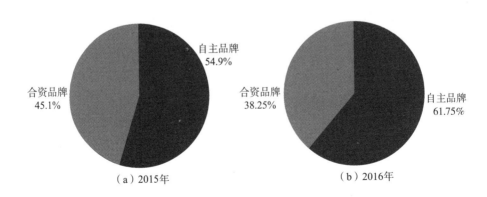

图 3-18 紧凑型 SUV 自主品牌与合资品牌销量占比

根据近年来 SUV 市场的销售情况，做出不完全统计，得到车型数目的变化如图 3-19 所示。综观从 2011~2016 年，紧凑型 SUV 的车型数量稳步增长。其中 2012~2013 年紧凑型车型数增加 25 款，是紧凑型 SUV 发展的一个高潮期，随后的 2014 年与 2015 年的车型数目变化较小，总车型数量分别达到 55 款和 57 款，而在过去的 2016 年，紧凑型 SUV 车型数目达到 77 款，同比上年增长 35.1%，极大地丰富了紧凑型 SUV 的市场。

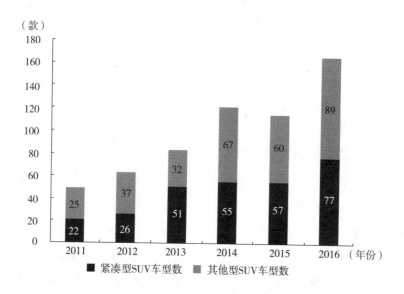

图 3-19　2011~2016 年 SUV 车型数量变化情况

总之，无论是从紧凑型 SUV 车型的丰富度还是从销量的占比来看，自主品牌较合资品牌相比都显示出绝对的优势，这与中型、中大型及大型 SUV 以合资和进口品牌为主力的市场表现形成了鲜明对比。

（四）性能及技术特点

紧凑型 SUV 之所以占据着主要的市场份额且处于不可替代的位置，除价格较中型及中大型低之外，与其性能和技术特点也有莫大关系。本节将从各部分参数配置的角度分析紧凑型 SUV 的性能和技术特点。

1. 车身结构尺寸

表 3-2 给出了不同类型 SUV 车身结构尺寸参数对比。从车身长度、

轴距来看，紧凑型 SUV 与中型 SUV 存在较大交集，与小型 SUV 却有明确的界限，说明紧凑型 SUV 已能较好地满足充裕的乘坐空间这一基本的舒适性要求；从整备质量来看，紧凑型 SUV 与中型 SUV 有一定差距，说明紧凑型 SUV 相较中型 SUV，可能缺少某些配置，而这些配置所带来的性能和舒适性的提高对大多数消费者来说并非不可或缺的；从行李箱容积来看，紧凑型 SUV 明显较中型 SUV 小、较小型 SUV 大，基本能满足大多数消费者的需求。另外，与轿车相比，良好的通过性是各型号 SUV 普遍的优势，最小离地间隙直接反映了 SUV 的通过性能，从表 3-2 可知各型号 SUV 基本都能满足城市道路行驶需求。

2. 发动机参数

发动机参数与整车动力性、经济性有密切的联系。良好的动力性、偏高的油耗是 SUV 普遍的特点。因为 SUV 整备质量一般重于同级别的轿车，所以发动机排量也会偏大，以避免出现"小马拉大车"的问题。据统计，紧凑型 SUV 的发动机一般都为四缸直列式，排量一般都在 1.5~2.5 升，同一车型不同版本的配置高低不同，发动机的排量也相应会有变化。总体而言，紧凑型 SUV 的排量比轿车的平均水平略高，但是比中型、中大型 SUV 低，油耗一般在百公里 10 升以内，属于普通消费者可承受范围。

发动机的功率与扭矩是反映动力性的关键参数，同时与排量以及是否带增压装置息息相关。紧凑型 SUV 的排量一般比轿车偏大，并且近年来增压装置的应用越来越多，使紧凑型 SUV 拥有优于普通轿车的动力性。小型 SUV 的功率、扭矩与轿车相差不多，而中型及中大型则拥有更大的功率和扭矩，从而具有更强劲的动力性。

发动机的进气方式可分为自然吸气、机械增压以及涡轮增压三类。紧凑型 SUV 中，采用自然吸气与涡轮增压两种进气方式的车型数目不相上下。在 2016 年销量前十的紧凑型 SUV 车型中，采用自然吸气的车型有日产奇骏、本田 CR-V、宝骏 560 和丰田 RAV-4 等，而哈弗 H6、大众途观、长安 CS75、福特翼虎以及广汽传祺 GS4 则都采用了涡轮增压进气方式。在销量前十的车型中占比最多的日系和自主品牌中，日系车型偏爱自然吸气，而自主品牌偏爱涡轮增压。与 2015 年相比，因为节能要求日趋严厉，小排量涡轮增压发动机越来越受欢迎。

供油方式直接关系到发动机的燃烧效率，是发动机的重要参数之一。紧凑型 SUV 中，不同于 2015 年的是，缸内直喷成为主流。对比其他级别的 SUV，小型车大都采用多点电喷方式供油，而中型和中大型的绝大部分车都选择缸内直喷的方式供油。

除以上所述，各品牌的发动机采用了各自特有的技术，如哈弗采用的可变气门正时技术、本田采用的 i-VTEC 技术、北汽采用的 DVVT 技术、广汽传祺采用的 DCVVT 技术、丰田采用的 VVT-i 技术、宝马 X1 采用的 Double-VANOS/Valvetronic 技术等，这些发动机特有的技术除改善了发动机的性能外，也是各个品牌的标志。

3. 变速器

紧凑型 SUV 的变速器包括 6 挡手动、6 挡手自一体、7 挡双离合、CVT 无级变速等。各品牌一般都会提供 6 挡手动版本，有些车型的自动变速器采用 6 挡手自一体形式，如哈弗 H6、长安 CS75、博越等，另一些车型采用 7 挡双离合形式，如荣威 RX5、奔驰 GLA 等，而日系车型一如既往地偏爱 CVT 无级变速，如日产奇骏、本田 CR-V、丰田 RAV-4 等。一般来说，其他配置相同的情况下，手动版本比自动版本指导价格低 1 万~2 万元。

4. 底盘

紧凑型 SUV 一般采用承载式车身，且绝大多数前后悬架都为独立悬架，前悬架一般都会采用麦弗逊式，以提高其舒适性；后悬架多采用多连杆独立悬架，也有车型采用双横臂式独立悬架。对比其他类型 SUV 可以发现，紧凑型的悬架与中型及中大型并无很大差异，却与小型车有很大区别，小型 SUV 前悬同样采用麦弗逊式居多，但后悬大都是半独立悬架或是非独立悬架。

四驱性能是许多消费者在购车时非常关注的一点。紧凑型 SUV 一般每个车型都会有两驱款和四驱款，且两驱款通常配备手动变速器、四驱款配备自动变速器。四驱类型有适时四驱和全时四驱，且二者都被广泛采用，中型和中大型 SUV 也是如此，而大多数小型 SUV 则是前置前驱，并不设置四驱功能。

5. 制动

紧凑型 SUV 的车轮制动的标配是前制动为通风盘式，后制动为盘式，当然不乏一些合资品牌的车型前后制动均采用了通风盘式，达到了中型及中大型的标配，比如日产奇骏、宝马 X1 等。在驻车制动上，几款畅销的自主品牌车型都采用了电子驻车，如博越、荣威 RX5、长安 CS75 等，日产的本田 CR-V 和奇骏则采用脚刹，其他合资品牌大都采用电子驻车，比如大众途观、奥迪 Q3 等。对比其他级别的 SUV，小型车基本全部采用手刹进行驻车制动，而中型及中大型则基本采用电子驻车系统。

6. 安全及操控配置

紧凑型 SUV 一般都标配主、副驾驶座气囊，大部分车型能够配置前、后排侧气囊，合资品牌中则只有部分配有前、后排头部气囊。操控配置方面，紧凑型均配备 ABS 防抱死系统、制动力分配系统（EBD/CBC 等），绝大多数车型都配备刹车辅助（EBA/BAS/BA 等）牵引力控制系统（ASR/TCS/TRC 等）和车身稳定控制系统（ESC/ESP/DSC 等），部分自主品牌车型及一些价位较高的合资品牌车型还采用了上坡辅助、自动驻车、陡坡缓降等技术，如荣威 RX5、博越、传祺 GS4、大众途观、奥迪 Q3、宝马 X1 和奔驰 GLA 等。

2015 年对比了自主品牌 SUV 销量冠军哈弗 H6 与合资品牌冠军途观，2016 年的对比选择荣威 RX5 与本田 CR-V。荣威 RX5 于 2016 年下半年上市销量高开高走，如图 3-20 所示，是继哈弗 H6、长安 CS75

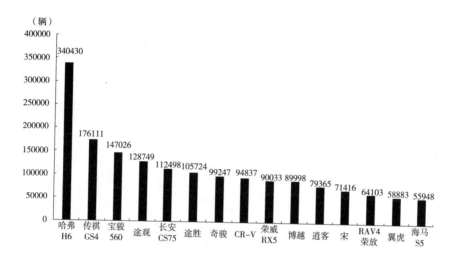

图 3-20　2016 年下半年紧凑型 SUV 销量前十名

之后自主品牌紧凑型 SUV 中的典型代表；本田 CR-V 是日系 SUV 中的经典代表，而日系 SUV 是除自主品牌外销量最好的车系，二者的比较具有典型性。

表 3-8　荣威 RX5 与本田 CR-V 参数对比

车型信息		荣威 RX5 2016 款 1.5T 自动两驱豪华版	本田 CR-V 2016 款 2.0L 两驱经典版
厂商报价		12.98 万元	17.98 万元
发动机	基本参数	1.5T　169 马力　L4	2.0L　155 马力　L4
	配气机构	DOHC	DOHC
	最大马力（Ps）	169	155
	最大功率（kW）	124	114
	最大扭矩（N·m）	250	190
	供油方式	直喷	多点电喷
	油耗	6.8L/100km	7.1L/100km

车型信息	荣威 RX5 2016 款 1.5T 自动两驱豪华版	本田 CR-V 2016 款 2.0L 两驱经典版
变速器	7 挡双离合	CVT 无级变速
底盘转向 — 驱动方式	前置前驱	前置前驱
底盘转向 — 前悬架类型	麦弗逊式独立悬架	麦弗逊式独立悬架
底盘转向 — 后悬架类型	多连杆独立悬架	双横臂式独立悬架
底盘转向 — 转向助力类型	电动助力	电动助力
车轮制动 — 前制动器类型	通风盘式	通风盘式
车轮制动 — 后制动器类型	盘式	盘式
车轮制动 — 驻车制动类型	电子驻车	脚刹
安全装备 — 主/副驾驶座安全气囊	主√ 副√	主√ 副√
安全装备 — 前/后排侧气囊	—	前√ 后—
安全装备 — 胎压监测装置	√	—
安全装备 — ABS 防抱死	√	√
安全装备 — 制动力分配（EBD/CBC 等）	√	√
安全装备 — 刹车辅助（EBA/BAS/BA 等）	√	√
安全装备 — 牵引力控制（ASR/TCS/TRC 等）	√	√
安全装备 — 车身稳定控制（ESC/ESP 等）	√	√
辅助/操控配置 — 前/后驻车雷达	前— 后√	—
辅助/操控配置 — 倒车视频影像	√	—
辅助/操控配置 — 定速巡航	√	—
辅助/操控配置 — 陡坡缓降	√	—
辅助/操控配置 — 上坡辅助	√	√
辅助/操控配置 — 自动驻车	√	—

　　价格方面，同级别车型自主品牌价格明显低于合资品牌，更高的性价比无疑是自主品牌进行市场竞争的一大利器；发动机方面，自主品牌近年越来越多地采用涡轮增压，而日系一如既往偏爱自然吸气，其结果是荣威 RX5 的最大功率、最大扭矩都要比本田 CR-V 大，而油

耗却更低；变速器方面，以上汽为代表的自主品牌车企开始尝试自主开发的双离合变速器，而日系车型普遍采用 CVT 无级变速，双离合变速器发展时间不长，而日本已对 CVT 无级变速进行了多年的研究与应用；底盘方面区别在于后悬架，荣威 RX5 采用多连杆独立悬架，而本田 CR-V 则采用双横臂式独立悬架；车轮制动方面，荣威 RX-5 采用了电子驻车，而本田 CR-V 采用脚刹；安全装备方面，可以说二者都较完备，只是荣威 RX5 未配备前侧气囊，本田 CR-V 未配备胎压监测装置；至于辅助/操控配置方面，可以说荣威 RX5 占尽优势，将自主品牌性价比高的特点表现得淋漓尽致。

总体来看，自主车型荣威 RX5 的性价比远高于本田 CR-V，然而平顺性、可靠性等性能无法凭参数比较。事实上，以本田 CR-V 为代表的合资品牌 SUV 在市场上大受欢迎，除了品牌效应之外，其众口皆碑的可靠性、平顺性等性能是重要原因，而这也正是自主品牌努力的方向。

（五）发展现状与前景预测

1. 总体发展趋势及展望

（1）近年来紧凑型 SUV 发展态势及未来预测

据粗略统计，综观 2011～2016 年的 SUV 市场（见图 3-21），SUV 的总销量整体呈现加速上升趋势，2012 年销量较 2011 年同比增长 31.3%，2013 年较 2012 年同比增长 48.5%，2014 年的增幅有所下降，但依然保持 23.4% 增长速度，2015 年 SUV 销量出现高潮，增长率达 52.1%，2016 年的增速相比 2015 年有所下降，但仍然达到 43%。

SUV 汽车以其出色的越野性能、充裕的乘坐空间以及稳重大气的外观深受广大消费者的认可，预计未来两年 SUV 销量将依然上涨，但由于市场的逐渐饱和，其增长速度已经在 2016 年呈现出下降的态势，预计未来两年 SUV 的销量增速会逐渐减小，趋向稳步增长的态势。

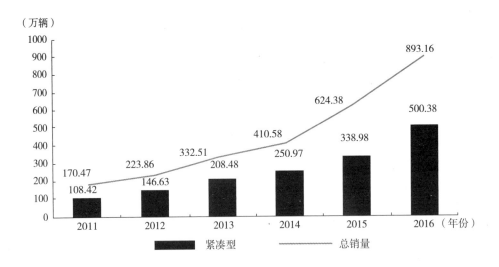

图 3-21　2011~2016 年紧凑型 SUV 销量及 SUV 总销量

据不完全统计，作为 SUV 中市场占有率最高的紧凑型 SUV，2011~2016 年，其销量始终保持稳定的增长态势，从 2011 年的 108.42 万辆攀升至 2016 年的 500.38 万辆（见图 3-21）。观察 2011~2016 年这六年来紧凑型 SUV 每一年较前一年销量的同比增幅（见图 3-22），可以看出增幅整体呈现出波动的趋势。2011~2013 年，紧凑型 SUV 作为一种新车型进驻中国汽车的市场，对消费者具有很大的吸引力，因此2012 年、2013 年两年的增幅持续上升，到 2014 年 SUV 的增速有所放缓，从 2015 年开始，紧凑型 SUV 市场再度呈现繁荣的景象，2016 年的增幅达到 52.75%。预测 2017 年紧凑型 SUV 的销量增幅将大幅跌至15% 左右，这是由于经过前几年的发展，整个 SUV 市场在一定程度上出现了饱和的现象，虽然未来两年销量仍会增长，但是增幅会明显下降，预估 2017 年紧凑型 SUV 的销量将在 600 万辆左右。

接下来将从市场占有率的角度来分析紧凑型 SUV 近几年的发展状况并预测未来的趋势。如图 3-23 所示，回顾近年来紧凑型 SUV 在SUV 总销量的市场占有率，可以发现其一直稳稳占据 SUV 市场的半壁

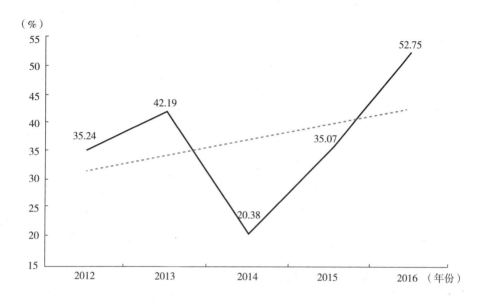

图 3-22 2012~2016 年紧凑型 SUV 销量的同比增幅

江山，尤其是 2011~2014 年，紧凑型 SUV 的市场占有率连续四年达到了六成以上。

2010~2012 年，紧凑型 SUV 的市场占有率整体呈现减速上升趋势，到 2012 年市场占有率达到峰值，此后开始下降，到 2015 年下降至 54.3%左右，这主要是由于这几年小型 SUV 的兴起对紧凑型 SUV 的市场造成了一定的冲击。但是到 2016 年，紧凑型 SUV 的市场占有率再度回升至 56.02%，结合上一章小型 SUV 的发展趋势，可以分析出在过去的一年紧凑型 SUV 有挤占小型 SUV 的市场趋势。

综合以上分析，在未来的 2~3 年甚至更长的一段时间内，紧凑型 SUV 仍将有较好的发展，并依然是 SUV 最大的细分市场，但随着各个汽车生产商对 SUV 消费市场的进一步了解以及对新车型的不断研发，紧凑型的市场占有率将趋于稳定，各个车型将呈现均衡稳健发展的态势。

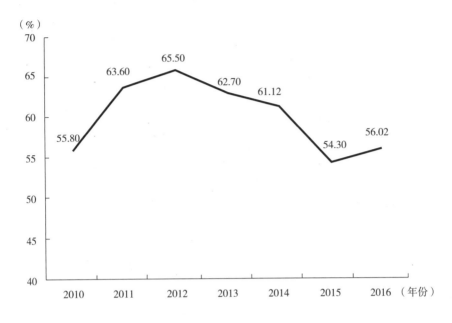

图 3-23　2010~2016 年紧凑型 SUV 销量市场占有率

（2）2016 年紧凑型 SUV 市场细分及相关预测

相比近年来对 SUV 市场的分析，2016 年的市场细分对未来一两年内的 SUV 市场预测更具有参考价值。图 3-24 为 2016 年各季度的 SUV 销量，从中可以看出紧凑型 SUV 全年均占据 SUV 市场总销量的 50%以上。据粗略统计，如图 3-24、图 3-25 所示，2016 年第一季度紧凑型 SUV 销量为 106.06 万辆，同比增长 26.39%；第二季度紧凑型 SUV 销量为 103 万辆，同比增长 28.18%；第三季度紧凑型 SUV 销量为 119.57 万辆，同比增长 45.29%；第四季度紧凑型 SUV 销量为 171.75 万辆，同比增长 47.27%。

仅就 2016 年四个季度的销量进行分析，如图 3-26 所示。相对第一季度，第二、第三、第四季度的销量环比增幅分别为 -2.89%、16.09%和 43.64%，可以看出前两个季度紧凑型 SUV 的销量平平，从第三季度开始发力，到了第四季度则迎来了销售旺季，销量猛增。

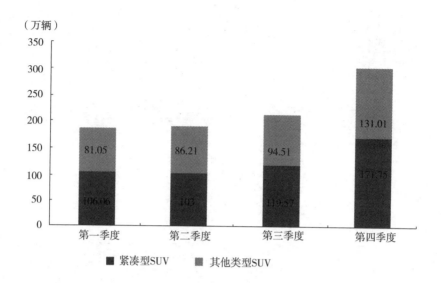

（万辆）

■ 紧凑型SUV　■ 其他类型SUV

图 3-24　2016 年 SUV 销量统计

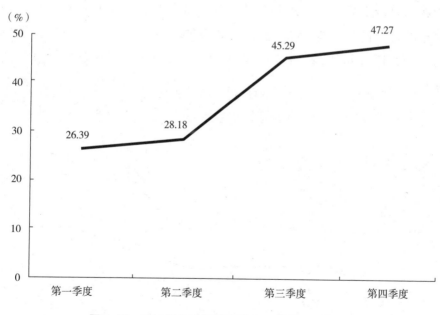

（%）

图 3-25　2016 年各季度紧凑型 SUV 销量同比增幅

图 3-27 具体呈现了 2016 年 1～12 月紧凑型 SUV 销量和 SUV 总销量的趋势走向。从中可以看出，2016 年紧凑型 SUV 的销量趋势与 SUV

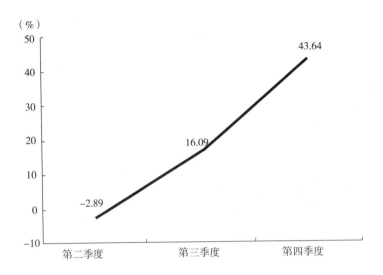

图 3-26　2016 年各季度紧凑型 SUV 销量环比增幅

市场的总体走势基本一致，整体呈现"W"形，上半年销量平稳，紧凑型的月销量基本维持在 35 万~40 万辆，从 7 月开始，销量持续增长，从 7 月的 34 万辆一直增长到 12 月的 60 万辆，创下紧凑型 SUV 的销量新高。

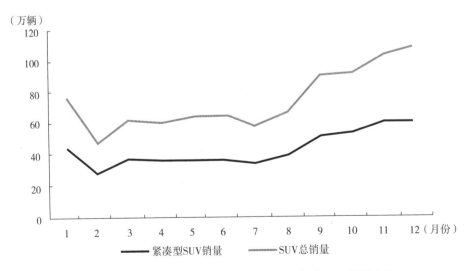

图 3-27　2016 年 1~12 月 SUV 总销量及紧凑型 SUV 销量走势

图 3-28 是根据 2015 年的 SUV 市场销量走势，对 2016 年各月 SUV 市场销售情况做出的预测，对比图 3-27 中 2016 年各个月份的销量，可以看出预测与实际销量趋势大体一致，2016 年的紧凑型 SUV 销量整体较预测形势更为乐观，整体有所上浮，但仍在预测的范围之内。

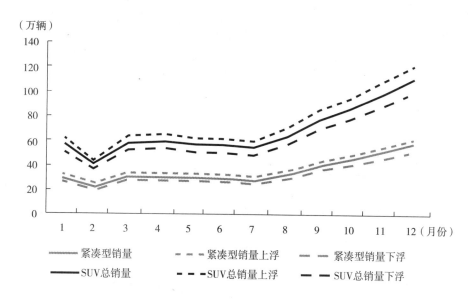

图 3-28　2016 年 SUV 及紧凑型 SUV 市场销量预测

按照之前的预测方法，根据图 3-27 中 2016 年 1～12 月 SUV 总销量及紧凑型 SUV 销量走势，预测 2017 年全年的销量走势如图 3-29 所示。可见其与 2016 年基本相同，呈现"W"形走势，但增长幅度大概在 15%，增速相对前几年明显放缓，且其上浮空间变小。月份间销量差距较大。其中，年初、"金九银十"以及年底月份，销量走势较高，其他月份销量相对平稳，2 月仍然为全年销量最低值。预测在 2017 年上半年，紧凑型 SUV 的市场的月销量将在 40 万辆上下波动；下半年的销量整体上升，但增速较 2016 年相比有所放缓。

2. 地域市场表现

由于我国土地面积辽阔，不同地域的地理环境差异较大，各地适

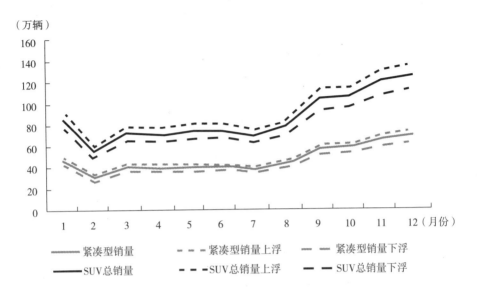

（万辆）

图3-29　2017年SUV及紧凑型SUV市场销量预测

合的车型也有所不同。本小节将从地域分布角度入手，借助购车指数，反映不同地域消费者对紧凑型SUV的关注度，并结合不同车系、品牌等因素进行分析。

购车指数能够直接反映用户对于某款汽车的购买意向程度。所谓购车意向行为包括：在线查询汽车报价、拨打经销商400服务电话、在线预约试驾、在线下订单等。之所以采用购车指数进行分析，是因为一些城市由于限购，不能对销量做出影响，但购车指数可以真实地反映出消费者对于某款车辆的关注度及购买意愿。

采取以下办法进行数据信息的统计与处理：由于2016年新发布的车型上市时间大部分在下半年，因此以下半年销量排行为准，选取2016年下半年销量前28位的紧凑型SUV车型（见图3-30），其销量和为22.33万辆，占紧凑型SUV下半年总销量的75%以上，覆盖德国、日本、韩国、中国、美国等主要SUV生产厂家，能够代表紧凑型SUV的整体趋势，数据具有说服力；在地域上将全国划分为华北、华东、华南、华中、东北、西部（西北及西南）六大地区，每个地区所选城市如前表3-5所示，所选代表城市的购车指数之和能占到该地区总量的75%以上。因此数据具有一定的代表性和普遍性。

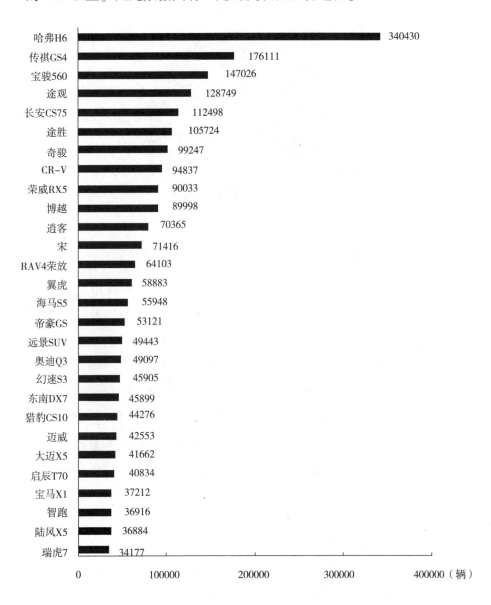

图3-30　2016年下半年紧凑型SUV部分车型销量

（1）国内各地区紧凑型 SUV 购车指数分析

根据上述统计方法获得 2016 年下半年紧凑型 SUV 的购车指数在各个地区占比大致如下（见图 3-31）。

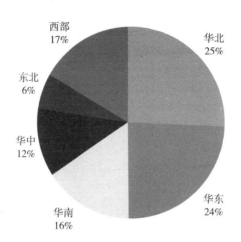

图 3-31 2016 年下半年紧凑型 SUV 购车指数全国各地区占比

由图 3-31 可知，紧凑型 SUV 在华东、华北的紧凑型 SUV 购车指数较高，均达到总指数的 20%以上，而华南、华中、西部及东北地区的购车指数较低，东北地区的最低。可见，在华东、华北地区，消费者更倾向于选择空间适中、油耗低于大型 SUV 但又具有一定运动性能的紧凑型 SUV；而相对于其他地区的消费者，华南、华中、西部及东北地区的消费者则更倾向于选择其他车型。2016 年针对该数据的统计结果与 2015 年的统计结果基本一致，这与各地区的经济发展状况、地理条件以及消费者的生活水平、用车需求有较大关系，在短期内，紧凑型 SUV 在各个地区的分布情况将不会发生大的变化。后又将结合具体企业和车型做出简单分析。

（2）自主与非自主品牌紧凑型 SUV 市场及地域分析

根据图 3-30 中紧凑型 SUV 主要车型 2016 年下半年的销量统计，自主品牌长城哈弗 H6、传祺 GS4 以及宝骏 560 三款车型占据了销量前三名，在销量前十名里面，自主品牌占六个。相比 2015 年只有三款自主品牌的车型进军销量前十名，2016 年紧凑型 SUV 中的自主品牌迅速成长，取得了长足的进步，并已开始显现出绝对优势。

按照之前的方法，进一步分析自主品牌与非自主品牌在国内各地域的分布如图 3-32 所示。可以看出，除东北地区对自主品牌的购车关注度低于非自主品牌外，其他各地域对于自主品牌的购车指数都占到了 50% 以上，该数据反映出我国消费者对于优秀的国产紧凑型 SUV 具有较高的认可度，也肯定了国产品牌在这一车型中的市场竞争力。

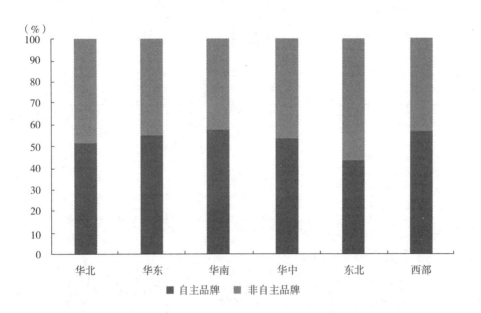

图 3-32　自主品牌与非自主品牌紧凑型 SUV 在各地区所占比例

注：上述数据仅就表 3-5 中选定的城市进行统计得出，不完全代表全国水平。

3. 各企业品牌在不同级别城市的分布

不同的企业品牌的紧凑型 SUV 的销量与城市级别存在着一定关联，但这种关联可以归结为弱相关。由于城市级别可以直观反映消费者的消费水平，所以车企对某款车型的市场定位和对于消费人群的划分会直接关系到产品在不同城市级别的分布。本节将针对不同的品牌与消费者之间的关系进行分析。

为了进一步分析企业品牌及其地域和城市级别之间的内在联系，本小节在全国范围内选取了 12 个紧凑型 SUV 销量较好的车企作为代表（见表 3-9），统计其主打车型 2016 年在全国购车指数排名前 50 名的城市，并对这 50 个城市进行城市级别分类，得到各个车型在不同级别城市的购车指数比例如图 3-33 所示。由于购车指数还与某款车型的营销策略有关，因此通过分析各个城市购车指数的情况，不仅可以反映不同城市级别的消费者对各大车企生产的紧凑型 SUV 的购买倾向，还能从一定程度上分析出不同车型针对各个城市级别投放宣传的情况。

表 3-9　十个典型企业的车型及其价位分布

企业	车型	价位分布（万元）
长城	哈弗 H6	8.88~14.68
长安	CS75	7.88~14.88
东风日产	奇骏	17.98~26.88
北京现代	途胜	15.99~23.99
一汽丰田	RAV4 荣放	17.98~26.98
上汽通用五菱	宝骏 560	6.98~10.58
长安福特	翼虎	18.48~27.58
吉利汽车	博越	9.88~15.78
上汽荣威	荣威 RX5	9.98~29.68
北汽银翔	幻速 S3	5.38~6.98
广汽	传祺 GS4	9.98~16.18
上海大众	途观	19.98~31.58

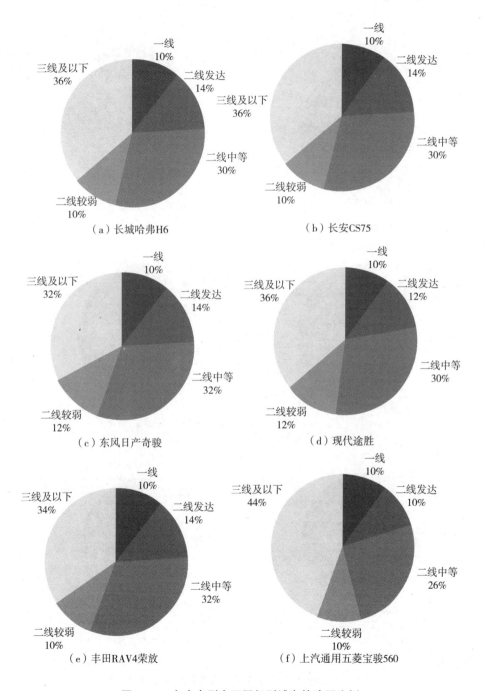

（a）长城哈弗H6

（b）长安CS75

（c）东风日产奇骏

（d）现代途胜

（e）丰田RAV4荣放

（f）上汽通用五菱宝骏560

图3-33 各个车型在不同级别城市的购买比例

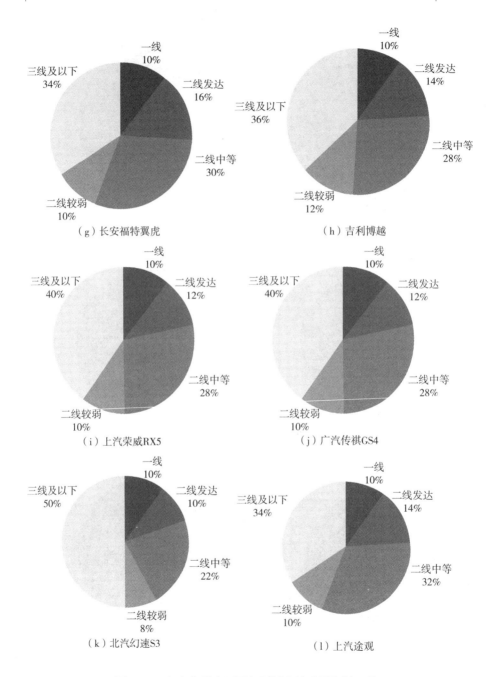

图 3-33　各个车型在不同级别城市的购买比例（续）

从图 3-33 可以看出日产奇骏、丰田 RAV-4、现代途胜、上汽途观、福特翼虎这些合资品牌的车型在各个城市级别获得的关注度比较均衡，这与 2015 年的统计基本一致，因此在一定程度上说明这几家合资企业在全国范围内都有固定的一群消费者认可，它们常年稳定地占据着一定比例的市场份额。

而价格定位较低的自主品牌如幻速 S3、宝骏 560 则更受三线及以下城市消费者的欢迎。这与价格的定位有着直接关系，可见北汽和上汽通用五菱这两家企业的紧凑型 SUV 主打车型都更偏向于三线、四线城市消费者的消费水平。

继 2015 年后又一次稳居前十名的三款自主品牌车型长城哈弗 H6、广汽传祺 S4 以及长安 CS75 同样在各个城市级别都占据着一定的市场，它们的价格分布范围从 10 万元以下到 15 万元以上，为各个城市级别的受众提供了广阔的选择范围，因此无论是在一线、二线还是三线及以下的城市，这三款车型的购车关注度都非常可观。

值得一提的还有 2016 年新上市的两款车型——吉利博越和荣威 RX5，这两个自主品牌中的后起之秀同样能够满足各个城市级别中消费者的需求，购车指数分布比较均衡。

综合来看，相比 2015 年，仅就选择的 12 款车型的统计数据进行分析，发现 2016 年不同城市级别的消费者对于紧凑型 SUV 的关注度差异有所弱化，即各个品牌的 SUV 车型在不同级别的城市都趋向于均衡发展。

4. 各企业品牌的市场占有率

表 3-10 显示了 2016 年度销量前十名的紧凑型 SUV 在总销量中所占的比例，图 3-34（b）将表 3-10 中的数据汇总得到，2016 年销量前十名的车型占据了整个紧凑型 SUV 市场 49% 的市场份额。根据表 3-7 的统计，2016 年市面上的紧凑型 SUV 大概有 77 种车型，足以看出少数极具实力的企业品牌占据了主要的市场份额，市场集中度进一步提

高，而其他大多数企业品牌在市场竞争中处于被动状态。但是相比
2015 年的统计情况（见图 3-34（a）），这种情况已经开始出现改善，
且最终会呈现多个品牌齐头并进的良好态势。

表 3-10 2016 年紧凑型 SUV 销量前十名占总销量的百分比

车型	销量（辆）	总销量（辆）	占比（%）
哈弗 H6	580683	5003778	11.60
传祺 GS4	326906	5003778	6.53
宝骏 560	321555	5003778	6.43
途观	240510	5003778	4.81
长安 CS75	209353	5003778	4.18
CR-V	180319	5003778	3.60
奇骏	180202	5003778	3.60
途胜	176687	5003778	3.53
逍客	139684	5003778	2.79
RAV4 荣放	116389	5003778	2.33

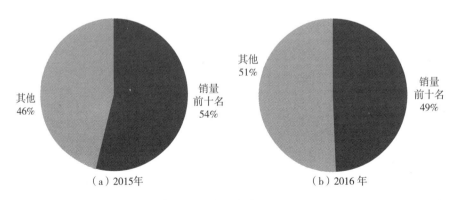

（a）2015 年 （b）2016 年

图 3-34 销量前十名的紧凑型 SUV 市场份额

图 3-35 从另一角度反映了上述问题。根据对 2016 年市面上紧凑
型 SUV 销量情况的不完全统计，得到平均销量为 64984 辆，超过平均
值的品牌车型除表 3-10 中销量前十名的车型外还有翼虎、博越、宋、

幻速 S3、海马 S5、大迈 X5、荣威 RX5、奥迪 Q3、猎豹 CS10、陆风
X5、东南 DX7、启辰 T70、智跑、奔驰 GLA 级这 14 款车。图 3-36 详
细地显示了销量在平均值以上的 24 款车占紧凑型 SUV 总销量的比值，
发现 24 款车的销量总和已经占据了紧凑型 SUV 七成以上的市场份额，
远远超出其他 53 款车型的销量。可见，紧凑型 SUV 的销量主要靠销量
排名前 20 名的品牌支撑，这种市场份额的巨大差距反映了纵使当今紧
凑型 SUV 市场上群英荟萃，但仍然呈现几家大型车企占据主要地位的
局势，市场竞争的激烈程度也可见一斑。

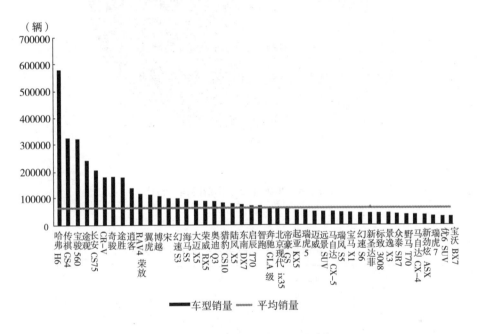

图 3-35　2016 年各品牌车型销量与平均销量的关系

（六）新车型的研发及市场销售情况

紧凑型 SUV 的市场占有率不断提高，得益于各品牌车企推出的高
性价比车型，而市场的活跃也诱导各车企不断推出新车型。表 3-11 列
出了 2004~2016 年的紧凑型 SUV 新款车型及其对应上市年份的销量。

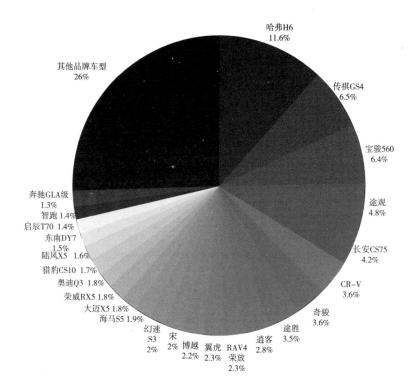

图 3-36　2016 年各个车型的销量占比

表 3-11　紧凑型 SUV 新款车型及上市年份销量统计

	序号	车企	车型	销量（辆）	上市年份
2016 年紧 凑型 SUV 新款 车型	1	上汽荣威	荣威 RX5	90033	2016
	2	吉利汽车	博越	109209	2016
	3	吉利汽车	帝豪 GS	60521	2016
	4	东风悦达起亚	起亚 KX5	56253	2016
	5	力帆汽车	迈威	51843	2016
	6	吉利汽车	远景 SUV	49443	2016
	7	众泰汽车	众泰 SR7	40825	2016
	8	一汽马自达	马自达 CX-4	37719	2016
	9	奇瑞汽车	瑞虎 7	34177	2016
	10	宝沃汽车	宝沃 BX7	30740	2016

	序号	车企	车型	销量（辆）	上市年份
2016年紧凑型SUV新款车型	11	东风雷诺	科雷嘉	23999	2016
	12	东风风行	风行 SX6	23620	2016
	13	北汽威旺	北汽威旺 S50	23423	2016
	14	北京汽车	北京 BJ20	17783	2016
	15	广汽三菱	欧蓝德	16655	2016
	16	汉腾汽车	汉腾 X7	16117	2016
	17	观致汽车	观致 5 SUV	10878	2016
	18	凯翼汽车	凯翼 V3	10178	2016
	19	开瑞汽车	开瑞 K60	9453	2016
	20	东风标致	标志 4008	9002	2016
	21	东风雷诺	科雷傲	6027	2016
	22	东风风神	东风风神 AX5	2246	2016
	23	广汽菲克 Jeep	指南者	300	2016
2015年紧凑型SUV新款车型	1	东南汽车	东南 DX7	29844	2015
	2	长丰汽车	长丰猎豹 CS10	36625	2015
	3	奇瑞汽车	奇瑞瑞虎 5	67984	2015
	4	广汽乘用车	广汽传祺 GS4	131016	2015
	5	众泰汽车	大迈 X5	23921	2015
	6	比亚迪汽车	比亚迪宋	13769	2015
	7	上汽通用五菱	宝骏 560	145007	2015
	8	观致汽车	观致 3 都市 SUV	7617	2015
	9	北汽银翔	幻速 S6	5883	2015
	10	东风日产	启辰 T70	63195	2015
	11	上海汽车	MG GS 锐腾	43678	2015
	12	北京汽车制造厂	北汽域胜 007	1141	2015
	13	川汽野马	野马 T70	47572	2015
	14	北京汽车	北汽威旺 007	419	2015
	15	北京汽车	绅宝 X65	22403	2015
	16	郑州日产	东风风度 MX6	14226	2015
	17	郑州日产	景逸 X3	52400	2015

	序号	车企	车型	销量（辆）	上市年份
2014年紧凑型SUV新款车型	1	长安汽车	长安 CS75	186623	2014
	2	东风日产	日产奇骏	166385	2014
	3	北汽银翔	幻速 S3	164436	2014
	4	海马汽车	海马 S5	65226	2014
	5	东风乘用车	东风风神 AX7	64073	2014
	6	吉利汽车	吉利 GX7	59930	2014
	7	广汽三菱	三菱新劲炫	50781	2014
	8	东风裕隆	纳智捷优 6 SUV	47888	2014
	9	北京奔驰	奔驰 GLA	42662	2014
	10	华泰汽车	华泰新圣达菲	36636	2014
	11	华晨汽车	中华 V5	28505	2014
	12	长安标致雪铁龙	DS 6	15203	2014
2013年紧凑型SUV新款车型	1	上汽大众	大众途观	255751	2013
	2	长安福特	福特翼虎	135194	2013
	3	一汽丰田	丰田 RAV4	116731	2013
	4	一汽大众	奥迪 Q3	68519	2013
	5	东风标致	标致 3008	67501	2013
	6	一汽轿车	奔腾 X80	54600	2013
	7	长安马自达	马自达 CX-5	45110	2013
	8	陆风汽车	陆风 X5	42867	2013
	9	江淮汽车	江淮瑞风 S5	29570	2013
	10	华泰汽车	华泰经典圣达菲	9019	2013
	11	华泰汽车	华泰宝利格	6341	2013
	12	北京汽车	北京 40	3849	2013
	13	北京汽车制造厂	北汽勇士	440	2013
	14	郑州日产	东风奥丁	95	2013
	15	长城汽车	哈弗 H6	373229	2013

续表

	序号	车企	车型	销量（辆）	上市年份
2012年及以前的紧凑型SUV新款车型	1	东风本田	本田 CR-V	156608	2012
	2	广汽乘用车	广汽传祺 GS5	26327	2012
	3	北京现代	现代 ix35	105872	2010
	4	东风悦达起亚	起亚智跑	81522	2010
	5	华晨宝马	宝马 X1	41200	2010
	6	长城汽车	哈弗 H5	23212	2010
	7	海马汽车	海马骑士	18757	2010
	8	东风日产	日产逍客	60072	2008
	9	东风悦达起亚	起亚狮跑	29461	2007
	10	北京现代	现代途胜	53592	2005
	11	郑州日产	日产帕拉丁	1756	2004

根据表3-11统计出近几年来的新车型款数变化如图3-37所示。由图可见，2015年及以前每年最多推出16款紧凑型SUV，而2016年达到了23款，属历年最多，可见紧凑型SUV市场的活跃程度越来越高。这对于消费者而言，可以有更多可选择的车型；对于生产商而言，市场竞争日趋激烈。

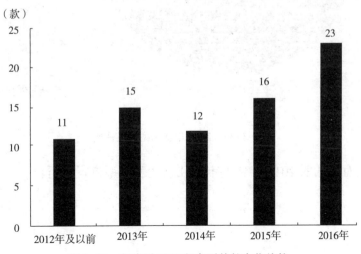

图3-37 紧凑型 SUV 新车型款数变化趋势

下面将详细剖析 2016 年度新车型的市场销售情况。图 3-38 显示 2016 年 23 款紧凑型 SUV 新款车型的销量能够占到紧凑型总销量的 17%，参照表 3-7 可以看出在 23 款新车型中，博越和荣威 RX5 分别以年度销量第 12 名和第 17 名进入 2016 年紧凑型 SUV 销量前 20 名。其中，荣威 RX5 在 7 月上市之初便得到了广大消费者的关注与肯定，高开高走，占据了一定的市场份额；博越 3 月上市，虽然没有荣威 RX5 上升速度快，但是以均匀的速度稳步提升。

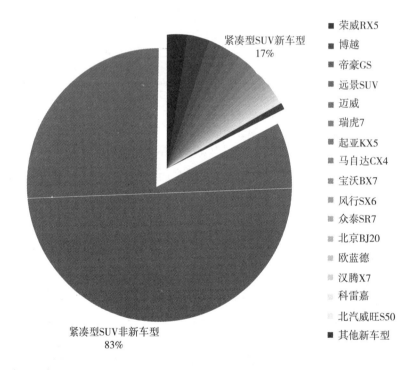

图 3-38　2016 年新车型销量占比

下面将选取 2016 年新上市的几款代表车型进行分析：

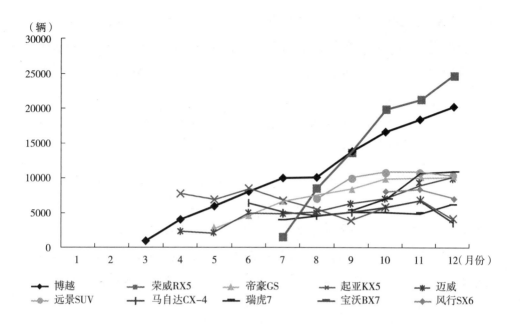

图 3-39　2016 年典型新车型销量走势

表 3-12　2016 年典型新车型价格区间

车企	车型	价格区间（万元）
吉利汽车	博越	9.88～15.78
上汽荣威	荣威 RX5	9.98～29.68
吉利汽车	帝豪 GS	7.78～10.88
东风悦达起亚	起亚 KX5	15.68～23.18
力帆汽车	迈威	5.78～7.98
吉利汽车	远景 SUV	7.49～10.19
一汽马自达	马自达 CX-4	14.08～21.58
奇瑞汽车	瑞虎 7	9.79～15.39
宝沃汽车	宝沃 BX7	16.98～30.28
东风风行	风行 SX6	6.99～10.29

博越：如果比较新车型的畅销度，吉利汽车可以说独占鳌头。2016
年吉利推出三款紧凑型 SUV，即博越、帝豪 GS、远景 SUV，都取得了

不错的销售成绩。其中，博越作为吉利的主打系列，从3月上市后销量稳步提升，全年销售取得了10.9万辆的好成绩。不仅如此，博越在消费者中的口碑越来越好，已隐约成为自主品牌SUV中的标杆。自主的外观设计、远超同价格合资SUV的配置、稳定的性能，使得广大消费者愿意为略高于以往畅销自主品牌SUV的价格埋单。不可否认，博越是吉利汽车的诚意之作，具有巨大的市场潜力。

荣威RX5：作为"新兴双子星"中的另一款，荣威RX5在2016年也出尽了风头。自7月上市后，直线上升的销量使其在不到半年的时间内，冲进了年度销量排名前20名。荣威RX5采用了上汽乘用车"律动设计"的设计语言，车身线条时尚动感，符合年轻人的审美。整车最大的亮点可能就是其"互联网SUV"的身份。荣威RX5搭载了10.4英寸高清触控中控屏以及与阿里巴巴合作开发的智能互联系统，对年轻人有巨大的吸引力。

马自达CX-4：马自达CX-4是一款紧凑型轿跑SUV，采用了马自达的"魄动"设计语言，整车线条匀称，运动感强，符合年轻人审美。除了外观设计，良好的驾驶感是马自达CX-4的另一大优势。马自达的"创驰蓝天"动力系统具有深厚的技术根基，发动机和变速器的匹配默契，并且具有精准的转向和迅速的车头响应，极大地提高了驾驶员的价值乐趣。如此多的优点，其优秀的销售成绩并不令人意外。

瑞虎7：瑞虎7是奇瑞汽车战略转型后第二代产品系列的首款SUV，目标消费群体是年轻消费者，外观造型较时尚，前脸采用了奇瑞最新的家族式设计，整体辨识度高。瑞虎7的配置很丰富，中高配车型即装备了4探头前雷达和360°全景式监控影像系统，顶配车型还有副驾驶6向电动调节、按摩通风座椅、全液晶仪表、HUD抬头显示器、电动尾门等豪华配置。丰富的配置、偏低的价格使瑞虎7取得了不错的销售成绩。

对比各新上市车型可以看出，每款新车都有自己的特点和优势。

随着消费选择越来越多，消费者对产品的要求也越来越高。而博越和荣威 RX5 的成功，又说明消费者对于自主品牌没有偏见，只要企业奉献出诚意之作，消费者还是愿意为高出来的价格埋单的。从长远来看，良好的品质是企业做大做强的唯一途径。

（七）小结及 2017 年度紧凑型 SUV 市场预测

本章主要从车型定义、性能特点、技术优势、发展状况、未来的趋势预测以及新车型研发等角度来分析紧凑型 SUV，此外还结合地理区域分布、城市级别分类、各个企业、车系派别以及消费者的购车关注度等相关因素来解析紧凑型 SUV 的市场。

相比其他车型，紧凑型 SUV 具有以下特点：性价比高，空间足够满足大多数消费者的日常用车需求，自主品牌在紧凑型 SUV 市场中具有主要优势等。通过市场细分，既可以更直观地了解到该车型的市场定位及其市场现状的成因，也可以从侧面反映出市场需求以及消费者喜好。这能够对我国未来汽车的发展起到指导性的意义，也方便对2017 年紧凑型 SUV 的市场进行预测。

1. 市场方面

虽然目前 SUV 市场仍在扩大，但预计增速将放缓，2017 年整体增速可能会低于 2016 年。自主品牌的竞争力正逐渐提高，上汽、吉利等品牌或将接替长城、长安等成为自主品牌增长的新主力，自主品牌在紧凑型 SUV 的占比将进一步提高。合资品牌或将采取改款、降价、投入新车型等方式与自主品牌展开竞争，2017 年紧凑型 SUV 市场竞争将更加激烈，紧凑型 SUV 市场集中度或将进一步提高。华东、华北及西部地区仍然会是紧凑型 SUV 销量较好的地区，不同企业品牌车型在不同级别城市中的销售情况也基本与 2016 年相仿。

2. 新车型方面

2016 年是紧凑型 SUV 快速发展的一年，共 23 款车型上市。在新上市的博越、荣威 RX5 大放异彩的同时，老款畅销车型如哈弗 H6、长安 CS75 虽然仍保持较高销量，但竞争力已逐渐减弱。预计 2017 年哈弗 H6、长安 CS75 等将进行改款或推出新车型。另外，随着 SUV 市场增速放缓，预计 2017 年新车型不会超过 2016 年，估计在 20 款左右。

3. 技术方面

2016 年车企尤其是自主品牌企业将更多注意力放在提高汽车基本性能上，如上汽"蓝芯"技术对燃油经济性的提高，吉利对博越驾驶性能的调节等。可以看出，企业在不断堆砌倒车影像、GPS 导航、全景摄像头等次重要配置后，已逐步把注意力转移到最基本的整车动态性能提高上。这对于自主品牌是一个好现象。预计 2017 年企业还会沿此方向发展。

三、中国中型 SUV 的现状与前景分析

（一）概述

相比于小型 SUV 高歌猛进的发展势头，以及紧凑型 SUV 市场的火爆，我国中型 SUV 市场的反应一直属于不温不火的状态，市场的占有率一直在 15%~20%。一方面，受制于中型 SUV 的价格，中低等收入人群较难承受二三十万元的购车费用以及之后的相关养护费用，以换来稍大的乘坐空间；另一方面，各大车企在 SUV 市场的战略部署更倾向于小型、紧凑型市场，偏向于中等及中低等消费人群，可供消费者选择中型 SUV 的余地也并不大。前面图 3-1 是 2011~2016 年各个类型 SUV 车型的销量占比，图 3-40 具体显示了中型 SUV 2011~2016 年的销量占比走势，从中可以看出中型 SUV 的市场份额一直保持稳定。

消费者选择中型 SUV 的主要原因在于其优异的空间尺寸以及良好的越野性能，同时安全性能也是十分的出众，相比于小型 SUV 和紧凑

型 SUV 更多地适用于城市交通以及日常行驶，中型 SUV 更适合作为家庭旅行用车。随着自驾游在国内的流行，以及社会收入水平的提高，中型 SUV 市场将在未来迎来不俗的发展。同时考虑到中国国情，我国人口众多，家庭组成庞大，以往的大型轿车或者紧凑型 SUV 很难满足一家人的使用，而中型 SUV 在空间尺寸上则较为符合我国消费者的需求，同时 SUV 车型的稳重大气也深得国内消费者青睐。

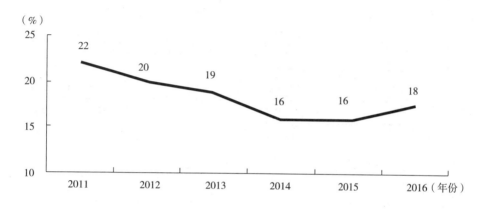

图 3-40　2011～2016 年中型 SUV 销量占比

（二）定义

结合市面上现有的 SUV 车型，综合目前的分类方式，本书将中型 SUV 定义为车身长度为 4400～4850 毫米，轴距为 2650～2800 毫米，或至少要满足其中一条的 SUV 车型分类为中型 SUV。

（三）车型市场表现及销量

表 3-13 统计了 2016 年按照销量排序的中型 SUV 车型及其从属品牌、销量和价格区间。

表 3-13　2016 年中型 SUV 品牌、车型、销量及价格区间统计

排名	车企	车型	自主/合资品牌	价格区间（万元）	销量（辆）
1	上汽通用	昂科威	合资	20.99~34.99	275383
2	一汽大众	奥迪 Q5	合资	38.34~56.7	129453
3	长安福特	锐界	合资	24.98~44.98	114556
4	众泰汽车	众泰 T600	自主	7.98~14.98	112691
5	广汽菲克	自由光	合资	20.98~31.98	105009
6	一汽丰田	汉兰达	合资	23.98~42.28	92000
7	东风风光	风光 580	自主	7.29~10.10	86658
8	长安汽车	长安 CX70	自主	5.99~10.99	80636
9	北京奔驰	奔驰 GLK 级	合资	39.8~55.8	56274
10	比亚迪汽车	比亚迪 S7	自主	10.69~15.99	65360
11	长城汽车	哈弗 H7	自主	14.98~19.38	48903
12	沃尔沃（进口）	沃尔沃 XC60（进口）	合资	41.49~67.69	39374
13	江铃汽车	驭胜 S350	自主	12.28~15.98	37312
14	上海通用	凯迪拉克 XT5	合资	35.99~53.99	34775
15	比亚迪汽车	唐	自主	25.13~51.88	31405
16	北京奔驰	奔驰 GLC 级	合资	39.6~57.9	31026
17	北汽绅宝	绅宝 X65	自主	9.88~14.98	27755
18	奇瑞捷豹路虎	发现神行	合资	36.8~51.8	26557
19	SWM 斯威汽车	SWM 斯威 X7	自主	8.59~10.69	25688
20	北京现代	胜达	合资	20.98~31.18	22438
21	上汽通用	科帕奇	合资	17.99~20.99	21956
22	东风日产	楼兰	合资	23.88~37.98	20537
23	奇瑞捷豹路虎	揽胜极光	合资	39.8~57.8	12762
24	猎豹汽车	猎豹 Q6	自主	11.99~18.98	10560
25	众泰汽车	众泰 SR9	自主	10.88~16.98	10033
26	广汽本田	冠道	合资	22.00~32.98	9456
27	广汽传祺	传祺 GS8	自主	16.38~25.98	9006
28	英菲尼迪（进口）	英菲尼迪 QX50（进口）	合资	41.88~60.48	8084

续表

排名	车企	车型	自主/合资品牌	价格区间（万元）	销量（辆）
29	江铃福特	撼路者	合资	26.58~36.08	7407
30	广汽三菱	帕杰罗·劲畅	合资	20.88~31.58	3759
31	东风启辰	启辰T90	自主	10.98~15.48	2481
32	一汽马自达	马自达CX-7	合资	19.98~27.38	2405
33	上海汽车	荣威W5	自主	14.28~29.88	1945
34	比亚迪汽车	比亚迪S6	自主	7.99~12.99	1928
35	郑州日产	萨瓦纳	合资	12.88~21.08	1897
36	潍柴英致	英致G5	合资	6.98~9.38	1805
37	上汽大众	途观L	合资	22.38~35.98	1653
38	东风裕隆	新大7 SUV	自主	17.98~27.98	1211
39	北京汽车制造厂	陆霸	自主	14.28~17.28	21
40	广汽吉奥	奥轩G5	自主	8.68~11.78	12

以各个车型的最低报价为准，进一步统计得到图3-41中型SUV的价格区间分布图。

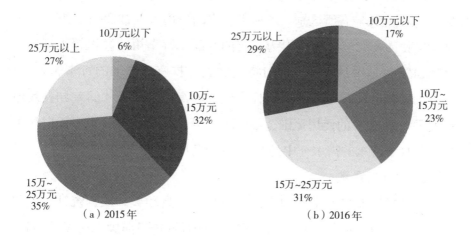

图3-41 中型SUV价格区间分布

157

从图 3-41 中看出，2015 年中型 SUV 在 10 万~15 万元和 15 万~25 万元价格区间的车型各占中型 SUV 的约 1/3。2016 年在 15 万元以上的 SUV 车型占比变化不大，而 15 万~25 万元的车型减少了 4% 的占比，10 万元以下中型 SUV 相应地增加了 11% 的占比。相比 2015 年，2016 年自主品牌车企更多地进入了中型 SUV 市场，各车企更着重于开发低价的中型 SUV 来满足中等及中下等收入的购车人群。

（四）性能及技术特点

中型 SUV 以其鲜明的定位、卓越的性能吸引了不少的消费者，占据着相对稳定的市场份额，其充沛的空间尺寸、强悍坚实的底盘性能、澎湃十足的动力输出、稳重大气的整体特质成为中型 SUV 的主要标签。为了便于读者理解，下面将从参数配置入手来具体阐述中型 SUV 在性能及技术方面的特点。

1. 车身结构尺寸

表 3-2 将中型 SUV 的车身结构参数与小型、紧凑型以及中大型 SUV 进行比较，可以发现中型 SUV 的车身尺寸堪比中大型轿车，与小型、紧凑型 SUV 有所区别。整体乘坐空间较两者增加 38% 和 10%，可以为驾驶员及乘坐者提供更为充裕的空间。行李箱的容积较小型、紧凑型 SUV 也是增加不少，同时搭配放到后排座椅增加的行李箱容积，完全可以满足人们外出游玩和日常生活所需。空间尺寸的差异有效地扩大了中型 SUV 的使用范围，不同于小型、紧凑型 SUV 更多面向城市生活与日常行车的需求，中型 SUV 可以满足更为复杂的使用要求。

2. 发动机参数

发动机性能与整车的动力性、经济性息息相关。根据统计，中型 SUV 的发动机一般都为直列四缸式，某些合资进口品牌采用 V6（如英菲尼迪 QX50），甚至直列五缸发动机（如沃尔沃 XC60）以求更加强劲的动力性能。中型 SUV 整体排量一般都在 2.0~2.5L（涡轮增压发动机由于其独特的增压技术使其排量小于 2.0L，如别克昂科威），自主品牌的车型以 2.0L 居多，合资品牌则以 2.4L 及以上排量更为常见。当然，由于同一车型不同版的配置高低不同，所以发动机的排量也相应会有变化，如福特锐界的四驱尊锐型 SUV 就有 2.0T 和 2.7T 两个版本。

将中型 SUV 的排量与小型、紧凑型以及中大型相比较（见表 3-3），中型 SUV 的动力性能属于中上水平，个别车型的动力性能甚至超过中大型 SUV，参照中型轿车的发动机参数（最大功率一般在 100kW 左右，最大扭矩则在 180 牛·米左右），其输出功率与扭矩的表现也十分出众，符合中型 SUV 对于动力性能的定位，动力储备足以应对复杂的城市及越野工况。

发动机的进气方式可分为自然吸气、机械增压以及涡轮增压三类。中型 SUV 中，更多的车型采用了增压发动机，这样的发动机配置主要是为了提升中型 SUV 的动力性能，同时增压发动机的运用也使车辆整体的燃油经济性得以改善，体现了环保节能的理念。相比较而言，级别较低的小型和紧凑型 SUV 车型中，采用自然吸气发动机的则更为广泛一些。

供油方式也是发动机很重要的一个配置，直接关系到发动机的燃烧效率。中型 SUV 中，大多数的国产车采用的都是多点电喷的供油方式；而合资品牌则大都采用缸内直喷的供油方式。一方面，由于自主品牌对缸内直喷技术的掌握不够成熟；另一方面，相关零部件厂商生产的核心部件难以满足缸内直喷的使用条件，这制约了国内直喷技术的发展。采用缸内直喷技术可以进一步提高燃油使用效率，提高燃油燃烧质量，在提升动力输出的同时，降低排放。

3. 变速器

中型 SUV 车型大多采用 6~7 挡手自一体变速器（AT），这种经典的变速器可以提供高效平顺的换挡体验，换挡效率更高。而在一些追求更好换挡体验的中型 SUV 中也会搭载双离合自动变速器（DCT，如众泰 T600）。此外，还有的车型会采用更多速比变速器以期获得更好的经济性和动力性，如 JEEP 自由光就搭载了一款 9 速手自一体变速器，速比的增加使车辆的动力性能得以提升，同时经济性也会得以改善，因此多速比变速器的使用将会是未来传动系统的发展趋势。

为了适应不同消费者的驾驶习惯，一些车型也会搭载手动变速器（MT），搭载手动变速器的车型价格更为低廉，同样吸引了不少消费者的青睐。

相较于小型和紧凑型 SUV，中型 SUV 为了实现其强劲的动力，更倾向于选用多挡位的变速器，这也符合中型 SUV 追求动力性的特点。

4. 底盘

大多数中型 SUV 采用的都是承载式车身，这与中大型 SUV 的非承载式车身有着本质上的区别。绝大多数中型 SUV 前后悬架都为独立悬架，且前悬架一般都会采用麦弗逊式。对比其他类型 SUV 可以发现，中型 SUV 悬架的配置与中大型 SUV 并无很大差异，却与小型 SUV 有很大区别。小型 SUV 前悬架同样采用麦弗逊式居多，但后悬架大都是半独立悬架或是非独立悬架。在悬架的调校上，中型 SUV 由于更适用于城市道路以外的使用环境，悬架调校更为硬朗，可以在面对复杂工况时表现得更加从容，这与小型、紧凑型 SUV 偏向舒适性的调校是有着本质区别的。

四驱性能同样也是许多消费者在购车时非常关注的一点。中型 SUV 车型大多有四驱款型供消费者选择，此外有些还会通过电控系统控制四驱系统，以应对不同的工况。如 JEEP 自由光提供了雪地模式、越野模式、运动模式等多种设置，方便驾驶员在不同工况下做出不同的选择。

5. 制动

中型 SUV 的制动盘大多采用前后通风盘式，由于车轮直径的增加，以及动力性能的提高，为了缓解制动热衰减现象对于制动性能的影响，中型 SUV 采用通风盘式的制动器可以有效地改善制动效能。此外，在驻车制动方面，定位更为高端的中型 SUV 大多采用了电子驻车系统，而小型、紧凑型 SUV 更多的是采用手刹进行驻车制动。

6. 安全及操控配置

除了基本的安全及操纵设置，中型 SUV 在高科技配置上与低级别 SUV 相比更胜一筹。诸如并线辅助、自主制动、发动机启停技术等电子辅助驾驶系统的引入，使中型 SUV 在智能化和品质上有了一个不小的飞跃，不仅行驶安全性得以提高，燃油经济性也因此得到改善。可以说在中型 SUV 市场，消费者可以体验到别样的用车感受。

不同车型采用的技术存在较大差别，为了让读者更具体地结合车型了解参数配置及性能技术情况，本章将以 2016 年度中型 SUV 最具有代表性的自主品牌和非自主品牌为代例，对相关技术进行简要分析。

从表 3-13 可以看出，2016 年度中型 SUV 市场销量中，上海通用的昂科威作为合资品牌的中型 SUV 以 275383 辆（2016 年）的年度总销量领跑 2016 年度中型 SUV 市场，销量同比 2015 年的 162941 辆增长了 40%。而自主品牌中，众泰 T600 以 112691 辆（2016 年）与 126121 辆（2015 年）的年度总销量成为连续两年国内自主品牌中型 SUV 的销量冠军，但是 2016 年销量同比 2015 年负增长 10.6%。因此，下面将重点以别克昂科威和众泰 T600 两个典型车型进行阐述，分析购车群体对中型 SUV 配置的倾向。

表 3-14 对别克昂科威和众泰 T600 两个典型车型主要参数和配置进行了简单对比。

表 3-14 别克昂科威与众泰 T600 参数对比

车型信息			昂科威 2016 款 28T 四驱 全能运动旗舰型	众泰 T600 2016 款 2.0T 自动旗舰型
厂商报价			34.99 万元	13.55 万元
发动机		基本参数	2.0T 260 马力 L4	2.0T 190 马力 L4
		最高车速（km/h）	210	185
		官方 0~100km/h 加速（s）	8.4	9.53
		工信部综合油耗（L/100km）	8.8	9.2
		配气机构	DOHC	SOHC
		最大马力（Ps）	260	190
		最大功率（kW）	191	140
		最大功率转速（rpm）	5500	5500
		最大扭矩（N·m）	353	250
		最大扭矩转速（rpm）	2000~5300	2400~4400
		供油方式	直喷	多点电喷
空间尺寸		长×宽×高（mm）	4667×1839×1696	4631×1893×1694
		行李箱容积（L）	422~1550	344
传动系统		变速器	6 挡手自一体	6 挡双离合
底盘转向		驱动方式	前置四驱	前置前驱
		四驱形式	适时四驱	—
		前悬架类型	麦弗逊式独立悬架	麦弗逊式独立悬架
		后悬架类型	多连杆独立悬架	多连杆独立悬架
		助力类型	电动助力	机械液压助力
车轮制动		前制动器类型	通风盘式	通风盘式
		后制动器类型	盘式	盘式
		驻车制动类型	电子驻车	电子驻车
安全装备		主/副驾驶座安全气囊	主√/副√	主√/副√
		前/后排侧气囊	前√/后—	前√/后—
		前/后排头部气囊（气帘）	前√/后√	前√/后√
		胎压监测装置	√	√
		无钥匙启动系统	√	√
		无钥匙进入系统	√	√

车型信息		昂科威 2016 款 28T 四驱 全能运动旗舰型	众泰 T600 2016 款 2.0T 自动旗舰型
操纵配置	ABS 防抱死	√	√
	制动力分配（EBD/CBC 等）	√	√
	刹车辅助（EBA/BAS/BA 等）	√	√
	牵引力控制（ASR/TCS/TRC 等）	√	√
	车身稳定控制（ESC/ESP/DSC 等）	√	√
	上坡辅助	√	√
	自动驻车	—	√
	陡坡缓降	√	—
	可变悬架	软硬调节	—
	后桥限滑差速器/差速锁	限滑差速器	—
高科技配置	自动泊车入位	√	—
	发动机启停技术	√	—
	并线辅助	√	○
	车道偏离预警系统	√	—
	主动刹车/主动安全系统	√	—
	自适应巡航	√	—
	全景摄像头	—	√

　　两种车型空间尺寸方面基本相同，但是昂科威可以通过放倒后排座椅使行李箱容积在 422～1550L 的范围内调整，在实用性方面略胜一筹。

　　动力总成部分，两辆典型车型均是由 2.0T 涡轮增压发动机搭载六速自动变速器的经典配置，作为自主品牌的众泰 T600 更是搭载了一款 DCT 双离合变速器，在换挡平顺性上有所提高。动力方面，昂科威的发动机能够输出 260 匹马力，选择 6 挡手自一体变速器，最大扭矩可以达到 353N·m/5500rpm，搭配适时四驱的技术，在应对复杂的路况可以提供更加充沛的动力。同时，油耗方面也做了不小的优化，集聚动力性与经济性，这也是昂科威吸引消费者购买的主要原因之一。更好的动力性、6 挡手自一体变速器自由选择的运动模式、四轮驱动，都是别克昂科威在性能上更优秀的地方。

安全性能方面，合资品牌往往更受到国内消费者的认可，这与合资品牌丰厚的技术积淀和品牌效应密不可分。然而，近年来自主品牌在提升自身竞争力的同时，也大力发展了相关技术，可以看到两辆典型车型在安全配置方面几乎相同。不过安全性能的提升还需要依靠车企不断的实验调试以及生产制造技术的发展才能得以实现。

至于高科技配置，相较于自主品牌，合资品牌更是下了一番功夫。同为顶配车型，合资品牌昂科威配备了自动泊车入位、自动启停、并线辅助、主动制动、车道偏离监控、自适应巡航等智能化配置，使车辆整体档次提升不少。基于价格等因素的制约，自主品牌众泰 T600 在这方面的配置就显得有些不足。考虑到中型 SUV 市场的消费者大多收入水平较高，自主品牌在争夺中型 SUV 市场份额的时候，可以适当调整定位，做出一些定位较高、配置多样的车型，可以更好地迎合中型 SUV 市场消费者的需求。

综上所述，中型 SUV 车型发展的方向应该是保证足够空间尺寸的同时，提升整车的动力性能以及安全性能。自主品牌在开拓中型 SUV 市场时，应当紧握价格上面的优势，开发更多档次较高、稳重大气的车型，这样才能在中型 SUV 市场的竞争中争取到更多的市场份额。

（五）发展现状与前景预测

1. 总体发展趋势及展望

（1）近年来中型 SUV 发展态势及未来预测

通过图 3-42 可以分析出 2011~2016 年 SUV 的总销量整体呈现加速上升趋势，2014~2016 年的增幅较大。中型 SUV 销量增长趋势与总销量趋势相似。

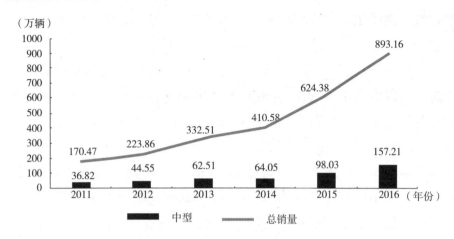

图3-42 2011~2016年中型SUV销量及SUV总销量

2011~2016年，中型SUV的市场发展有条不紊，销量增幅总体趋势稳步增长，从2011年的36.82万辆攀升至2016年的157.21万辆，五年内销量增长了327%（见图3-42）。

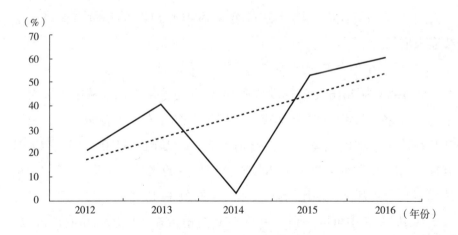

图3-43 2012~2016年中型SUV销量的同比增幅

同时观察这五年来中型SUV每年较前一年销量的同比增幅（见图3-43），可以看出增幅整体呈现出波动上升的趋势。随着国内经济的发展，人均收入水平的提高，今后中型 SUV 市场将继续发展，但不会发展过快，预计 2017 年较 2016 年中型 SUV 的同比增幅将在 15% 上下浮动。

如图 3-40 所示，回顾近五年来中型 SUV 在 SUV 总销量中的占比情况，可以看到中型 SUV 在 SUV 整体市场中占比一直不高，保持在 18% 左右，近三年来受到小型 SUV 市场的挤压，总体占比一度下降到 16%。2010 年以来，中型 SUV 的市场份额就在不断下降，截至 2014 年出现了触底调整的迹象，2014~2015 年市场份额基本维持在 15% 左右。由于近年来小型 SUV 市场的不断发展，越来越多的小型 SUV 进入了消费者的视野，而紧凑型 SUV 市场方面更是日渐成熟，自主品牌与合资品牌竞争激烈，经典车型层出不穷，进一步挤压了其他 SUV 车型的市场份额，使得中型 SUV 的市场份额不断压缩。

综合以上分析，未来几年内，随着小型 SUV 市场的发展以及紧凑型 SUV 市场的成熟，中型 SUV 也能占有一份稳定的市场，而且随着经济发展，国民生活水平的提高，车企在 SUV 市场的重心将逐渐向中型、中大型 SUV 市场倾斜，预计 2017 年之后中型 SUV 的销量占比将会继续迎来增长。

（2）2016 年中型 SUV 市场细分及相关预测

图 3-44 为 2016 年各季度中型 SUV 市场销量占比，从中可以看出中型 SUV 各季度均占据 SUV 市场总销量 16% 左右。据粗略统计，中型 SUV 在前三个季度销量平平，分别为 27.55 万辆、34.06 万辆、40.01 万辆。而随着第四季度 SUV 市场整体销售量的飞涨，中型 SUV 的销量达到了 55.59 万辆，环比增幅达 38%（见图 3-45）。

从图 3-45 中可以看到，中型 SUV 的销量在年中增长率有所降低，而第四季度作为 SUV 整体市场的销售旺季，加上不少新款中型 SUV 车型的面世，中型 SUV 的销量增幅也接近 38.94%。

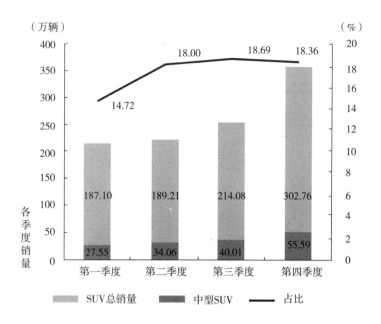

图 3-44 2016 年各季度中型 SUV 销量统计及市场占比

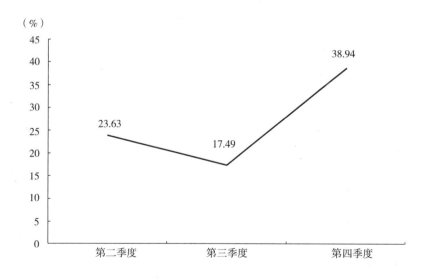

图 3-45 2016 年各季度中型 SUV 销量环比增幅

图 3-46 具体呈现了 2016 年 1~12 月各月中型 SUV 销量和 SUV 总

销量的趋势走向。从中可以看出，2016 年中型 SUV 的销量趋势与 SUV 市场的总体走势基本一致，整体呈现曲折上升，春季销量相对平稳，中型 SUV 月销量基本维持在 10 万辆左右。7 月之后迎来了销量增长周期，使中型 SUV 在第三、第四季度的表现好于市场水平。

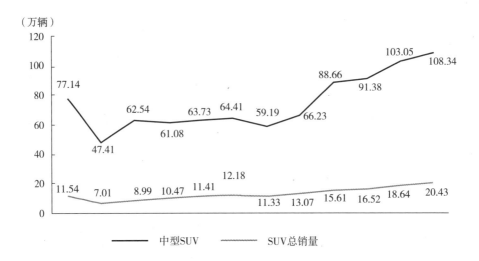

图 3-46　2016 年 1~12 月中型 SUV 及 SUV 总销量走势

根据 2016 年的 SUV 市场销量走势，可以预测 2017 年各月 SUV 市场销售情况。全年销量走势与 2016 年基本相同，仍将呈现曲折上升的走势。销量较 2016 年相比，增长幅度在 20% 左右，增速相对前几年有所放缓。月份间销量差距较大。其中，年初、"金九银十"以及年底月份，销量走势较高，其他月份销量相对平稳，2 月仍然为全年销量最低值。预测在 2017 年，春季月销量将在 10 万辆上下波动，之后销量整体上升，且增速明显。

2. 地域分布情况

由于我国地域辽阔，不同地域的地理环境差异较大，适合的车型也有所不同，本小节将从地域分布角度入手，探讨中型 SUV 在不同地域的销量情况，并结合不同车系、品牌等因素进行分析。

本报告选取 2016 年中型 SUV 销量前 11 款车中的 10 款代表车型进行分析，所选车型如表 3-15 所示。这 10 款车型总销量占中型 SUV 全年总销量的 90% 以上，覆盖德国、日本、中国、美国等主要汽车品牌的 SUV 车系，合资与自主品牌各占一半，该数据具有代表性。将全国分为华北、华东、华南、华中、东北、西部（西北及西南）六大地区，每个地区所选城市如前面表 3-5 所示。所选代表城市的销量总和能占到该地区总销量的 85% 以上，因此数据具有一定的代表性和普遍性。

表 3-15 地域分布分析的十款代表车型

排名	车企	车系	车型	价格区间（万元）	销量（辆）	市场占比（%）
1	上汽通用	美国	昂科威	20.99~34.99	275383	17.52
2	一汽大众	德国	奥迪 Q5	38.34~56.7	129453	8.23
3	长安福特	美国	锐界	24.98~44.98	114556	7.29
4	众泰汽车	中国	众泰 T600	7.98~14.98	112691	7.17
5	广汽菲克	美国	自由光	20.98~31.98	105009	6.68
6	一汽丰田	日本	汉兰达	23.98~42.28	92000	5.85
7	东风风光	中国	风光 580	7.29~10.10	86658	5.51
8	长安汽车	中国	长安 CX70	5.99~10.99	80636	5.13
9	比亚迪汽车	中国	比亚迪 S7	10.69~15.99	65360	4.16
10	长城汽车	中国	哈弗 H7	14.98~19.38	48903	3.11

（1）国内各地区中型 SUV 销量分析

经过统计，得出 2016 年中型 SUV 总销量地区分布，如图 3-47 所示。

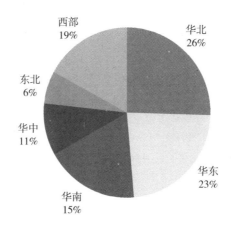

图 3-47　2016 年中型 SUV 总销量全国地区分布

由图 3-47 可知，2016 年华北地区的销量最高，其次是华东与西部地区，东北地区中型 SUV 销量最低。华北、华东地区的销量即占到全国总销量的一半，即华北、华东地区是中型 SUV 的市场重点。2016 年相比 2015 年在市场销售的地区格局上变化不大，整体销售地区格局比较稳定。

（2）自主与合资品牌中型 SUV 市场及地域分析

对表 3-13 进行自主品牌与合资品牌的分析中发现，在销量前十名的中型 SUV 中，有 6 款是合资品牌，4 款是自主品牌。品牌数目占比不相上下。进一步对车型品牌进行分类，得到中型 SUV 自主品牌与合资品牌车型数的占比如图 3-48 所示。通过统计自主品牌和合资品牌中型 SUV 的销量，得到中型 SUV 自主品牌与合资品牌销量占比如图3-49所示。

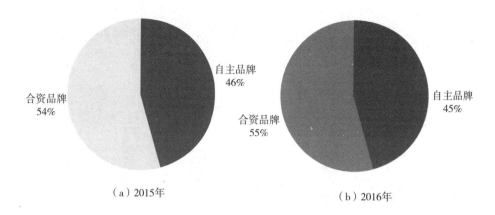

（a）2015年　　　　　　　　　　（b）2016年

图3-48　中型SUV自主品牌及合资品牌车型占比

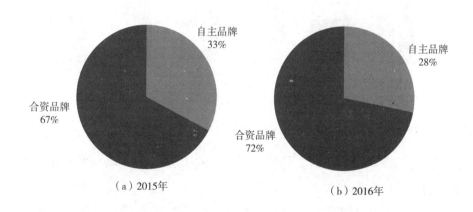

（a）2015年　　　　　　　　　　（b）2016年

图3-49　中型SUV自主品牌与合资品牌销量占比

通过对图3-48进行分析发现，2015年和2016年自主品牌与合资品牌在车型的丰富度上差距不大，两年间车型占比的变化不大。通过对图3-49的分析得出自主品牌与合资品牌在中型SUV市场的销量占比情况：2015年中型SUV市场的份额大多集中在合资品牌上，而2016年合资品牌中型SUV车型销量不断增加，已经达到市场销量的72%。这说明合资车更受购车群体的青睐。在实际购车时，购车群体更倾向于选择合资品牌的中型SUV。自主品牌无论是在品牌数量还是品牌影响力方面相对于国外厂商来说都存在着较大的差距，也具有很大的发展空间。

进一步分析 2016 年自主品牌与合资品牌在国内各地域的分布认可度，如图 3-50 所示。

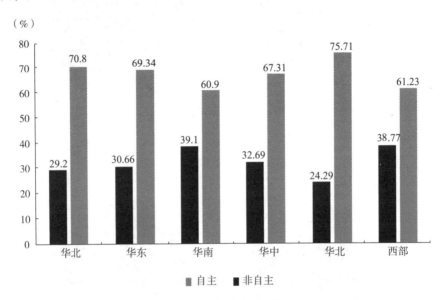

图 3-50　2016 年地域认可度情况

虽然从图中分析出合资品牌占据较大的中型 SUV 市场，但是从购车意愿与认可度的调查中发现，相比 2015 年，2016 年各个地区对自主品牌的认可度都有很大的提高。自主品牌无论是在品牌数量还是品牌影响力方面相对于国外厂商来说都存在着较大的差距，也具有很大的发展空间，但是从该数据中可以分析出民众正在接受与相信"中国制造"。

相比而言，东北地区更加青睐合资品牌，华南地区更加青睐自主品牌。这可能是由于华南地区自主车企较多，东北地区自主车企较少，购车群体与政府倾向于支持本土企业。经济发展情况和消费者的购车取向决定了地域上销量的差异，车企可以根据地域上的销量差异，针对不同地区采取不同的销售手段，积极开拓市场。

3. 各企业品牌在不同级别城市的分布

不同企业品牌的中型 SUV 的受关注度与城市级别存在着一定关

联，由于城市级别可以直观反映消费者的消费水平，车企对某款车型的市场定位和对消费人群的划分会直接关系到产品在不同城市级别的分布。本节将针对不同的品牌与消费者之间的关系进行分析。

为了进一步分析企业品牌及其地域和城市级别之间的内在联系，本小节在全国范围内选取了 10 个中型 SUV 销量较好的车企作为代表，如表 3-15 所示。统计其主打中型 SUV 车型在 2016 年购车指数前 50 名的城市，并对这 50 个城市进行城市级别分类，得到各个车型在不同级别城市的购买比例，如图 3-51 所示，从一定程度上反映了不同城市级别的消费者对中型 SUV 的购买倾向。

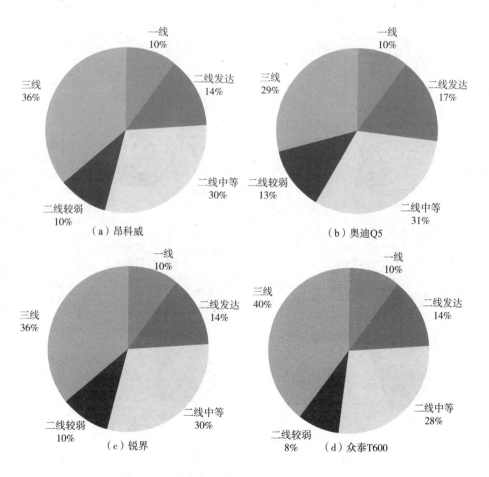

图3-51 各个车型在不同级别城市的购买比例

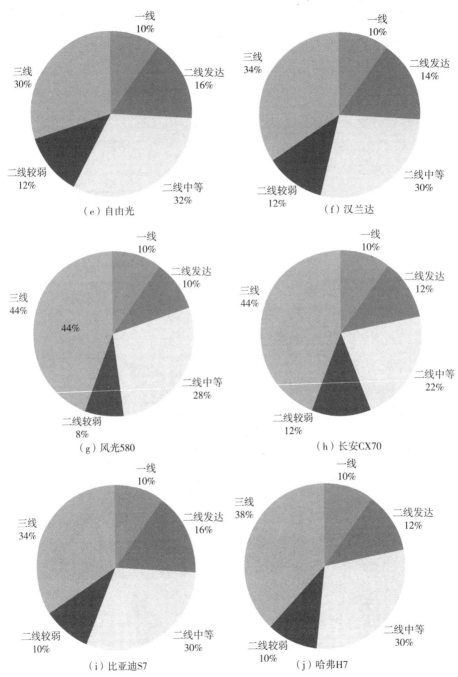

图 3-51　各个车型在不同级别城市的购买比例 （续）

中型 SUV 的市场定位更多的是面向收入水平较高的消费人群，所以从图中不难发现典型车型在一线、二线城市的关注度与宣传度较大，三线城市往往只占市场份额的 1/3 左右。

自主品牌中的众泰 T600 作为中型 SUV 市场自主品牌年度销量的冠军，2015 年的主要宣传地区为二、三线及以下城市，2016 年，所有一线城市都有其销售覆盖。也正是因为众泰独特的定位特点，价格在 7.98 万~14.98 万元，其目标消费人群更多地指向三、四线城市，低廉的价格、合理的市场定位以及明确的消费人群使得众泰 T600 取得了不俗的市场表现。作为一款中型 SUV，其亲民的销售价格，打破了人们对于中型 SUV 价格较高、养护成本负担较重的固有印象，开辟了不同的市场局面，为其销量的增长奠定了基础。

在对于 2016 年中型 SUV 新车型的分析中发现，昂科威、奥迪 Q5、锐界、众泰 T600、自由光、汉兰达、比亚迪 S7、哈弗 H7 这些非新车型在不同级别城市的关注度分布相似，即一线城市全部覆盖，二线城市大部分覆盖，三线城市部分覆盖。但是对于 2016 年新车型风光 580、长安 CX70 来说，走的是与 2015 年主打低价位的自主品牌众泰 T600 同样的路线，即"农村包围城市"路线，由于其售价均在 10 万元以下，首要销售目标主要集中在三线城市，在赢得三线城市及二线城市的认可之后，开始进攻一线城市。预估风光 580、长安 CX70 在进攻一线城市以后，会获得更大的市场份额。

合资品牌的中型 SUV 款式多样、配置丰富，更多地面向收入水平较高的一线城市。一线城市的消费者对车辆的需求不仅是代步工具，高品质的驾驶体验更切合人心。所以合资品牌的车型在配置上下了更多功夫，高科技配置、精致内饰也使得价格水涨船高。不过高昂的价格并没有带来销量的下滑，几款定价较高的中型 SUV 在年终的销量比拼中均取得了不错的成绩。

综上所述，自主品牌与合资品牌在销售策略与市场定位上有着本质区别，新车型与非新车型的市场战略完全不同。各个车企在开拓中型 SUV 市场的时候，应当各得其所，根据自身定位制定合理的销售策略，这样汽车市场才能得到繁荣发展。

4. 各企业品牌的市场占有率

为了进一步剖析中型 SUV 销量数字背后所包含的庞大信息，本小节将从各个企业品牌在中型 SUV 市场中所占有的市场份额入手，来反映企业之间的市场竞争。

表 3-16 显示了 2016 年度销量前十名的中型 SUV 及其占比，图 3-52 为 2015 年与 2016 年销量前十名的中型 SUV 市场份额对比。从图 3-52 中可以分析出，2015 年仅销量前十名的车型就占据了整个中型 SUV 市场 75.55% 的市场份额，2016 年销量前十名的中型 SUV 占据了 71.11% 的市场。根据前面表 3-13 的统计，2016 年市面上的中型 SUV 大概有 30 余种车型，足以看出少数极具实力的企业品牌占据了主要的市场份额，而其他大多数企业品牌在市场竞争中处于被动状态。

表 3-16　2016 年中型 SUV 销量前十名占总销量的百分比

车型	销量（辆）	总销量（辆）	占比（%）
昂科威	275383	1572171	17.52
奥迪 Q5	129453	1572171	8.23
锐界	114556	1572171	7.29
众泰 T600	112691	1572171	7.17
自由光	105009	1572171	6.68
汉兰达	92000	1572171	5.85
风光 580	86658	1572171	5.51
长安 CX70	80636	1572171	5.13
奔驰 GLK 级	56274	1572171	3.58
比亚迪 S7	65360	1572171	4.16

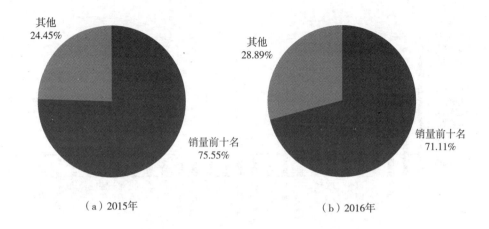

图 3-52　2015 年与 2016 年销量前十名的中型 SUV 市场份额对比

图 3-53 是 2016 年各品牌车型销量与平均销量的关系，从另一角度反映了上述问题。根据 2016 年市面上的中型 SUV 销量情况统计，得到各车型的平均销量为 44000 辆，只有年度销量前十一名超过了平均值。可见，中型 SUV 的销量主要靠销量靠前的企业品牌支撑，这种市场份额的巨大差距反映了如今中型 SUV 市场更多呈现几家独大的场面，市场份额集中在少数企业手中，其他企业想在中型 SUV 市场中占得一席之地需要在很多方面继续努力。

（六）新车型的研发及市场销售情况

近年来，新车型和改款车的出现为整个中型 SUV 市场注入了一丝活力，新增车型如表 3-17 所示。2016 年有 18 种新车型加入中型 SUV 竞争市场，相比 2015 年的 7 款中型 SUV 新车型，可以看出，越来越多的车企开始进军中型 SUV 市场。

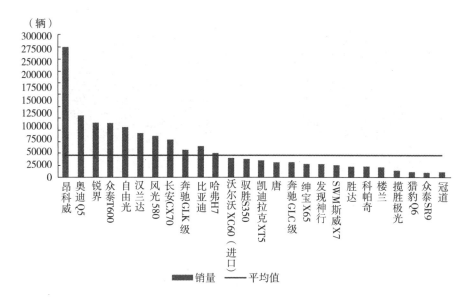

图 3-53　2016 年各品牌车型销量与平均销量的关系

表 3-17　2016 年中型 SUV 新车型统计

排名	车企	从属品牌	车型	价格区间（万元）	合计（辆）
1	东风风光	东风	风光 580	7.29~10.10	86658
2	长安汽车	长安	长安 CX70	5.99~10.99	80636
3	长城汽车	哈弗	哈弗 H7	14.98~19.38	48903
4	上海通用	凯迪拉克	凯迪拉克 XT5	35.99~53.99	34775
5	北京奔驰	奔驰	奔驰 GLC 级	39.6~57.9	31026
6	北汽绅宝	绅宝	绅宝 X65	9.88~14.98	27755
7	奇瑞捷豹路虎	路虎	发现神行	36.8~51.8	26557
8	SWM 斯威汽车	斯威	SWM 斯威 X7	8.59~10.69	25688
9	奇瑞捷豹路虎	路虎	揽胜极光	39.8~57.8	12761
10	众泰汽车	众泰	众泰 SR9	10.88~16.98	10033
11	广汽本田	本田	冠道	22.00~32.98	9456
12	广汽传祺	传祺	传祺 GS8	16.38~25.98	9006
13	东风启辰	启辰	启辰 T90	10.98~15.48	2481

续表

排名	车企	从属品牌	车型	价格区间（万元）	合计（辆）
14	郑州日产	福田	萨瓦纳	12.88~21.08	1897
15	潍柴英致	潍柴	英致 G5	6.98~9.38	1805
16	上汽大众	大众	途观 L	22.38~35.98	1652
17	北京汽车制造厂	北汽	陆霸	14.28~17.28	21
18	广汽吉奥	广汽	奥轩 G5	8.68~11.78	12

下面将详细剖析 2016 年度全新中型 SUV 车型的市场销售情况。图 3-54 显示了 2016 年销量排前九名的 9 款全新中型 SUV 车型的销量能够占到中型 SUV 总销量的 25.5%，同比 2015 年新车型的市场销量增长了 14.5%。2016 年的 18 款新车型中，东风风光 580、长安 CX70 分别排在 2016 年中型 SUV 销量的第七名和第八名。两款车型凭借合理的价位和出色的动力性与大型的空间，作为自主品牌的两匹"黑马"得到了购车人群的认可。

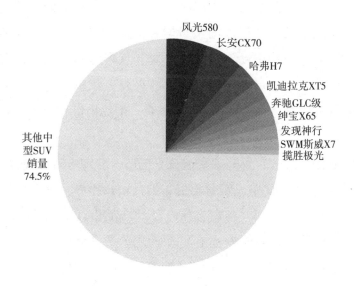

图 3-54　2016 年新车型销量占比

下面将选取 2016 年新上市的销量排前九名的中型 SUV 车型（见图 3-54），结合其在各个季度的销量走势进行分析：

自主品牌新车型中，风光 580 自第二季度上市以来，销量涨势十分迅猛，三个季度的销量增长了 7.9 倍，而且在所有新车型中涨势最好。由于是新车型第一季度的销售额为零，但其 2016 年总销量在中型 SUV 中排名第七，预计 2017 年会有更好的销售量与销售排名。长安 CX70 作为 2016 年中型 SUV 销量排名第八的车型，上市的第二、第三、第四季度的销量基本稳定，从其上市开始就取得了不错的销量。

长城哈弗 H7 作为 2016 年新车型也取得了较好的成绩，2016 年总销量排名中型 SUV 市场的第 11 名，第二、第三、第四季度销量上升较快，预计 2017 年会有很好的销量数字。

风光 580、长安 CX70、长城哈弗 H7 三种自主品牌在 2016 年新车销量中位居前三名，说明购车群体对这三种新型中型 SUV 接受效果较好。

从图 3-54 中可以明显看出，合资品牌奔驰 GLC 级和奇瑞捷豹路虎发现神行，在第四季度上市以来，立刻受到了极大的追捧，在 9 种代表性新车型中其一个季度的销量增长率最高，也体现了当前购车人群对这两种品牌的认可度，购车人群对北京奔驰和奇瑞捷豹路虎新车型的期待值是很高的。奇瑞捷豹路虎的另外一款车型揽胜极光虽然也取得了较好的销量，但是从图 3-54 来看，市场销量相比发现神行还有差距。

相较其他品牌，合资品牌凯迪拉克 XT5、绅宝 X65、SWM 斯威 X7 在 2016 年的四个季度中总销量不俗，但是增长趋势一般。

通过分析可以发现，各车企在自己的产品设计上都体现出了独特的理念，且随着消费者对新品有更深入的了解和体验，真正适合市场的产品一定能得到很高的关注度，并获得较好的销售成绩。同时随着人们生活水平的提高，人们对代步工具的要求也越来越高，新款车型不断涌现，人们的选择越来越多，市场竞争也越来越激烈，车企只有从消费者的角度出发，结合自身发展定位，开发更多符合市场需求的新款车型，才能在竞争激烈的市场中不断收获并长久发展下去。

（七）小结及 2017 年度中型 SUV 市场预测

本章主要从车型定义、性能特点、技术优势、发展状况、未来的趋势预测以及新车型研发等角度来分析中型 SUV，此外还结合地理区域分布、城市级别分类、各个企业、车系派别以及消费者的购车关注度等相关因素来解析中型 SUV 的市场。

相比其他车型，中型 SUV 具有以下特点：空间尺寸充沛、动力性能强劲、安全性能卓越、目标消费人群收入水平较高、合资品牌在中型 SUV 市场中占有极大份额等。通过市场细分，既可以更直观地了解到该车型的市场定位及其市场现状的成因，也可以从侧面反映出市场需求以及消费者喜好。这不仅可以对我国未来汽车行业的发展起到指导性的作用，也方便对 2017 年中型 SUV 的市场进行预测。

1. 市场方面

预计 2017 年中型 SUV 的销量将继续增长，上升幅度将依然保持在 15%～20%，预计 2017 年中型 SUV 销量将达到 190 万辆左右。合资品牌仍然会是 2017 年中型 SUV 市场的主力，占据六成左右的市场份额，几家销量较好的品牌依然会在 2017 年保持良好的销售态势，但随着 2016 年一些新上市的车型逐渐得到消费者的认可以及 2017 年一些其他新车型的介入，其所占据的比例会有所下降。华东、华北及西部地区仍然会是中型 SUV 销量较好的地区，不同企业品牌车型在不同级别城市中的销售情况也基本与 2016 年相仿。

2. 新车型方面

预计 2017 年各个企业品牌会将 2016 年销量成绩优异的车型进行相应改款，与此同时也会陆续推出新车型。根据新车型的变化趋势，2017 年中型 SUV 仍将有 20 款左右新车型（包括改款）面市，估计国内自主品牌新车型依然以低价高性能为卖点，受众为中低消费的购车人群，以二线、三线城市为目标打开市场。

3. 技术方面

整体来看，中型 SUV 所采用的技术已经较为成熟，2017 年各个企业品牌尤其是自主品牌将会更注重细节和整车品质的提升，力求在较低的成本下将各种先进技术整合、应用到新车型中，比如自动驻车系统，内、外后视镜自动防炫目，并线辅助、全景摄像头、自动泊车入位、发动机启停技术等。这些技术的采用会为消费者提供更舒适的驾车体验。

四、中国中大型和大型 SUV 的现状与前景分析

（一）概述

由图 3-1 不难发现，近五年来中大型和大型 SUV 的销量占比逐年下降，并在近两年趋于平稳，大型、豪华已不再是 SUV 的标签。各车企对于 SUV 市场的布局更多集中在紧凑型、小型 SUV 上，中大型和大型 SUV 的市场占比不断被压缩。除了车企市场重心的转移，大型 SUV 的高端定位也使得消费群体相对小众。虽然中大型和大型 SUV 的市场占比不大，可是这类 SUV 却承载着 SUV 最为先进的技术、最高端的配置，以及最为前卫的设计。故对于该细分市场的分析也是尤为关键的。

（二）定义

结合市面上现有的 SUV 车型，以及目前的分类方式，本书将中大型 SUV 定义为车身长度为 4750~5150 毫米，轴距为 2790~3050 毫米，或至少要符合其中一点的 SUV 车型；将大型 SUV 定义为车身长度超过 5000 毫米，轴距超过 3000 毫米，或至少要符合其中一点的 SUV 车型。

之所以把这两类 SUV 一起分析，主要出于以下几点考虑：两类 SUV 均定位于高端市场；搭载的相关技术基本相同；市场占比不高并且两者市场占比均呈下降趋势。

（三）车型市场表现及销量

2016 年，中国中大型及大型 SUV 在 SUV 市场上销量所占份额仅约为 0.7%（不包括进口车型），表 3-18 列举了在中国销量排名前五的中大型及大型 SUV 车型的品牌、销量和价格区间。在中大型及大型 SUV 中，销量占绝对优势的是诸如保时捷卡宴、宝马 X6 一类的进口车型，其次是以一汽丰田普拉多为代表的合资车型，而自主品牌在这一领域由于市场定位和相关投入不足等原因，车型相对较少。不过哈弗 H8、哈弗 H9 以及北京 BJ80 等自主品牌车型以更为亲民的价格和相对丰富的配置也在这一细分市场中占据了不小的份额。

表 3-18　2016 年市场上常见的中大型及大型 SUV 品牌、车型、销量及价格区间统计

序号	车企	品牌	车型	销量（辆）	价格区间（万元）
1	一汽丰田	丰田	普拉多	38001	36.98~62.53
2	长城汽车	哈弗	哈弗 H9	11504	20.98~27.28
3	长城汽车	哈弗	哈弗 H8	7471	18.38~25.68
4	一汽丰田	丰田	兰德酷路泽	789	67.00~158.00
5	北京汽车	北京	北京 BJ80	779	28.80~29.80

在中大型及大型 SUV 市场的分析中，根据这类车型的特点，本章将重点分析其性能及技术特点，同时结合其市场表现做出前景分析。

（四）性能及技术特点

中大型和大型 SUV 以其出众的空间、优越的性能和豪华的配置代表了 SUV 的最高品质，为了便于读者理解，下面将从参数配置的角度

具体阐述中大型和大型 SUV 在性能及技术方面的特点。

1. 车身结构尺寸

表 3-2 将中大型和大型 SUV 的车身结构参数与小型、紧凑型以及中型 SUV 进行比较，可以发现中大型和大型 SUV 具有最为充裕的车内空间，可以最好地发挥多功能运动车的承载功能，为驾驶员及乘坐者提供舒适宽敞的乘坐空间，其行李箱的容积也完全能够满足绝大多数消费者的需求，这些都是其他类型 SUV 难以实现的。

此外，良好的通过性是大多数消费者选择这类 SUV 车型首先考虑的要素。最小离地间隙直接反映 SUV 的通过性能。根据表 3-2 中的数据，中大型和大型 SUV 的最小离地间隙在 180~240 毫米，大多数分布在 200 毫米左右，不仅能够满足城市道路行驶需求，对于户外越野等复杂的行驶条件，该类 SUV 也是可以较好应对的。

2. 发动机参数

发动机性能与整车的动力性和经济性密切相关，中大型和大型 SUV 一般采用四缸或六缸发动机，排量大多在 2.0~3.0 升。其中，如丰田普拉多就采用 2.7 升、L4 的发动机，吉普大切诺基则采用 3.0 升、V6 的发动机。

各类不同类型的 SUV 排量分布如表 3-3 所示，中大型和大型 SUV 的排量最高，相应的燃油经济性也最差，这样的设置不仅与该类 SUV 的尺寸庞大有关，还与它的市场定位密不可分。中大型和大型 SUV 的目标市场主要是面向高收入水平的消费者，旨在提供豪华的配置与强劲的性能。故在动力性方面更为侧重，减少了对燃油经济性的考虑。不过随着环保观念的日益增强，该类型的 SUV 在排放技术上面的创新也是十分重要的。因此，越来越多的中大型和大型 SUV 开始采用发动机增压技术，这种技术的应用可以在提升动力性的同时，有效改善燃油经济性。发动机增压技术主要分为涡轮增压和机械增压两种类型，前者技术相对成熟，应用较为广泛；而后者主要应用在进口车型中，这种技术可以使发动机的强化程度更高，提供更为澎湃的动力。

3. 变速器

在动力传动方面，自动变速器在中大型和大型 SUV 上的应用率明显高于其他类型 SUV，几乎所有中大型及大型 SUV 车型都配备自动变速器。同时，多挡位自动变速器的应用也是该类 SUV 传动系统的一大特点。如保时捷卡宴采用 8 挡手自一体变速器，H9 则配备 6 挡手自一体变速器。这样的设置使得该类 SUV 在行驶过程中换挡更为平顺，顿挫感减少，乘坐舒适度提升，符合其豪华舒适的定位。此外，多挡位、宽速比的自动变速器可以使车辆的动力性和经济性得到有效提升，在低速工况提供更大扭矩，高速巡航状态则更为省油，这样的搭配使得中大型和大型 SUV 的品质更为优异。

4. 底盘

在底盘方面，中大型及大型车有承载式车身和非承载式车身两种。其中，非承载式车身居多，典型的车型有丰田普拉多、哈弗 H9、丰田兰德酷路泽等，非承载式车身具有刚性车架，抗扭刚性和承载能力强，车身刚性好，安全性相对较高，过滤颠簸的能力也较好，这符合中大型及大型 SUV 对于安全性、通过性的要求。而一些豪华车型也会采用承载式车身，以追求车身轻量化、行驶平稳性和低噪声带来的更为舒适的乘坐环境，代表车型有路虎揽胜、奥迪 Q7 等。

对于越野性能的追求也使得中大型和大型 SUV 相较于其他类型的 SUV 更多采用四轮驱动模式，使得该类 SUV 面对复杂路况时也可以从容应对。

5. 制动

在制动方面，由于中大型及大型 SUV 车身体积庞大、质量大，制动系统的制动效能也更为突出，这就导致制动过程中，制动系统的产热十分明显，因此该类车型前后制动均采用通风盘式，相较于其他种类的 SUV，制动性能的提升是十分显著的。驻车制动方面，中大型和大型 SUV 更多采用技术先进的电子驻车制动技术，电子控制技术代替传统机械控制更加体现该类 SUV 的科技性。

6. 安全及操控配置

安全配置方面，中大型及大型 SUV 多标配主、副驾驶座安全气囊，前、后排侧安全气囊，前、后排头部气囊及膝部安全气囊的全方位安全气囊保护。行车辅助系统方面，中大型及大型 SUV 基本标配 ABS 防抱死系统、无钥匙启动系统、ESP 车身稳定控制系统，丰富的安全配置使得该类 SUV 相较于其他类型 SUV 的行驶安全性更为出众。除此之外，考究的内饰、豪华的音响系统、绚丽的灯光氛围以及科技感十足的智能中控也大大提升了中大型和大型 SUV 的豪华程度和车辆品质。

为了让读者更具体地结合车型了解参数配置及性能技术情况，表 3-19 选取 2016 年度中大型和大型 SUV 销量最好的合资品牌车型丰田普拉多和自主品牌车型哈弗 H9 为代表，对相关技术参数进行比较。

表 3-19 普拉多和哈弗 H9 相关参数

车型信息	普拉多 2016 款 2.7L 自动豪华版	哈弗 H9 2016 款 2.0T 四驱尊贵型 7 座
厂商指导价	42.98 万元	27.28 万元
基本参数		
厂商	一汽丰田	长城汽车
级别	中大型 SUV	中大型 SUV
发动机	2.7L 163 马力 L4	2.0T 218 马力 L4
变速器	6 挡手自一体	6 挡手自一体
长×宽×高（mm）	4780×1885×1845	4856×1926×1900
车身结构	5 门 7 座 SUV	5 门 7 座 SUV
车身		
长度（mm）	4780	4856
宽度（mm）	1885	1926
高度（mm）	1845	1900

续表

车型信息	普拉多 2016 款 2.7L 自动豪华版	哈弗 H9 2016 款 2.0T 四驱尊贵型 7 座
轴距（mm）	2790	2800
前轮距（mm）	1585	1610
后轮距（mm）	1585	1610
整备质量（kg）	2145	—
发动机		
发动机型号	2TR-FE	GW4C20
排量（mL）	2694	1967
进气形式	自然吸气	涡轮增压
气缸排列形式	L	L
气缸数（个）	4	4
每缸气门数（个）	4	4
压缩比	10.2	—
配气机构	DOHC	DOHC
最大马力（Ps）	163	218
最大功率（kW）	120	160
最大功率转速（rpm）	5200	5500
最大扭矩（N·m）	246	324
最大扭矩转速（rpm）	3900	2000~4000
发动机特有技术	VVT-i	双 VVT
供油方式	多点电喷	直喷
变速器		
简称	6 挡手自一体	6 挡手自一体
底盘转向		
驱动方式	前置四驱	前置四驱
四驱形式	全时四驱	适时四驱

续表

车型信息	普拉多 2016 款 2.7L 自动豪华版	哈弗 H9 2016 款 2.0T 四驱尊贵型 7 座
中央差速器结构	托森式差速器	多片离合器
前悬架类型	双叉臂独立悬架	双叉臂式独立悬架
后悬架类型	四连杆整体桥式非独立悬架	多连杆非独立悬架
车体结构	非承载式	非承载式
车轮制动		
前制动器类型	通风盘式	通风盘式
后制动器类型	通风盘式	通风盘式
驻车制动类型	手刹	电子驻车
前轮胎规格	265/65 R17	265/60 R18
主/被动安全装备		
主/副驾驶座安全气囊	主√/副√	主√/副√
前/后排侧气囊	前√/后—	前√/后—
前/后排头部气囊（气帘）	前√/后√	前√/后√
膝部气囊	√	—
胎压监测装置	—	√
安全带未系提示	√	√
ABS 防抱死	√	√
制动力分配（EBD/CBC 等）	√	√
刹车辅助（EBA/BAS/BA 等）	√	√
牵引力控制（ASR/TCS/TRC 等）	√	√
车身稳定控制（ESC/ESP/DSC 等）	√	√
并线辅助	—	—
车道偏离预警系统	—	√
前/后驻车雷达	—	前√/后√
倒车视频影像	√	√

续表

车型信息	普拉多 2016 款 2.7L 自动豪华版	哈弗 H9 2016 款 2.0T 四驱尊贵型 7 座
全景摄像头	—	√
定速巡航	—	√
上坡辅助	—	√
自动驻车	—	√
陡坡缓降	—	√
中央差速器锁止功能	√	—
后桥限滑差速器/差速锁	—	限滑差速器
电动天窗	√	√
铝合金轮圈	√	√
车顶行李架	—	√
发动机电子防盗	√	√
车内中控锁	√	√
遥控钥匙	√	√
无钥匙启动系统	√	√
无钥匙进入系统	√	√
内部配置		
真皮方向盘	√	√
方向盘调节	上下+前后调节	上下+前后调节
多功能方向盘	√	√
方向盘换挡	—	√
方向盘加热	—	√
行车电脑显示屏	√	√
座椅材质	真皮	真皮
座椅高低调节	√	√
腰部支撑调节	√	√
主/副驾驶座电动调节	主√/副√	主√/副√

续表

车型信息	普拉多 2016 款 2.7L 自动豪华版	哈弗 H9 2016 款 2.0T 四驱尊贵型 7 座
第二排靠背角度调节	√	√
第二排座椅移动	√	√
电动座椅记忆	—	√
前/后排座椅加热	前√/后—	前√/后√
前/后排座椅通风	—	前√/后—
前/后排座椅按摩	—	前√/后—
第三排座椅	2 座	2 座
后排座椅放倒方式	比例放倒	比例放倒
前/后中央扶手	前√/后√	前√/后√
后排杯架	√	√
多媒体配置		
GPS 导航系统	√	√
中控台彩色大屏	√	√
蓝牙/车载电话	√	√
220V/230V 电源	√	√
外接音源接口	USB+AUX	USB+AUX+SD 卡插槽
CD/DVD	单碟 CD	单碟 CD
扬声器品牌	JBL	Infinity 燕飞利仕
扬声器数量	≥12 喇叭	10~11 喇叭
灯光配置		
近光灯	LED	氙气
远光灯	卤素	氙气
LED 日间行车灯	√	√
自动头灯	√	√
转向辅助灯	—	√
转向头灯	—	√
前雾灯	√	√

车型信息	普拉多 2016 款 2.7L 自动豪华版	哈弗 H9 2016 款 2.0T 四驱尊贵型 7 座
大灯高度可调	√	√
大灯清洗装置	√	√
车内氛围灯	—	√

通过以上论述及表格内容可知，中大型及大型 SUV 最大的优势就是对性能的极致追求、与智能化的完美结合、对安全性的充分保障以及力求完美的内饰和舒适性。但是这些优势的代价是成本的提升，不过不同种类的 SUV 都有其特定的市场定位及核心消费群体。随着人们生活质量的不断提升，中大型及大型 SUV 将会凭借其优越的性能和豪华的品质受到更多消费者的青睐。

（五）发展现状与前景预测

1. 总体发展趋势及展望

因进口车型的销量数据统计不完全，故仅以国内市场上销量较高的 5 款自主车型和合资车型，即丰田普拉多、哈弗 H8、哈弗 H9、丰田兰德酷路泽、北京 BJ80 这 5 款车型作为研究样本。

图 3-55 为 5 款车型 2016 年在中大型和大型 SUV 市场上的销量占比。其中，丰田普拉多的销售情况最为优异，而自主品牌在该细分市场开始逐渐活跃，并都取得不错的销量，特别是哈弗 H8 和哈弗 H9 能够在高端 SUV 市场上有立足之地，极大地鼓舞了自主品牌的信心。

图 3-56 则反映了近六年来中大型和大型 SUV 的销量变化情况。从销量表现来看，中大型及大型 SUV 市场不同于其他类型 SUV 市场反响强烈，整体销量逐年减少，虽然在 2015 年迎来一波反弹，可是由于其消费群体定位相对小众，价格及养护成本高昂，在 2016 年中大型和大型 SUV 的销量进一步缩水。因此，该类 SUV 在今后的市场表现中也

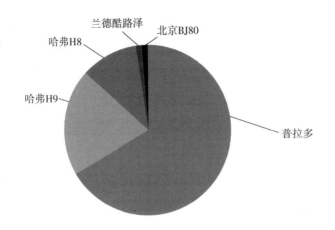

图 3-55　2016 年代表车型销量占比

不会有太大突破，市场份额会不断被其他类型 SUV 挤压。

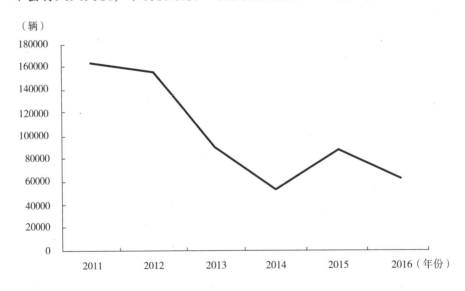

图 3-56　中大型和大型 SUV 销量变化趋势

　　然而随着经济发展，高收入人群将会变多，这也就增加了中大型及大型 SUV 的潜在消费者；消费者对 SUV 的空间、舒适性、动力性等性能的追求将越来越高，同时消费理念上会更加注重品质及细节，主观上会促进中大型及大型 SUV 市场的发展；"二孩"政策的开放，使中国家庭模式发生改变，家庭人口增多，也会在客观上刺激中大型和大型 SUV 市场的发展。

2. 地域分布情况

中国幅员辽阔，不同地域环境差异大，文化背景不尽相同，对于 SUV 的需求也有所不同。图 3-57 就反映了不同地区对于中大型和大型 SUV 的需求情况。将全国分为华北、华东、华南、华中、东北、西部（西北及西南）六大地区，每个地区选取车辆销售相对活跃的代表城市（见表 3-5），中大型和大型 SUV 在这些城市的销量占到该类车型总销量的 85% 以上，数据具有一定的代表性。

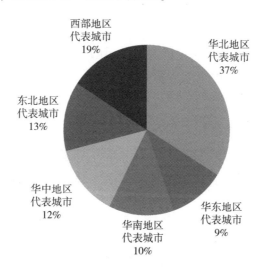

图 3-57　中大型和大型 SUV 在各地区销售情况

由图 3-57 可知，中大型和大型 SUV 在北方地区销售情况最为理想，仅华北地区就占据该市场约 37% 的销售量。这与北方开阔平坦的地理环境不无关系，这里的消费者更青睐空间大、通过性能好的中大型和大型 SUV，同时北方的路况也更适合体积大的车辆通行，故该类 SUV 在北方市场的销售情况更为优异。

（六）小结及 2017 年度中大型和大型 SUV 市场预测

本章主要从车型定义、性能特点、技术优势、发展状况、地域分布等角度来分析中大型和大型 SUV，相比其他的车型，中大型和大型 SUV 具有以下几个特点：空间大、性能优异、配置豪华、价格昂贵。通过市场细分，可以更直观地了解到该车型的市场定位及其市场现状的成因，也可以从侧面反映出市场需求以及消费者喜好。这对我国未来汽车的发展可以起到指导性的作用，也便于对 2017 年中大型和大型 SUV 的市场进行预测。

1. 市场方面

预计 2017 年中大型和大型 SUV 的销量将基本保持不变，但是市场份额会不断被其他类型 SUV 挤压。自主品牌将会逐渐深入该类 SUV 市场，推出更多符合国内消费者需求的高性价比车型。

2. 技术方面

整体来看，中大型和大型 SUV 所采用的技术已经较为成熟，2017 年基本不会有开创性的新技术出现并应用到新车型中，但在节能减排和提高整车经济性方面将进行重点突破，使该类车型更符合节能环保的社会诉求。

五、中国新能源 SUV 的现状与前景分析

（一）概述

新能源汽车经历了 2015 年的飞速发展，迎来了 2016 年增速放缓的一年，但是新能源 SUV 却是仍旧高歌猛进。受到 SUV 市场火热的影响，各家新能源厂商也分别在 2016 年推出了自家的新能源 SUV 来抢占这块市场。另外，在政策、国人消费习惯以及不断发展的电池技术等

因素的影响下，新能源 SUV 也逐渐被消费者认可接受并追捧。

（二）新能源汽车定义

新能源汽车是指采用非常规的车用燃料作为动力来源（或使用常规的车用燃料、采用新型车载动力装置），综合车辆的动力控制和驱动方面的先进技术，技术原理先进、具有新技术、新结构的汽车。

新能源汽车按照动力来源的不同分为燃料电池电动汽车（FCEV）、纯电动汽车（BEV）、液化石油气汽车、氢能源动力汽车、混合动力汽车（油气混合、油电混合）、太阳能汽车和其他新能源（如高效储能器）汽车等。

1. 燃料电池电动汽车

燃料电池电动汽车（Fuel Cell Electric Vehicle，FCEV）是利用氢气和空气中的氧在催化剂的作用下，在燃料电池中经电化学反应产生的电能作为主要动力源驱动的汽车。燃料电池电动汽车实质上是纯电动汽车的一种，它与其他纯电动汽车的主要区别在于动力电池的工作原理不同。一般来说，燃料电池是通过电化学反应将化学能转化为电能，电化学反应所需的还原剂一般采用氢气，氧化剂则采用氧气，因此最早开发的燃料电池电动汽车多是直接采用氢燃料，氢气的储存可采用液化氢、压缩氢气或金属氢化物储氢等形式。

2. 纯电动汽车

纯电动汽车是一种采用单一蓄电池作为储能动力源的汽车，它利用蓄电池作为储能动力源，通过电池向电动机提供电能，驱动电动机运转，从而推动汽车行驶。

3. 氢能源动力汽车

氢能源动力汽车是以氢发动机为动力源的汽车。一般发动机使用的燃料是柴油或汽油，氢发动机使用的燃料是气体氢。氢能源动力汽车是一种真正实现"零排放"的交通工具，排放出的是纯净水，它具有无污染、"零排放"、储量丰富等优势。

4. 混合动力汽车

混合动力汽车（Hybrid Electric Vehicle，HEV）是指驱动系统由两个或多个能同时运转的单个驱动系联合组成的车辆，车辆的行驶功率依据实际的车辆行驶状态由单个驱动系单独或多个驱动系共同提供。因各个组成部件、布置方式和控制策略的不同，混合动力汽车有多种形式。混合动力汽车按照动力混合程度，又分为插电式混合动力汽车、全混合动力汽车、中度混合动力汽车、轻度混合动力汽车和微混动力汽车。根据我国颁布的最新的《关于调整新能源汽车推广应用财政补贴政策的通知》，只有插电式混合动力汽车属于政策支持鼓励的范畴。

5. 其他新能源汽车

其他新能源汽车包括使用甲醇等燃料以及使用超级电容器、飞轮等高效储能器的汽车等。

（三）新能源 SUV 定义

新能源 SUV 指的是新能源汽车中的 SUV 车型，即采用有别于传统的车用燃料作为动力来源（或使用常规的车用燃料、采用新型车载动力装置），综合车辆的动力控制和驱动方面的先进技术，形成的技术原理先进，具有新技术、新结构的 SUV。

新能源 SUV 同样根据动力来源的不同可以分为燃料电池电动 SUV、纯电动 SUV、氢能源动力 SUV、混合动力 SUV（油气混合、油电混合）、太阳能 SUV 和其他新能源（如高效储能器）SUV 等，但是受制于技术原因，以及政策的引导，目前市面上占绝大部分市场份额的新能源 SUV 车型为《国务院办公厅关于加快新能源汽车推广应用的指导意见》中明确可以获得补助的纯电动 SUV 和插电式混合动力 SUV。因此，下文所提的新能源 SUV 均指该两种车型。

（四）新能源汽车的市场表现及销量

2016 年全球共销售新能源汽车约 77.4 万辆，其中中国销量占总销量的 66%，达到 50.7 万辆，如图 3-58 所示。

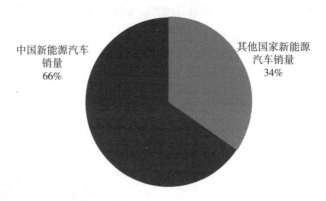

图 3-58　2016 年全球新能源汽车销量

资料来源：ev-sales. blogspot. com。

据中国汽车工业协会数据统计，2016 年新能源汽车生产 51.7 万辆，销售 50.7 万辆，比上年同期分别增长 51.7% 和 53%。其中，纯电动汽车产销分别完成 41.7 万辆和 40.9 万辆，比上年同期分别增长 63.9% 和 65.1%；插电式混合动力汽车产销分别完成 9.9 万辆和 9.8 万辆，比上年同期分别增长 15.7% 和 17.1%，如图 3-59 所示。

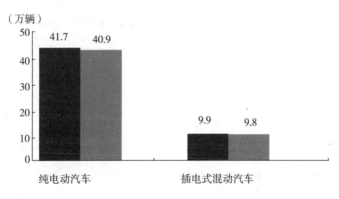

图 3-59　2016 年中国新能源汽车产销量

资料来源：中国汽车工业协会。

图 3-60 表示的是 2012~2016 年中国新能源汽车的销量，受到补贴政策、购车政策和新能源汽车技术进步等的影响，从 2014 年开始，新能源汽车的销量有了飞速的发展，同时这也从一个侧面说明新能源汽车正逐步被消费者接受。

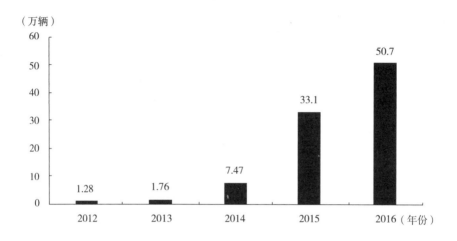

图 3-60　2012~2016 年中国新能源汽车销量

资料来源：中国汽车工业协会。

以下为 2016 年车型的市场表现，按照动力来源，将新能源 SUV 分为纯电动驱动的以及插电式混合动力的，2016 年纯电动的 SUV 车型主要有 Model X、野马 T70EV、江淮 iEV6S、北汽 EX260 以及华泰 XEV260，表 3-20 统计了 2016 年纯电动 SUV 的车型、价格区间以及销量。

插电式混合动力 SUV 也在 2016 年有了长足的发展，很多企业都推出了新车型或者老款车的混动版本，2016 年市场上插电式混合动力 SUV 有路虎揽胜混动版本、雷克萨斯 RX、宝马 X5 新能源、保时捷卡宴新能源、英菲尼迪 QX60 新能源、沃尔沃 XC90 新能源、雷克萨斯 NX、比亚迪唐、尼桑楼兰新能源、比亚迪元—新能源，这些车型中除比亚迪唐外，其余都是已有旧车型的混动版本，因此在统计销量时不易统计，故此处不统计插电式混合动力 SUV 的销量，表 3-21 是 2016 年混合动力 SUV 的车型、上市时间以及价格区间。

表 3-20 2016 年纯电动 SUV 品牌、车型及价格区间及销量统计

车企	车型	自主/合资品牌	价格区间（万元）	销量（辆）
华泰汽车	华泰 XEV260	自主	24.58~27.28	675
北京汽车	EX260	自主	10.69~21.69	9815
江淮汽车	iEV6S	自主	10.98	2654
川汽集团	野马 T70EV	自主	6.66~23.98	524
特斯拉	Model X	进口	87.39~150.27	7458

资料来源：汽车销量网。

表 3-21 2016 年混合动力 SUV 品牌、车型及价格区间统计

车型类型	车型	上市时间（年）	价格区间（万元）
中大型	路虎揽胜	2016	186.8
中大型	雷克萨斯 RX	2016	73.90~86.90
中大型	宝马 X5 新能源	2016	92.8
中大型	保时捷卡宴新能源	2015	103.8~108.8
中大型	英菲尼迪 QX60 新能源	2016	51.8~61.8
中大型	沃尔沃 XC90 新能源	2016	105.8~135.8
中型	雷克萨斯 NX	2015	45.9~59.9
中型	比亚迪唐	2015	25.13~51.88
中型	尼桑楼兰新能源	2015	26.68~37.98
小型	比亚迪元—新能源	2016	20.98~24.98

资料来源：汽车之家。

从这两个表中能够看出我国车企十分重视新能源 SUV 的发展，车型数量逐年增多，其售价主要集中在 20 万元左右，而进口新能源汽车售价则是自主品牌的 4~6 倍；从销量上来看，价格上的优势使得国产

自主新能源 SUV 占据了绝对优势，其中比亚迪唐的销量更是达到了 3 万台以上，而进口及合资新能源 SUV 在国内还未发力。

（五）性能及技术特点实例分析

新能源 SUV 既有新能源汽车环保低碳、节油经济的特性，同时享受政府补贴这一价格优势，又有比新能源轿车更出色的驾乘空间和良好的通过性，更加迎合消费者的口味。由于车身结构对行驶里程有着直接影响，新能源 SUV 尺寸主要集中在小型 SUV 到中型 SUV，有少量中大型 SUV，大型新能源 SUV 甚少。

中大型的新能源 SUV 主要集中在豪华品牌中，现已上市的有雷克萨斯 RX、特斯拉 Model X、宝马 X5 新能源、卡宴新能源、沃尔沃 XC90 新能源等。中型新能源 SUV 有比亚迪唐、楼兰新能源、雷克萨斯 NX 等。小型新能源 SUV 主要有比亚迪元、江淮 iEV6S、北汽 EX260 等车型。紧凑型新能源 SUV 主要有野马 T70EV、华泰 XEV260。

新能源 SUV 依据动力系统的不同主要分为纯电动 SUV 和插电式 SUV。按照制造厂商可以分为自主品牌新能源 SUV、合资品牌新能源 SUV 以及进口品牌新能源 SUV。

综上所述，新能源 SUV 按照车身尺寸可以分为中大型、中型、小型以及紧凑型新能源 SUV；按照动力系统不同可以分为纯电动 SUV 和插电式 SUV；还可以分为自主品牌新能源 SUV、合资品牌新能源 SUV 和进口品牌新能源 SUV。为方便读者理解，下文将在每一类中挑选出一到两款具有代表性的车型进行分析，以此来具体说明新能源 SUV 在性能及技术方面的特点。

1. 中大型新能源 SUV 分析

已经上市的中大型新能源 SUV 中，大多数是豪华品牌，选取其中的 Model X 作为代表，从动力、底盘、外观、变速器、高科技配置等方面进行介绍。

（1）Model X 简介

纯电动 SUV 中本书选取的是较有代表性的特斯拉 Model X。特斯拉 Model X 是美国 Tesla Motors 公司在 2012 年推出的全尺寸纯电动 SUV，原计划于 2014 年量产，但是受到产能限制以及鸥翼门等影响，Model X 的量产一直到 2016 年才实现。但是其优良的做工、极佳的动力性和富有科技感的外观还是让众多消费者追捧。

（2）动力

电机方面，Model X 采用了双电机全轮驱动技术，前电机功率约为 193 千瓦，后电机功率约为 380 千瓦，前后电机扭矩总值达到 967 牛·米，最高时速 249km/h。入门版车型 MODEL X 70D 使用了一款容量为 70kWh 的电池组，最大续航里程为 354 千米。P90D 车型使用容量为 90kWh 的电池组，0~96km/h 加速时间为 3.2 秒，最大续航里程为 402 千米；90D 车型的 0~96km/h 加速时间为 4.8 秒，最大续航里程为 414 千米。

电池方面，Model X 采用的是 18650 电池，电池组由近 7000 节电池组成，布置于车辆底部，总电压为 400V 左右。

（3）外观

Model X 的外观充满科技感，尤其是后座的鹰翼门，采用双铰链的鹰翼门有别于传统鸥翼门，厂家在每个鹰翼门上安装了 6 个探头来监测周围，当遇到障碍物的时候会自动改变开启的角度来躲避，特斯拉官网资料表明，两边最小仅需 30cm 距离即可完成开启和关闭，完全不会碰到任何障碍，好像长了眼睛一样。另外，Model X 还采用了全景式风挡玻璃，能改善驾驶员视野的同时也使得 Model X 更具科技感。

（4）底盘

底盘部分，Model X 前悬架采用的是双横臂双叉臂式独立悬架，后悬架采用的是多连杆独立悬架，另外 Model X 还配备了空气主动悬架系统，车身高度五挡可调，可以从标准状态调至最高离地间隙超过 200

毫米。转向系统 Model X 采用的是博世汽车转向有限公司的电动助力转向系统，刹车系统 Model X 前后均采用盘式制动器，同时 Model X 配备了自动紧急刹车和防侧撞系统来保障乘客和驾驶员的安全。

（5）变速器

与传统汽车不同，由于电机的特性使得电动汽车没有必要配备多挡位的变速器，于是 Model X 配备的是单级的减速器，这样做不仅减少了传动系统的成本，还降低了传动系统的维修率，使得传动系统稳定可靠。

（6）高科技配置

Model X 配备了目前主流的汽车电子辅助设备，从刹车防抱死、电子制动力分配、刹车辅助、牵引力控制到泊车雷达、倒车影像、定速巡航、主动紧急刹车、盲区监测等 Model X 都有配备，这些系统的配备使得 Model X 的科技感更高，同时为驾驶员的驾驶提供了方便，使得驾驶更加轻松舒适。

2. 中型新能源 SUV 分析

选取比亚迪唐作为中型新能源 SUV 的代表，对其进行分析。

（1）比亚迪唐简介

比亚迪唐为比亚迪的首款双模混动 SUV，在比亚迪秦混动轿车之后推出。作为比亚迪"542"的战略车型，比亚迪运用了许多新技术，比亚迪唐的百公里加速时间成功进入 5 秒，可以说是我国"电四驱"的一个领跑者。比亚迪唐的设计是基于燃油 SUV 比亚迪 S6/S7 的，底盘调校整体偏向舒适，最大的特点便是百公里加速 4.9 秒，电四驱以及 2L/100km 的油耗。

（2）动力

比亚迪唐的动力方面非常先进，采用了"三擎、四驱、双模"的技术方案，这是一套能够将一台汽油发动机与两台电动机实现混合的全新动力搭配模式，比亚迪唐配备了一台功率达到 151 千瓦的 2.0TI 汽油发动机，以及两台单功率达到 110 千瓦的电动机，三个动力源合并构成了比亚迪唐目前的动力来源。汽油发动机的最大扭矩为 320N·m/1750~4500rpm，电动机的最大扭矩为 250 牛·米。计算之后，比亚迪唐的整车总功率为 371kW，总扭矩之和高达 820 牛·米。另外，比亚迪唐也可在混合动力及纯电动模式下行驶，两种模式既可人工切换也可由系统根据车辆状况自行切换，官方表示纯电驱动下唐的最高续航里程达到了 80km。至于唐的四驱系统，其实是通过安置在后轴的电机实现四轮同时驱动的，而不像传统汽车需布置分动箱和传动轴。这样的结构设计能够减低车身的重量，并且提高传动效率，电子限滑系统可以提供多种四驱模式，大大提高了车辆的通过性。

（3）外观

比亚迪唐的外观的设计，沿袭了不少比亚迪之前的 SUV S6/S7 的设计，延续了之前几款比亚迪 SUV 车型的大尺寸格栅设计，搭配了中国消费者喜欢的镀铬包边，领前脸的整个轮廓更为突出。锐利的前大灯配合车身的轮廓十分醒目，让前脸的造型有了更为强烈的冲击力。比亚迪唐的侧面与比亚迪 S6 非常接近，有着圆润的设计元素，但是也有很多细节上的修改，比如增加迎宾踏板、车身侧面的装饰以及更加动感的轮圈。

（4）底盘

底盘部分，比亚迪唐前悬架采用麦弗逊独立悬架，后悬架采用多连杆独立悬架，减震结构由比亚迪自行生产，调校偏向舒适。唐还采用全框式副车架支撑起混动系统，并且结构刚性较高，对于碰撞安全性会有一定的提升。后悬架采用多连杆独立悬架主要为满足舒适性的需求，结构简单稳定，并且采用了铝合金的纵臂和下前控制臂，可以降低簧下质量，提高操控性能。总的来说，比亚迪唐的底盘根据混动系统做了颇多优化，如发动机和动力电池组的布置、适配四驱系统的后桥、采用轻质铝材的摆臂等，整体还是偏向舒适性。

（5）变速器

唐的变速器是基于比亚迪自主研发的 6 速双离合，并且与前桥电机集成在一起，采用 P3 混动构型。在纯电动模式下，电动机的动力是不经变速箱输出的，而是直接导向前轮，有助于降低机械损失；而在混动模式下，发动机动力经变速箱，与前桥电机汇总后再输出到前轴上。可以看到电动机的输出完全脱离变速箱，这能够最大限度地提升电动机的工作效率，也能够最大化释放电动机的扭矩，以提升车辆的提速能力。

（6）高科技配置

比亚迪唐全系车型标配 ABS 防抱死、制动力分配、刹车辅助、牵引力控制、车身稳定控制、上坡辅助、陡坡缓降、自动驻车、前后泊车雷达、倒车视频影像、全景摄像头、定速巡航、无钥匙进入系统、无钥匙启动系统、车载电视、氙气大灯、日间行车灯、大灯高度可调、自动头灯、大灯清洗装置、后排隐私玻璃、电动后视镜、后视镜加热、后视镜电动折叠、车内后视镜自动防炫目、自动空调、后排出风口、温度分区控制。这样详尽的配置使得比亚迪唐在相同价位的车型中性价比突出。

3. 紧凑型新能源 SUV 分析

（1）动力

动力系统方面，野马 T70 EV 配备了一台永磁同步电机，其最大输出功率 122 马力（90kW），峰值扭矩 300 牛·米。驱动电动机的电池组电量为 39kWh，其综合最大续航里程为 150km，等速巡航最大续航里程为 210km。

（2）外观

外观方面，野马 T70 EV 电动车与汽油版野马 T70 基本保持一致，前脸进气格栅四周、前后保险杠下沿、车侧防擦条、牌照框上方等处加入了蓝色饰条，以显示其新能源车型的身份。中控台中央配备有超大尺寸多媒体信息屏，传统换挡机构已由旋钮式换挡机构所取代。

（3）底盘

底盘方面，野马 T70EV 采用的是前麦弗逊独立悬架，后多连杆独立悬架，但是由于电池组布置于车底，因此车身离地高度较汽油版的 T70 减少了 47 毫米，这也牺牲了作为 SUV 的通过性。其他方面，野马底盘表现中规中矩，但是整体做工较为一般，考虑到野马的售价，也能看到野马的权衡。

（4）变速器

变速器依然是纯电动汽车较为常见的单挡固定齿比变速器。

（5）高科技配置

配置方面，8 向电动座椅、6 安全气囊、倒车影像等都有所具备，传统换挡机构由旋钮式换挡机构所取代。此外，还配备有液压助力转向、手动防炫目内后视镜、电动调节外后视镜、自动头灯、后排出风口等装备。如此售价的纯电动 SUV 拥有这样的配置也算是较为丰富。

4. 小型新能源 SUV 分析

小型新能源 SUV 中，北汽 EX260 最具代表性，北汽 EX260 作为北汽 EX200 的进化版，外观没发生太大改变的同时将续航里程提高了 60km 左右，而 60km/h 等速巡航，可行驶里程理论上更是达到 318km。

（1）动力

动力部分，北汽 EX260 搭载了一款最大输出 53kW 的永磁同步电机，该电机的最大输出扭矩更是达到了 180 牛·米。同时，为了提高续航里程，北汽 EX260 将电池容量增加，当然不仅仅是增加电池组尺寸，北汽还升级了电池系统，提升了电池内部聚合物的密度，提高了电池的能量密度，38.6kWh 的电池容量使得 EX260 虽然增重近 50kg，但是续航里程也增加近 50km。电池组的位置位于整车的底部，因此整车的重心较低，提高了整车的行驶稳定性。同时，北汽 EX260 还配备了动能回收系统，在时速高于 40km/h 的时候，随着刹车力度的增加，动能系统才会启动。而且北汽的 EX260 还专门设置了快充口，半小时可以充到 80%。

（2）外观

外观部分，北汽 EX260 是 EX200 的继任，因此外观与北汽 EX200 相近，整车流线型设计十分讨好消费者，前脸蓝色的中央格栅饰条十分有特点，这也是区分 EX260 与汽油版车型的一大直观特点。小尾翼的设计以及颇具运动感的整车流线使得 EX260 更具活力。

（3）底盘

底盘部分，EX260 采用前麦弗逊独立悬架，后扭力梁式非独立悬架。后扭力梁的非独立式悬架的缺点是舒适性不佳，而且两侧轮子不能独立地跳动，会有拖曳感产生。而扭力梁悬架的优点就是空间尺寸小，能够节省更多的车内空间，方便电池组的布置。EX260 的悬架调校偏舒适，在急加速和紧急制动的情况发生时，整个车身的俯仰变化较小。

（4）变速器

北汽 EX260 采用的是电动汽车较为成熟的解决方案，也就是单级的变速器，即固定齿比的变速器，这种变速器虽然对于电动汽车来说可以满足要求，但是还是无法使得电机始终工作在高效区间，无法通过变速来调节电机的转速范围。

（5）高科技配置

由于成本限制，北汽 EX260 并没有配备很多高科技配置，可变悬挂、中央差速锁、后桥限滑差速器等配置的缺失使得 EX260 定位为一款城市 SUV，自适应巡航、定速巡航等功能的缺失使得 EX260 没有减轻高速时驾驶员的驾驶压力。不过车联网和中控台液晶大屏的加入使得 EX260 并未完全失去科技感，而制动能量回收、电池管理系统等关键配置 EX260 并没有缺少。总的来说，EX260 的科技配置虽然不多，但是实用。

5. 总结分析

新能源 SUV 在 2016 年得到了快速发展，目前中型以下的新能源 SUV 基本被自主品牌占领，中型以及中大型的新能源 SUV 则更多的是进口或者合资的插电式混合动力的新能源 SUV。而纯电动 SUV 由于成本及空间布置的原因，配置较低，而且续航也较短；插电式混合动力 SUV 则续航里程较长，相较于纯电动汽车，其电池容量较低，因此成本要比纯电动的电池组低，而且一般重量也要轻于纯电动汽车。

（六）新能源 SUV 与传统内燃机 SUV 对比

为了对比新能源 SUV 与传统 SUV，更清楚地找到新能源 SUV 的特点，接下来将对传统 SUV 与新能源 SUV 作一个对比。

1. 插电式混合动力 SUV 对比传统 SUV

为了让读者更具体地结合车型了解参数配置及性能技术情况，本书以 2016 年度插电式新能源 SUV 中最具有代表性的比亚迪唐和同价位传统中型 SUV 中十分畅销的昂科威为例，对相关技术进行简要分析。

表 3-22 对比亚迪唐和昂科威两个典型车型主要参数和配置进行了简单对比。

表 3-22 比亚迪唐与别克昂科威参数对比

<table>
<tr><td colspan="2">车型信息</td><td>2015 款 2.0T
自动四驱 豪华型</td><td>昂科威 2016 款 2.0T
四驱 豪华型</td></tr>
<tr><td colspan="2">厂商报价</td><td>25.13 万元</td><td>25.99 万元</td></tr>
<tr><td rowspan="13">发动机</td><td>基本参数</td><td>2.0T 205 马力 L4</td><td>1.5T 169 马力 L4</td></tr>
<tr><td>最高车速（km/h）</td><td>180</td><td>185</td></tr>
<tr><td>5 官方 0-100km/h 加速（s）</td><td>4.9</td><td>10.9</td></tr>
<tr><td>工信部综合油耗（L/100km）</td><td>2.4</td><td>7.4</td></tr>
<tr><td>配气机构</td><td>DOHC</td><td>DOHC</td></tr>
<tr><td>最大马力（Ps）</td><td>205</td><td>169</td></tr>
<tr><td>最大功率（kW）</td><td>151</td><td>124</td></tr>
<tr><td>最大功率转速（rpm）</td><td>5500</td><td>5600</td></tr>
<tr><td>最大扭矩（N·m）</td><td>320</td><td>250</td></tr>
<tr><td>最大扭矩转速（rpm）</td><td>1750~4500</td><td>1700~4400</td></tr>
<tr><td>电机最大功率（kW）</td><td>110</td><td></td></tr>
<tr><td>电机最大扭矩（N·m）</td><td>250</td><td></td></tr>
<tr><td>供油方式</td><td>直喷</td><td>直喷</td></tr>
<tr><td rowspan="2">空间尺寸</td><td>长×宽×高（mm）</td><td>4815×1855×1720</td><td>4667×1839×1694</td></tr>
<tr><td>行李箱容积（L）</td><td>1084</td><td>422</td></tr>
<tr><td>传动系统</td><td>变速器</td><td>6 挡双离合</td><td>7 挡双离合</td></tr>
<tr><td rowspan="5">底盘转向</td><td>驱动方式</td><td>全时四驱</td><td>适时四驱</td></tr>
<tr><td>四驱形式</td><td>全时四驱</td><td>—</td></tr>
<tr><td>前悬架类型</td><td>麦弗逊式独立悬架</td><td>麦弗逊式独立悬架</td></tr>
<tr><td>后悬架类型</td><td>多连杆独立悬架</td><td>多连杆独立悬架</td></tr>
<tr><td>助力类型</td><td>电动助力</td><td>电动助力</td></tr>
<tr><td rowspan="3">车轮制动</td><td>前制动器类型</td><td>通风盘式</td><td>通风盘式</td></tr>
<tr><td>后制动器类型</td><td>盘式</td><td>盘式</td></tr>
<tr><td>驻车制动类型</td><td>电子驻车</td><td>电子驻车</td></tr>
</table>

车型信息		2015 款 2.0T 自动四驱　豪华型	昂科威 2016 款 2.0T 四驱　豪华型
安 全 装 备	主/副驾驶座安全气囊	主√/副√	主√/副√
	前/后排侧气囊	前√/后—	前√/后—
	前/后排头部气囊（气帘）	前√/后√	前√/后√
	胎压监测装置	√	√
	无钥匙启动系统	√	√
	无钥匙进入系统	√	√
操 纵 配 置	ABS 防抱死	√	√
	制动力分配（EBD/CBC 等）	√	√
	刹车辅助（EBA/BAS/BA 等）	√	√
	牵引力控制（ASR/TCS/TRC 等）	√	√
	车身稳定控制（ESC/ESP/DSC 等）	√	√
	上坡辅助	√	√
	自动驻车	—	√
	陡坡缓降	√	—
	可变悬架		—
	后桥限滑差速器/差速锁		
高 科 技 配 置	自动泊车入位	√	—
	发动机启停技术	√	
	并线辅助	√	○
	车道偏离预警系统	√	—
	主动刹车/主动安全系统	√	—
	自适应巡航	√	—
	全景摄像头	—	√

　　从车型空间尺寸来看，比亚迪唐稍大于同价位的昂科威，但比亚迪唐的行李箱容积为 1084L，远大于正常情况下昂科威的 422L，在实用性方面比亚迪唐略胜一筹。

动力总成部分，比亚迪唐由一台 2.0T 涡轮增压发动机与前后两台电机组成，混动模式下，三台"引擎"同时发力，最大功率 151kW，最大扭矩 320 牛·米；而别克昂科威的 1.5T 涡轮增压发动机的最大功率为 124kW，最大扭矩为 250 牛·米。从动力方面来说，搭载电动机的新能源 SUV 远远优于传统 SUV，强劲的动力使得比亚迪唐的百公里加速时间要远远优于别克昂科威。

从传动方面来看，比亚迪唐搭载了 6 挡双离合器，采用全时四驱的驱动方式；别克昂科威搭载了 7 挡双离合器，采用适时四驱的驱动方式。从车主反馈的换挡的平顺性评价来看，二者的传动表现不分伯仲。但由于比亚迪唐配备了包括 ATS 全地形模式（普通、沙地、泥地、雪地）、驾驶模式（ECO、SPORT）以及动力切换（EV、HEV）在内的不同调校，因此，对于复杂的路况比亚迪唐可以提供更加充沛的动力和更加舒适的驾驶体验。

从底盘上来看，两者都采用了前麦弗逊式独立悬架加后连杆式独立悬架，但由于比亚迪唐后轴上的电动机可单独驱动后轮，所以去掉了普通四驱系统中的传动轴和分动箱，并且下控制臂采用铝合金材质，质量轻、惯量小，响应速度更快。比亚迪唐的全时电四驱的响应时间仅为 20 毫秒，响应所需时间仅为机械四驱的 1/10。

经济性方面，由于比亚迪唐的插电式混动 SUV 基因，加上其优秀的动力、传动及底盘等方面表现，其 2.4L 的百公里油耗远远优于身为传统中型 SUV 的昂科威的 7.4L。

安全性能方面，合资品牌往往更受到国内消费者的认可，这与合资品牌丰厚的技术积淀和品牌效应密不可分。然而，近年来自主品牌在提升自身竞争力的时候，也正在大力发展相关技术，可以看到两款典型车型在安全配置方面几乎相同。不过安全性能的提升还需要依靠车企不断地实验调试以及生产制造技术的发展才能够实现。

至于高科技配置，自主品牌也有了长足进步。在几乎同等价位下，比亚迪唐与别克昂科威同时配备了自动泊车入位、自动启停、并线辅助、主动制动、车道偏离监控、自适应巡航等配置,使车辆整体档次提升不少。

综上所述,插电式新能源 SUV 相较于同等价位、同等分级的 SUV,从动力到经济性都有不小的优势。

2. 纯电式新能源 SUV 与传统 SUV 对比

纯电动 SUV 中本章选取的是较有代表性的特斯拉 Model X,对比车型是奥迪 Q7。

关于 Model X 前面已经介绍,在此不再赘述。

表 3-23 是对比 Model X 和价位及定位相近的奥迪 Q7,从表中能够发现,纯电动 SUV 与传统 SUV 相比,主要区别在于动力系统以及动力传递系统,底盘系统以及电子系统基本相同,而由于纯电动 SUV 的电机以及电池组成本较高,因此相同售价的纯电动 SUV 与传统 SUV 在电子辅助配置上可能有所差别。

得益于功率较大的电机,Model X 的加速性能较奥迪 Q7 要好,而且双电机全轮驱动较奥迪的全时四驱也较有优势,但是纯电动汽车的续航性能是限制其发展的一个因素,Model X 的近四百公里的续航虽说要好于普通的纯电动汽车,但是充电的缓慢以及充电设施的不完备使得在 Model X 续航方面还是弱于奥迪 Q7。

受成本的限制,Model X 的电子配置要比奥迪 Q7 少,主要原因是目前电动汽车的电机以及电池系统的成本居高不下,使得相同价位的 SUV,纯电动 SUV 的配置较为简陋。

表 3-23　Model X 与奥迪 Q7 参数对比

车型信息	奥迪 Q7	特斯拉 Model X
商家报价	86.81 万~101.09 万元	98.47 万元
排量（L）	3	0
变速箱	8 挡手自一体	电动车单速变速箱
综合工况油耗（L/100km）	9.2	
官方 0~100 公里加速时间（s）	6.2	5
最高车速（km/h）	250	250
乘员人数（区间）（个）	5	7
车长（mm）	5086	5036
车宽（mm）	1968	2070
车高（mm）	1716	
轴距（mm）	3001	2965
前轮距（mm）	1668	1661
后轮距（mm）	1693	1699
整备质量（kg）	2220	2391
最小离地间隙（mm）	201	151
行李箱盖开合方式	电动	电动
行李箱打开方式	掀背	掀背
车门数（个）	5	5
发动机位置	前置	
排量（L）	3	0
排量（mL）	2995	
进气形式	机械增压	
气缸排列形式	V 型	
气缸数（个）	6	
每缸气门数（个）	4	
气门结构	双顶置凸轮（DOHC）	
最大马力（Ps）	333	525
最大功率（kW）	245	386
最大功率转速（rpm）	5500~6500	
最大扭矩（N·m）	440	
最大扭矩转速（rpm）	2900~5300	

续表

车型信息	奥迪 Q7	特斯拉 Model X
燃料类型	汽油	电力
新能源类型		纯电式
燃油标号	95 号	
供油方式	直喷	
燃油箱容积（L）	85	
缸盖材料	铝合金	
缸体材料	铝合金	
环保标准	国 5	
电池容量（kWh）		90
电池类型		锂电池
纯电最高续航里程（km）		489
变速箱	8 挡手自一体	电动车单速变速箱
车体结构	承载式	承载式
最小转弯半径（m）	6.2	
转向助力	电子	电子
前制动类型	通风盘	通风盘
后制动类型	通风盘	通风盘
驻车制动类型	电子驻车制动	电子驻车制动
驱动方式	全时四驱	全时四驱
空气悬挂	√	○
可调悬挂	√	√
前悬挂类型	多连杆式独立悬挂	双叉臂式独立悬架
后悬挂类型	多连杆式独立悬挂	多连杆独立悬架
中央差速器锁	√	—
胎压监测装置	√	√
零压续行（零胎压继续行驶）	—	—
中控门锁	√	√
儿童锁	√	√
遥控钥匙	√	√
无钥匙进入系统	√	√
无钥匙启动系统	√	√

续表

车型信息	奥迪 Q7	特斯拉 Model X
发动机电子防盗	√	—
刹车防抱死（ABS）	√	√
电子制动力分配系统（EBD）	√	√
刹车辅助（EBA/BAS/BA/EVA 等）	√	√
牵引力控制（ASR/TCS/TRC/ATC 等）	√	√
动态稳定控制系统（ESP）	√	√
自动驻车	√	—
上坡辅助	√	—
陡坡缓降	√	—
泊车雷达（车前）	√	√
倒车雷达（车后）	√	√
倒车影像	√	√
全景摄像头	√	—
定速巡航	√	√
自适应巡航	√	√
GPS 导航系统	√	√
自动泊车入位	√	○
车道偏离预警系统	√	√
主动刹车/主动安全系统	√	√
整体主动转向系统	○	—
夜视系统	○	—
盲点检测	√	√

（七）发展现状与前景预测

1. 新能源 SUV 发展现状

（1）发展现状

2015 年全球共销售新能源汽车约 55 万辆，其中中国销量占总销量的 62%，达到 34 万辆；2016 年全球共销售新能源汽车约 77.4 万辆，其中中国销量占总销量的 66%，达到 50.7 万辆，如图 3-61 所示。

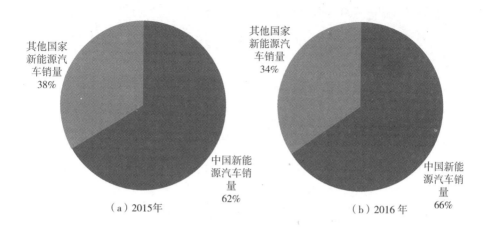

其他国家
新能源汽
车销量
38%

中国新能
源汽车销
量
62%

（a）2015年

其他国家
新能源汽
车销量
34%

中国新能
源汽车销
量
66%

（b）2016年

图3-61 2015年、2016年全球新能源汽车销量

从全球范围来看，新能源汽车的增长势头仍然十分强劲，涨幅达到40%；我国仍然是新能源汽车的最大销售和生产国，销量涨幅达到53%。

据中国汽车工业协会数据统计，2015年中国新能源汽车产量达340471辆，销量331092辆，同比分别增长330%和340%。其中，纯电动车型产销量分别完成254633辆和247482辆，同比增长分别为420%和450%；插电式混合动力车型产销量分别完成85838辆和83610辆，同比分别增长190%和180%，如图3-62所示。

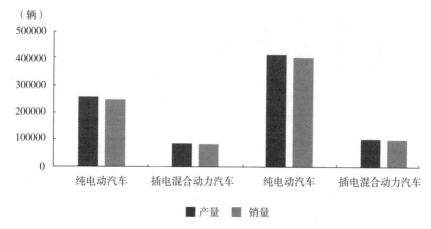

（辆）

图3-62 2015年、2016年中国新能源汽车产销量

2016 年新能源汽车生产 51.7 万辆，销售 50.7 万辆，比上年同期分别增长 51.7% 和 53%。其中纯电动汽车产销分别完成 41.7 万辆和 40.9 万辆，比上年同期分别增长 63.9% 和 65.1%；插电式混合动力汽车产销分别完成 9.9 万辆和 9.8 万辆，比上年同期分别增长 15.7% 和 17.1%。

从全年发布的数据来看，纯电动汽车一直是新能源汽车产销的主力军，销量占全年销量比重超过 80%，插电式混合动力汽车的占比仅为 19%。

图 3-63 为我国 2016 年新能源汽车销量前十地区，从图中可以看出，北京、上海、广州等受新能源政策扶持较为突出的地区，新能源汽车销量高于其他地区。由此可见，目前政府政策，尤其是补贴及上牌政策对新能源汽车的销售有着极为关键的影响。

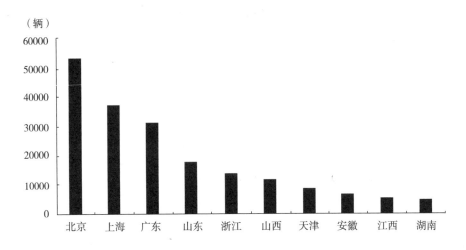

（辆）

图 3-63　2016 年中国新能源汽车销量地区排名 TOP10

相较于 2015 年仅有 5 款新能源 SUV 在售，目前国内新能源 SUV 领域已经有了可喜的进步，目前在售的新能源 SUV 有 20 款数十个型号，其中包括比亚迪宋、特斯拉 MODEL X、川汽野马 T70、北汽 EX、华泰 XEV260、传祺 GS、宝马 X1、保时捷 Cayenne、路虎揽胜混动版、雷克萨斯 RX、东风日产楼兰、唐、沃尔沃 XC90、雷克萨斯 NX、元、奥迪 Q5、英菲尼迪 QX60、荣威 eRX、起亚极睿等。

可以看到，国内外著名厂商都投入到了新款新能源 SUV 的研发中，未来将会有更多的车型可供消费者选择。

对于 2016 年的新能源汽车市场，可以用"跌宕起伏"四个字来形容，2016 年新能源汽车的产销量较 2015 年增速是有所回落，但销量仍然快速增长。

对于 2017 年中国新能源汽车产销量的预测，中国汽车工业协会予以"三缄其口"。这主要是因为新能源汽车市场面临着补贴退坡、车型重申等的影响，这在一定程度上对 2017 年新能源汽车的销量预测产生影响。此外，2017 年车市还有一系列相关政策将出台，也导致了 2017 年预期销量捉摸不定。

乘联会方面给出的预测目标为：2017 年我国新能源汽车总体销量或将达到 75 万辆，其中乘用车销售 50 万辆，客车销量为 10 万辆，专用车销量 15 万辆。

（2）骗补风波

1）骗补事件回顾。

近几年，乘着国家政策的东风，新能源汽车飞速发展。财政部数据显示，自 2009 年起，中央财政对新能源汽车推广应用予以补助，截至 2015 年底中央财政累计安排补助资金 334.35 亿元。高额的新能源补贴成为部分车企眼中的"新蛋糕"，动辄几万元甚至上百万元（纯电动客车）的补贴使得不少车企选择铤而走险。这些企业中以新能源客车企业为主，而且骗补的金额较大，骗补手段还较多。

2016 年年初，中央四部委启动了对新能源汽车财政资金使用管理情况的调查，俗称"新能源骗补"调查，主要调查对象为 90 多家主流新能源制造企业，调查范围为 2013 年、2014 年度获得中央财政补助资金的新能源汽车，以及申请 2015 年度中央财政补助资金的新能源汽车。

随后在年中发布的多份报告中显示，新能源车企中有 73 家企业骗取新能源补贴，总金额多达 90 亿元。其中，首批公布的骗补名单包含苏州吉姆西、苏州金龙、深圳五洲龙、奇瑞万达贵州客车和河南少林客车，上述企业骗取的新能源补贴就超过了 10 亿元。

这些企业骗补的手段分为三种：

一是有牌无车。它是指某些车企有生产新能源汽车的资质，但是只生产出几辆甚至还没有生产就向财政部门提交补贴申请，以此来拿到国家和地方的补贴。

二是有车无电。它是指某些车企生产的新能源汽车没有装载电池，或者一款电池装上去通过检查后，再拆下来装到别的车上，以此来骗取国家和地方的补助。

三是电池标识不符。它是指某些企业虚标电池的参数，谎报电池的容量，或者在车上使用质量较差、价格较低的电池，从而从国家的补贴中牟利。

2）骗补事件影响。

骗补事件的爆发不仅影响了新能源汽车的销量，更加暴露出新能源汽车补贴政策的漏洞与不足。发生骗补事件的缘由是国家和地区的高额补贴。据了解，之前，地方上有两三个层次的补贴，比如上海市一级有补贴，有的区一级还有补贴。其他省份，省政府加市一级的补贴，加起来通常和中央一级是 1∶1 的比例。过去几年间，一辆电动轿车在种种补贴之后最高能拿到 12 万元。高额的补贴以及较低的补贴门槛使得不少企业开始铤而走险，走上了骗补之路。

骗补事件发生后，国家非常重视，不仅立即采取了调查的手段，还修改了补贴的政策。工信部副部长辛国斌表示，国家补贴政策将会逐步退出。其明确指出，除燃料电池汽车外，新能源汽车补贴标准将逐步退坡，2017~2018 年将在 2016 年的基础上下调 20%，2019~2020 年下降 40%，2020 年以后补贴政策退出。

同时骗补事件也对新能源汽车的销量有较大影响，根据乘联会数据显示，2016 年 2 月新能源汽车销售 1 万辆，同比增长 128%，但环比 1 月 1.61 万辆下降 37%。相较于 2015 年 12 月新能源汽车单月产量 9.98 万辆，跌幅巨大。有业内人士分析认为，1 月以来一系列清查骗补所造成的补贴政策 "空窗期" 是销量下滑的主要原因。

3）骗补事件反思。

第一，政策制定需要谨慎。这次骗补事件告诉我们一定要谨慎制定政策，前几年的补贴政策使得部分车企有空可钻，政策应该是指导并且引导企业研发新技术，开发新的新能源汽车。而长期执行消费补贴，企业容易患上政策依赖症，紧盯政策去设定产品，缺乏技术研发和产业升级的动力和压力。行业容易出现低水平盲目扩张，形成新的产业过剩。另外，即便是补贴也应极力保证补贴发放到真抓实干制造品质新能源车的车企手中。浑水摸鱼的骗补企业如不能清除，市场最终会出现劣币驱逐良币的结果。

第二，补贴金额要合理。此处骗补事件起因之一也是补贴金额较高，据了解，在补贴较高的新能源客车领域，有甚者能拿到售价 70% 左右的补贴。例如，售价 75 万元的 "纯电动轻客产品" 金旅大海狮 G6，在享受完各级补贴之后能够降价到 15 万元，补贴金额高达 60 万元。因此，在确定补贴金额时应该设定多重标准，而不是单一地以一个标准来划定补贴金额。

第三，踏实走好新能源之路。本来补贴是国家对于新能源汽车的支持与扶持手段，但是没想到这么多的企业却忘记了新能源汽车的意义，不去踏踏实实研发新能源汽车，而是简单直接改旧的燃油汽车，或者直接通过骗来获取补贴，导致其实补贴没有达到应有的效果，反而适得其反，给市场造成了乱象，浪费了车企产能，降低了消费者期望。但是与此同时，我们也看到了比亚迪唐，北汽新能源的 EU、EX、EV 系列等车型的成功，这说明还是有企业在踏踏实实做车，笔者在此希望在 2020 年补贴退去，进口、合资以及自主品牌能够站在同一起跑线前，甚至自主品牌能够利用国家的扶持，真正实现"弯道超车"。

2. 中国新能源 SUV 前景预测

新能源 SUV 在中国市场经历了 2015 年的起步，2016 年车型、销量的飞速增长，前景十分乐观。随着新能源汽车产业政策支持力度不断加大和日益严格的油耗标准出台，我国新能源 SUV 车型种类将继续增加，新能源 SUV 销量将逐年提升，新能源 SUV 市场将会有比较快速且持续的发展。原因有以下两点：

（1）国家政策支持

从 2009 年至 2015 年 7 月，我国对新能源汽车出台了一系列扶持政策。

1）2009 年，工信部制定了《新能源汽车生产企业及产品准入管理规则》，鼓励企业研究开发和生产新能源汽车。

2）2014 年，我国连续发布《关于免征新能源汽车车辆购置税的公告》《车辆购置税收入补助地方资金管理暂行办法》《关于新能源汽车充电设施建设奖励的通知》，对购买新能源汽车者给予较高补贴。

3）2015 年，我国发布《关于 2016~2020 年新能源汽车推广应用》《关于节约能源，使用新能源车船税优惠政策的通知》。

4）2016 年，我国发布《关于"十三五"新能源汽车充电设施奖励政策及加强新能源汽车推广应用的通知》。通知指出，为加快推动新能源汽车充电基础设施建设，培育良好的新能源汽车应用环境，2016~2020 年中央财政将继续安排资金对充电基础设施建设、运营给予奖补，并制定了奖励标准。

5）2016 年，我国发布《锂离子电池综合标准化技术体系》。根据通知，到 2020 年，我国锂离子电池标准的技术水平达到国际水平，初步形成科学合理、技术先进、协调配套的锂离子电池综合标准化技术体系，为我国发展新能源汽车提供了坚实保障。

以上政策对新能源汽车厂家的大额补贴以及对新能源汽车的特殊照顾使得新能源汽车在价格及车牌方面相较于传统汽车有着显著优势。

（2）SUV市场需求量持续上升

如图3-64所示，我国SUV的总销量自2011年以来整体呈现加速上升趋势，2012年较2011年销量同比增长31.3%，2013年较2012年同比增长48.5%，2014~2015年的增幅有所下降，但依然保持23.4%增长速度。2015年SUV销量出现新高潮，增长率达52.1%。到2016年，我国SUV销量超过900万辆，增长幅度达到44.9%。

据中汽协预测，SUV的快速增长有望得到延续，预计到2018年中国汽车市场SUV车型的占比能达到35%，达到千万辆水平。

而新能源SUV由于其在补贴及车牌政策方面的优势，其市场占有量将有极大可能逐年提高。

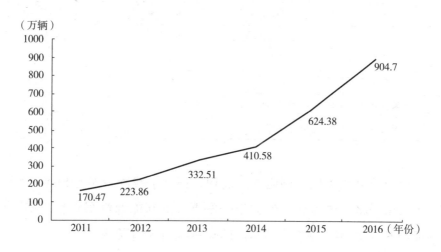

图3-64　2011~2016年我国SUV汽车销量

资料来源：中国汽车工业协会。

如表3-24所示，2017年，将有8款纯电动及插电混动SUV新车型上市。除此之外，2016年市场上大部分新能源SUV也将改版，这二十余款新能源SUV已覆盖到市场关注度极高的小型、紧凑型、中型

SUV 市场，可为消费者提供丰富的新能源 SUV 产品选择。

与此同时，由于受到"排放造假"事件影响，大众集团将调整柴油车战略，将战略重心向新能源市场转移，大众旗下的奥迪将于 2016 年在中国引入两款战略级的插电混合动力车型，其中一款为新能源 SUV 奥迪 Q7 e-tron 2.0 TFSI Quattro。福特汽车也在近日宣布计划在 2020 年前投资 45 亿美元打造新能源汽车，以解决公司在新能源汽车研发制造上的经验不足。

表 3-24　我国自主新能源 SUV 新车型

车型分类	车型	上市时间	售价（万元）
紧凑型	宋-新能源	2017.04	21.59~24.59
紧凑型	荣威 eRX5	2017	26.59~28.59
紧凑型	广汽传祺 GS4 新能源	2017.06	20.98~21.98
紧凑型	宝马 X1 新能源	2017.03	39.88
中大型	讴歌 MDX	2017.04	69.8~84.8
紧凑型	极睿	2017.01	14.98~18.98
紧凑型	之诺 60H	2017	34.9
中大型	奥迪 Q7 新能源	2017.05	77.09

以上信息均表明，国内外厂商均认识到了我国新能源 SUV 市场的潜力，未来将有更多厂商致力于研发更多的新能源汽车车型，特别是新能源 SUV 车型。新能源 SUV 市场将成为中外车企又一个激烈角逐的细分市场。

六、关于 SUV 市场的调查报告

为了对 SUV 各细分市场有更加全面、深入的了解，我们设计了一份调查问卷，通过实地调研和网上自由填写的形式发放了近 4000 份调查问卷，最后共收回有效问卷 2420 份。

为了使调研能够较全面地反映实际情况，采取在不同级别城市中选取若干城市的形式进行实地调研，主要包括：北京、上海、广州、武汉、长沙、太原、哈尔滨、成都、淮安、运城、南充、临汾、益阳、锦州、牡丹江、双鸭山、长治、淮北、濮阳等。此外，还通过某知名问卷调查网站设计问卷并在网上投放，以获取更多相关信息。

（一）基本情况

如图 3-65 所示，在本次的问卷受访对象中，男女比例分别为 53% 和 47%，较合理。

在 2420 名受访者中，25 岁以下共计 465 人，占总数的 19%；25～35 岁共计 730 人，占总数的 30%；36～45 岁共计 719 人，占总数的 30%；46～55 岁共计 442 人，占总数的 18%；55 岁以上共计 64 人，占总数的 3%。

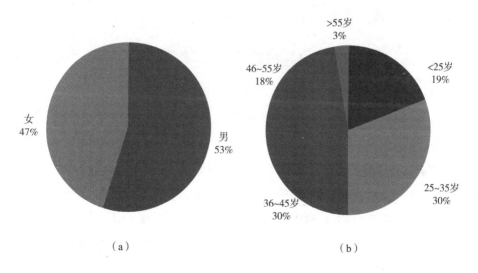

（a）　　　　　　　　　　（b）

图 3-65 受访者基本情况分布

此次参加调查的 2420 人中有车的有 1989 人。其中，轿车车主占比最大，达 35%；SUV 车主共计 639 人，占比 26%；MPV 车主占比 4%；

跑车车主占比 1%；其他类型车主占比 16%；此外无车受访者占比 18%。其比例如图 3-66 所示：

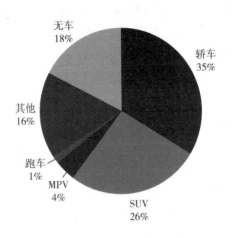

图 3-66　受访者购车情况比例

从以上受访者的基本情况来看，此次问卷调查的受访者的结构合理。这也为问卷调查的合理性奠定了基础。

（二）调查结果分析

1. SUV 成为多数消费者二次购车的首选

从我国汽车市场消费结构以及调研结果得知，目前我国大多数消费者的首选车辆仍是轿车，但对于打算二次购车的消费者而言，SUV 是主要考虑的购买车型。调查结果显示，在已购买 SUV 的消费者中有 67% 的用户表示，若再次购买汽车，首选仍是 SUV（见图 3-67），这也在一定程度上反映了 SUV 消费人群的较高忠诚度，而这种忠诚度也体现了目前 SUV 使用者的满意程度，即多数 SUV 使用者因 SUV 的出色性能而对 SUV 再度认可。

此外，首次购买非 SUV 车型的消费者中有 77% 的受访人群表示在二次购车时有意愿购买 SUV，23% 的人群选择非 SUV，如图 3-68 所示，由此可见 SUV 在新用户购买需求方面仍具有较大优势。

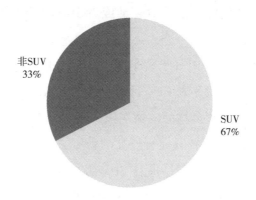

图 3-67 首次购买 SUV 的消费者在二次购车时的期望车型对比

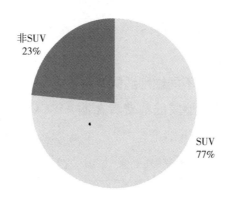

图 3-68 首次购买非 SUV 的消费者在二次购车时的期望车型对比

对以上两类消费者的调查结果具有高度的一致性，都有 60% 以上的人群愿意购买 SUV，这也符合当下 SUV 的良好发展趋势，同时也是 SUV 市场仍有巨大潜力与挖掘空间的表现。

SUV 的吸引力与其本身的一些天然优势有很大关系：

（1）通过性：SUV 相对于轿车而言，有较好的通过性，这恰好符合消费者的需求。高底盘的 SUV 不仅能够适应市内、郊区、乡村等各种类型的路面，还可以应对山野、路肩、坑洼等复杂的路面状况。在多雨的季节，城市积水严重，通过性较好的 SUV 能轻松地通过涉水路面。另外，SUV 普遍配备了适时驱动或者全时驱动系统，使 SUV 的性能提升了一个档次。

（2）空间灵活性：相对于轿车而言，SUV 的另一个较大优势在于其超大的后备厢，这对于现如今越来越多开车出行的消费者来说非常实用。而且在不装备太多物品的情况下，不会非常耗油。

（3）视野：SUV 驾驶者拥有较高的坐姿，因此视野好，容易看位。

此外，近年来各大汽车厂商在 SUV 方面不断加大研发力度，推出了形式多样的新款 SUV 车型，这些车型在很大程度上满足了消费者的需求。尤其是城市型 SUV，其外形时尚，驾乘舒适，具有较强的越野性能，满足了众多年轻、时尚人士的需要，获得了消费者的青睐。

在考虑多方面因素之后，SUV 成为二次购车的首选，这也促进了SUV 市场的快速发展。

2. 不同年龄段、 不同性别消费者购置 SUV 考虑的侧重点不同

图 3-69 为不同年龄段的消费者在购买 SUV 时考虑因素的百分比分布，由此可以得到以下结论。

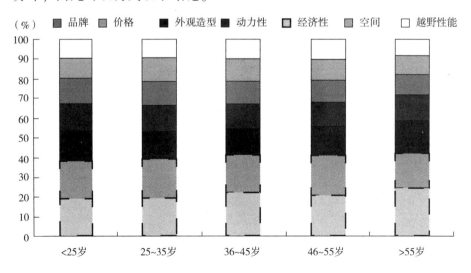

图 3-69 不同年龄段消费者在购置 SUV 时考虑的因素对比

品牌、价格在各年龄段中的占比都很大，均为最主要考虑的两个因素，其中品牌因素始终为第一考虑因素。对品牌关注度最高的是55岁以上的人群，而在其他年龄段的数据都在20%左右，这说明随着年龄段的增长，消费者对价格的关注度总体上不断提高。这对SUV厂商在成本、定价控制方面有一定的指导意义。

其他方面的因素因年龄段不同差异较大：25岁以下的消费者主要侧重于动力性和外观造型；而25~35岁的消费者则不太注重外观造型，更多的是注重空间和经济性；36~45岁的消费者考虑因素的侧重点基本与25~35岁的消费者保持一致；而46~55岁的消费者则不太注重经济性，更多的是侧重于SUV的外观造型，并且该年龄段的消费者对SUV品牌的关注度最高；而对于55岁以上的消费者而言，品牌更加重要。

另外，如图3-70所示，通过对不同性别消费者购买SUV时考虑因素侧重点的分析调查发现，女性在价格、动力性上的关注度超过男性，而男性在品牌、越野性能上的关注度超过女性，其中男女对外观

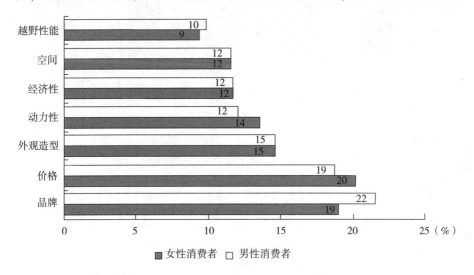

图3-70　不同性别消费者购买SUV考虑因素对比

造型、经济性和空间上的重视程度基本相同。通过调查还发现，女性购买 SUV 的数量也在不断上升，这也是现阶段女性频繁参与社会活动的直接表现之一。

3. 不同价位 SUV 在不同级别城市有着不同的接受度

对于购买 SUV，不同地区的消费者的心理价位是不同的。如图 3-71 所示，四线和五线城市的消费者对于 15 万元以下的 SUV 接受程度较高，均在 50% 左右；三线城市消费者对于 30 万元以下的各价位接受度基本保持均衡；二线以上城市则对于 15 万元以上的 SUV 接受度较高；30 万元以上的 SUV 在一线城市的接受程度明显高于其他城市。这些调查结果均与不同级别城市中人们不同的收入和生活水平有直接关系。

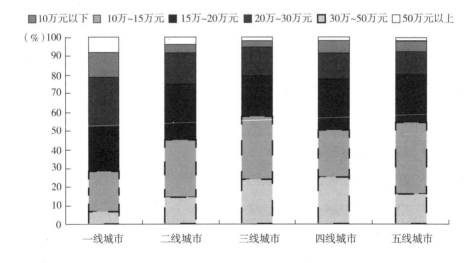

图 3-71 不同价位 SUV 在不同级别城市的分布

通过对 SUV 各品牌销量进行对比发现：自主品牌 SUV 的销量在近年来发展趋势良好，且 15 万元以下 SUV 绝大部分属于自主品牌，可见在四线、五线城市中自主品牌 SUV 具有绝对的优势。而在 15 万~20 万元的 SUV 市场，自主品牌 SUV 的销量占比也日渐超越其他车系，可见该部分市场是我国自主品牌 SUV 应努力争取的，因为该价格区间段的市场在各城市级别中都占有较大的比例。对于 30 万元以上的 SUV 市场，国外品牌则占有明显的优势，而一线、二线城市对于高价位 SUV 的需求较大，这也说明国外品牌 SUV 在一线、二线城市有着较大的优势。可见，对于各类品牌，找准定位并努力发展相关技术是不可或缺的。

4. 自主品牌 SUV 与国外品牌 SUV 相对比，消费者选择偏向明显

如图 3-72 所示，调查结果显示，有 59% 的消费者表示，在有购置 SUV 的需要时，会优先考虑选择国外品牌的 SUV；其余 41% 的消费者则表示会优先考虑选择自主品牌的 SUV。这一调查结果说明，虽然从这几年的 SUV 销售情况来看，自主品牌 SUV 的市场销售成绩比较乐观，但相比于国外品牌 SUV，自主品牌 SUV 需要改进的方面还有很多，比如过分追求抢占低价 SUV 市场而忽略车身整体设计、操作和质量可靠性整体较弱、驾驶体验较差和综合性能表现不均衡等。由此可见，在我国的 SUV 市场中，消费者更偏向于选择国外品牌的 SUV，自主品牌 SUV 面临着国外品牌 SUV 带来的巨大的竞争压力。

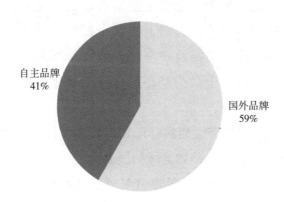

图 3-72　自主品牌 SUV 与国外品牌 SUV 消费者选择偏向对比

5. 国外品牌 SUV 中，德系车优势较大

图 3-73 为消费者对于不同车系的国外品牌 SUV 的认可度分布。调查显示，消费者对德系 SUV 的认可度很高，比例达到 57%；对日系

和美系 SUV 的认可度分别达到 16% 和 13%，相对也较高；而对欧系
（德法之外）SUV 的认可度仅为 3%；其他车系为 7%。

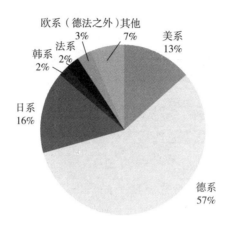

图 3-73　消费者对各车系 SUV 认可度

　　达到高认可度对于最早进入中国市场的德系车而言并不足为奇。
德国人严谨认真的行事风格早已深入人心，这种态度直接融入了他
们的汽车设计观念，塑造了德系车坚实可靠的形象，德系车自然也
就获得了比较高的认可度。再加上德系车近年来加大其核心技术的
宣传，其本身在性能、油耗及安全性方面保持相对均衡，且欧洲的
安全测试采用的是世界上最为严格的标准。种种突出的优势使德系
车备受青睐。

　　日系 SUV 近年来凭借时尚的外形和良好的燃油经济性而备受市场
认可。2016 年是日系 SUV 品牌继续拓展疆域的一年，日系车企除了针
对不同消费者群体推出不同类型的 SUV 外，还抓住消费者越来越理性
的消费心理，更加注重对价格、质量以及油耗的综合考虑，这使得日
系 SUV 的市场份额持续上升，对一直领先的德系车产生了一定的冲击。

　　以作为 SUV 发源地的美国为依托，美系 SUV 在一阵低迷之后又经
过较长一段时间的准备，其竞争实力也日益增强。相对于德系而言，
美系车更加大气，空间设计趋向于实用化，耐用程度高，但油耗普遍

较大，同等级别的车型价位也较高。近年来，随着消费者对全路况 SUV 的需求日益增强，美系 SUV 凭借其强悍的性能占据了较大的市场，在各个 SUV 车系的持续发展中稳定地保持着自己的地位。

6. 消费者对于自主 SUV 的认知度

图 3-74 为被调查者对于自主品牌 SUV 的一些车型的认知度排行。调查显示，长城哈弗稳居该榜榜首，约被 62.15% 的受访者所熟知，广汽传祺排名第二，为 32.31%，紧随其后的是比亚迪和奔腾，分别为 31.69%、25.95%。认知度超过 20% 的品牌或车型还有荣威 23.72%，宝骏 23.51%，长安 22.4%，20% 以下的有瑞虎 17.98%，众泰 10.58%，帝豪 10.00% 等。值得注意的是，2015 年度 SUV 认知度最高的长城哈弗和广汽传祺在本次 2016 年的同一类型调查中也位列前两位，这说明二者在近两年自主 SUV 市场中表现抢眼。

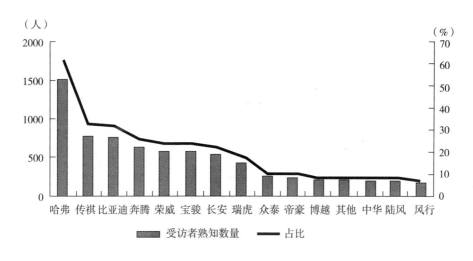

图 3-74 自主 SUV 认知度排行

7. 对于现有 SUV，消费者期望改进的地方仍较多

消费者针对现有的 SUV 存在的问题和需要改进的地方也提出了宝贵的意见和建议。图 3-75 为消费者提出的建议分布情况：有 84% 的消费者提出现有的 SUV 耗油量较大的问题；65% 的消费者认为 SUV 比同

等级的轿车价格贵是他们不愿选择 SUV 的一大原因；57% 的消费者认为相较于 SUV，他们选择轿车就可以基本满足平时的使用需求；认为 SUV 的整体舒适性不如轿车的消费者占 42%。

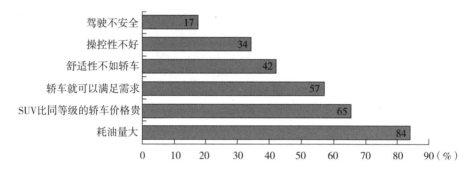

图 3-75　消费者提出建议分布情况

（1）耗油量较大：SUV 车型油耗较大是一个不争的事实，也是一个不容忽视的问题。面对人们环保意识日益增强，以及燃油紧缺的现状，耗油量成为人们最关注的因素。

（2）SUV 比同等级的轿车价格贵：同等级别、同品牌的 SUV 的价格普遍比轿车高，这与 SUV 的性能、制造成本有一定的联系。因此在保证驾驶安全性的前提下，要降低价格，只有更广泛地运用新技术。

（3）相较于 SUV，选择轿车就可以基本满足需求：随着各项基础设施建设的逐渐完善，路网规模上调，综合交通体系不断完善，公路交通与其他交通方式的协调衔接不断加强，许多消费者选择轿车就可以基本满足日常的出行需求，所以发掘 SUV 在城市道路上的使用优势也至关重要。

（4）SUV 的整体舒适性不如轿车：相较于同等级轿车，SUV 在车内噪声、座椅舒适性、悬挂舒适性和舒适性相关配置等方面的表现给一些消费者留下了整体舒适性较低的印象。因此，在 SUV 的设计过程中提高其乘坐舒适性也是一个关键的方面，可以从内饰材料选择和车内结构设计等方面完善消费者在乘坐 SUV 时的舒适性体验。

除此之外，在转弯时操控性和稳定性不理想、一些车型的视野不够开阔，目前车型以城市 SUV 为主，失去了 SUV 的越野性能，一些车型进口到中国后配置降低等问题还有待解决。

8. 新能源 SUV 市场发展态势良好

汽车工业作为国民经济的支柱性产业，不仅与人们的生活息息相关，而且是现代社会不可或缺的重要部分。以石油为燃料的传统汽车工业的发展，在为人类提供便利、舒适的同时，也加剧了国民经济对化石能源的依赖，加深了能源生产的消耗和产品消费之间的矛盾。近年来，随着资源和环境的双重压力的持续增大，以及政府的大力推进，新能源汽车也越来越多地出现在人们的视野中，并且越来越多地被人们关注，新能源汽车的发展指引着未来汽车产业的发展方向。

现如今，随着新能源汽车的传播推广，消费者对于新能源汽车的了解、认知程度也有所提升，但依然有一部分消费者对新能源汽车不太了解，在是否购买新能源汽车作为乘用车的问题上，更多的消费者持观望的态度。

（1）不同级别城市消费者购买新能源 SUV 的意愿分布。调查显示，一线至五线城市有意愿购买新能源 SUV 的消费者占比均高于 50%（见图 3-76），其中二线和三线城市有意愿购买新能源 SUV 的消费者占比较高，这说明这些城市的消费者对新能源 SUV 的需求度较高。总体来说，消费者购买新能源 SUV 的意愿整体较强，这与国家近年来对新能源汽车的大力推广和人们对新能源 SUV 的认识提高直接相关。

（2）有意愿购买新能源 SUV 的消费者的价格接受度分布。调查显示，如图 3-77 所示，有意愿购买新能源 SUV 的消费者对于价格区间为 10 万~15 万元的新能源 SUV 接受度最高，占比为 39%；其次为价格区间为 15 万~20 万元的新能源 SUV，接受度占比为 32%；价格区间为 10 万元以下、20 万~30 万元以及 30 万元以上的新能源 SUV 的接受度占比分别为 13%、12% 和 4%。此部分调查结果说明，消费者在考虑购

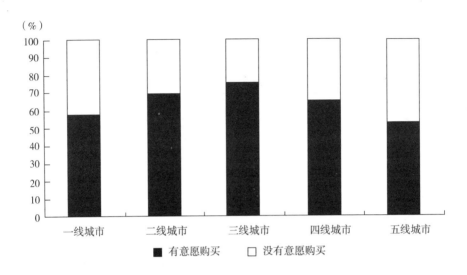

图3-76 不同级别城市消费者购买新能源 SUV 的意愿分布

买新能源 SUV 时，最能接受的价格区间是 10 万 ~ 15 万元，其次是 15 万 ~ 20 万元，这是与消费者相应的收入水平和购车需求相关联的。消费者对于新能源 SUV 价位的认识已经不再局限于低价位水平，而是能够将自己的购买力和一些性能需求进行综合考虑，选择出合适价位的新能源 SUV。所以，车企在扩展自己在新能源 SUV 的相关市场时，应该首先明确自己的价格定位，并努力提高性价比。

（3）对于现有新能源 SUV 的使用，消费者期望改进的地方较多。调查显示，对于现有新能源 SUV 的使用情况，消费者期望改进的地方仍然较多。其中，最受关注的是新能源 SUV 续航里程太短的问题，关注度占比达到 18%；其次是购买新能源 SUV 之后配套设施不完善的问题，关注度占比达到 15%。另外，认为新能源 SUV 质量不可靠以及维修保养费用高的消费者也较多，关注度占比均为 14%。还有一些问题也是消费者比较关注的，如新能源 SUV 充电时间长、动力性能不够、电池寿命衰减、电池安全性，它们的消费者关注度占比分别为 13%、10%、9% 和 7%。

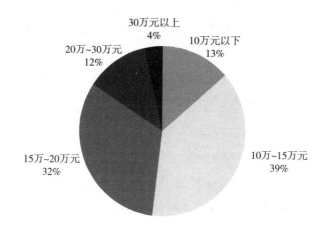

图 3-77 有意愿购买新能源 SUV 的消费者的价格接受度分布

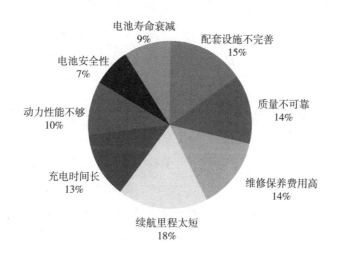

图 3-78 消费者期望改进的新能源 SUV 的问题关注度分布

此部分调查表明，消费者关注的新能源 SUV 的问题主要有以下几个：

第一，续航里程太短。目前，新能源 SUV 的续航里程不足仍是消费者担心的首要问题。严寒和酷热等恶劣天气条件均会严重影响新能源 SUV 的续航里程。如果新能源 SUV 能够凭借空间优势，放置更大的电池组，并在充电和行车过程中根据具体情况为电池使用加热或冷却系统，那么续航能力无疑会大大增加。

第二，配套设施不完善。虽然近年来我国新能源汽车的累积推广量已超百万辆，但"有车无桩"、"有桩没电"、"有电不同"等问题依然突出，成为推进新能源汽车发展的"绊脚石"。目前，受车位、物业、配电网改造等多种因素的制约，有条件配备个人充电桩的消费者仍为少数。所以加快配套设施建设是发掘新能源 SUV 市场潜力的一个关键因素。

第三，质量不可靠以及维修保养费用高。近年来，一些新能源 SUV 购买者反馈的使用问题、新能源 SUV 售后服务体系的不健全以及对新能源 SUV 安全碰撞规范的不了解等因素导致许多消费者担心新能源 SUV 的质量是否真正过关。另外，目前针对新能源 SUV 的维修技术与保养流程仍不够完善，这就导致了其维修保养费用高，也难免使消费者在选择购买新能源 SUV 之前产生疑虑。

此外，新能源 SUV 充电时间长、动力性能不够、电池寿命衰减、电池安全性较差等也是消费者重点关注的几个问题。新能源 SUV 生产商只有依靠技术革新，积极改善目前存在的主要问题，才能为消费者的购买行为提供更多保障，从而优化新能源 SUV 的市场表现。

（4）大部分新能源 SUV 消费者更加希望享受购车补贴优惠。调查显示，在正考虑购买或已经购买新能源 SUV 的消费者中，有将近半数的消费者最希望在购买新能源 SUV 时享受购车补贴优惠，可见购车补贴在多数消费者的购车过程中占据十分重要的地位；有24%的消费者更加希望在购买新能源 SUV 时享受免购置税的优惠，这说明购置税的收取也是影响消费者对新能源 SUV 的购买意愿的一大因素。另外，希望在购买新能源 SUV 时享受免费停车、上牌免摇号和免限号的消费者占比分别为 12%、10% 和 5%（见图 3-79）。由此得出，对于新能源

SUV 的市场发展来说，相关各项优惠举措的有效实施占据着举足轻重的地位。

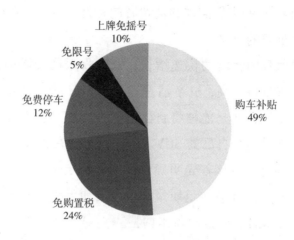

图 3-79　消费者购买新能源 SUV 考虑不同因素比例

（三）总结

本次调查在不同地区、不同消费人群中展开，对消费者二次购车倾向、购置 SUV 时考虑的侧重点、不同价位 SUV 在不同级别城市的接受度、消费者对于自主品牌 SUV 与国外品牌 SUV 的选择偏向、对各车系 SUV 认可度、对国产 SUV 各品牌或车型的认知度、消费者对现有 SUV 期望改进的地方和新能源 SUV 市场发展情况等方面进行了分析。旨在为各车企、厂商在 2017 年及以后的市场研究和消费者购置 SUV 等方面提供相关参考。

从我国目前汽车市场消费结构来看，轿车仍是我国乘用车消费的主要车型，然而消费者对 SUV 偏好日益增强，随着国内汽车产业的快速发展，首次购车高峰未尽，二次换购的高潮也将来临，厂商应抓住此次重大机遇，准确定位消费市场，在 SUV 的车型、性能、售后等方面作出努力，从而更好地迎合市场的需求。相比轿车，SUV 凭借其空间大、性能高、功能多、动力性好等特点备受关注，更凭借其时尚的外观设计成为一种彰显个性、追求自由的载体。近年来，SUV 销量稳步增长，背后的原因值得我们思考。通过对 SUV 市场进行深入了解，可以更加明确 SUV 的市场需求和消费者的喜好，这对于我国未来 SUV 的发展具有很重要的意义。

首先，随着我国经济的快速增长，家庭收入稳步增加，人们对于生活质量的追求日益增高，SUV 消费者对于 SUV 价位的认识已经不再局限于低价位水平，而是能够将自己的购买力和一些性能需求进行综合考虑，选择出最适合自己的 SUV。所以，车企在扩展自己在 SUV 方向上的相关市场时，应该首先明确自己的价格定位，并努力提高性价比。因此，SUV 生产商应注重质量和价位的协调性，对消费者的购车消费习惯应持续关注，并随时做出调整。

其次，通过前几部分对 SUV 的市场分析可以发现，2016 年度三线、四线、五线城市的 SUV 市场表现良好，这将促使企业更加注重下级市场的开发。随着车企营销力度的增强，未来三线以下城市的市场增长潜力将得到进一步释放，这对于在四线、五线认可度较高的自主品牌 SUV 来说，是一个很好的契机。因此，自主品牌 SUV 应加大力度开发下级市场，持续推动渠道下沉，并结合自身优势，赢得市场。

再次，对于现有 SUV，消费者期望改进的地方仍较多，如现有的 SUV 耗油量较大、SUV 比同等级的轿车价格贵、SUV 的整体舒适性不如轿车等。这些问题的提出，代表了消费者对于 SUV 未来发展的更多期待。通过了解问题集中的方面，SUV 生产商应更有针对性地制订相关解决方案。

最后，调查中显示一线至五线城市有意愿购买新能源 SUV 的消费者均超过半数，这说明经过近年来各项政策的推广以及相关优惠的实施，消费者已经对新能源 SUV 产生了足够的关注，并且显示出强烈的购买意愿，市场发展态势良好，但同时消费者也提出了对新能源 SUV 各项性能的更高需求。这也为新能源 SUV 生产商提出了更高的要求，只有充分发挥企业的各项技术开发能力，才能在新能源 SUV 市场上占据优势。

展望未来，各种先进汽车技术在 SUV 上的广泛运用将使 SUV 产品更加舒适、环保和安全，更加符合购车者的要求。结合目前新能源汽车市场近年来突破性的发展，我国 SUV 企业只要能够从市场需求出发，不断创新，大力发展智能网联、节能高效以及安全舒适的新能源 SUV，就能够实现我国汽车工业供给侧改革的发展目标。

第四部分

中国SUV在世界SUV中的地位和趋势

一、中国 SUV 占全球 SUV 的市场份额

（一）全球及主要汽车发达国家 SUV 市场近年发展特点

1. 全球车市　SUV 独享星光灿烂

2008~2009 年国际金融危机以后，受危机影响较严重的美国、欧洲和全球车市一起逐渐恢复元气，也开始进入汽车市场新的增长期。在这轮增长期，SUV 高增长成为全球车市发展进程的一个重要特征。

根据汽车市场分析机构 IHS Automotive 统计，2008~2013 年，全球 SUV 销量达到 1570 万辆，同比增长 88.5%，在全球乘用车市场的份额达到 19%，是同期乘用车整体销量增幅的 3 倍。

如果说 2013 年以前还是 SUV 的蓄势阶段，那么进入 2015 年，SUV 在全球多个市场势如破竹。根据总部位于伦敦的研究公司 Euromonitor International 发布的数据，SUV 成为 2015 年汽车领域增长最快的细分市场，占全球乘用车销量的比例为 22.9%。2015 年销量增长最快的 SUV 市场分别是泰国 56.4%、葡萄牙 54.8%、意大利 48.6%、中国 47.9%、西班牙 42%。欧洲和中国是 SUV 市场增长的主要推动力量。

2016 年，全球汽车市场在诸多不确定性中，仍然实现了新车销量的增长。根据海外汽车研究机构 JATO Dynamics 的统计，2016 年全球汽车销量为 8424 万辆，同比增长 5.6%。日本、俄罗斯和巴西销量下滑，但是中国和欧洲汽车市场实现增长，SUV 市场需求旺盛。

2016 年，全球汽车市场中 SUV 车型的销量达到 2432 万辆，同比增长 20.2%，在全球新车销量中占比达到 29%。从跨国汽车公司旗下的汽车品牌来看，雷诺、本田、起亚和吉普等明显受益于 SUV 产品的拉动。

2017 年以来，全球汽车销量保持增长势头，欧洲和中国市场表现突出，而 SUV 车型继续保持增长势头。2017 年第一季度，全球 SUV 市场看点十足。根据 JATO Dynamics 的统计，2017 年第一季度，全球乘用车和轻型商用车的销量同比增长 5%。第一季度，全球 52 个车市汽车销量总计达到 2124 万辆，比 2016 年第一季度增加 96.2 万辆。

根据 Euromonitor International 预计，全球 SUV 的销量将从 2000 年的约 500 万辆，在 2031 年达到 4200 万辆，2031 年以前，全球 SUV 市场的年均复合增长率可能达到 4.8%。

根据 JATO Dynamics 的数据，2017 年第一季度，全球排名前 5 位的汽车市场分别是中国、美国、日本、英国和德国。其中日本涨幅最高为 7.2%，美国同比下滑 1.7%。排名第 6 位的印度市场增幅为 10.2%，销量超过 90 万辆。

在各大跨国汽车公司中，表现最为抢眼的是雷诺—日产，其销量和丰田的差距只有 1500 辆，同比增幅为 10.4%。中国超过日本成为该集团第二大市场，同比增长 33%。值得注意的是，雷诺—日产的上述成绩主要是由日产品牌的 SUV 销量拉动，雷诺—日产巩固了在全球 SUV 领域的地位。

2017 年第一季度，SUV 再次成为推动全球车市增长的关键，全球 SUV 销量接近 650 万辆，同比增长 14.8%。不过这个增幅略低于 2016 年第一季度 23% 的增幅。令人印象深刻的是，所有类别的 SUV，从小型到全尺寸 SUV 均实现了两位数的增长。在车型排名方面，SUV 向轿车发起猛攻，这是 SUV 车型在全球市场大获成功最直接的表现。日产奇骏超越本田 CR-V，成为全球最畅销 SUV。它的销量非常接近综合排名第二位的丰田卡罗拉轿车，可能会在 2017 年底之前超过卡罗拉，夺得全球销量第二位，SUV 有望首次进入全球乘用车销量排名前三。

2017 年第一季度，在全球销量前十的 SUV 车型中，长城哈弗 H6 以 119946 辆的成绩排名第 9，销量同比下滑 1%，与 2016 年、2015 年相比，哈弗 H6 的排名也出现下滑，显示出在全球 SUV 市场快速增长的情况下，哈弗品牌在中国单一市场发展的局限。

前十名 SUV 中，起亚 Sportage 同比下滑 19%，销量下滑最快。另外，在 SUV 销量前十的市场中，德国（21%）、日本（26%）和印度（31%）的销量增幅均超过 20%，显示出 2017 年以来，SUV 热继续跨越欧美和亚洲，火遍全球。

2. 美国： 跨国公司加大 SUV 投资力度与市场赛跑

SUV 无疑已经成为全球汽车消费者的宠儿。在全球第二大汽车市场的美国，消费者的消费偏好从轿车转向 SUV 也被视为一个巨大的行业变革。2013 年以前，轻卡和 SUV 在美国乘用车和轻卡市场的占比为 50%。2016 年，这一比例达到 63%。美国业内人士认为，更大的储物及乘坐空间、不断提升的燃油经济性、更高的视野等特点使 SUV 在与轿车车型的竞争中占据优势。本田 CR-V 是 2016 年美国最畅销的 SUV，销量同比增长 3% 至 357335 辆。

由于 SUV 需求旺盛，美国汽车销售创下新高。2016，美国汽车销量达 1755 万辆，超过 2015 年创纪录的 1747 万辆，连续七年实现销售增长。一方面，低油价、就业上升和贷款利率下降刺激了 SUV 等新车的消费；另一方面，汽车企业的技术创新也发挥了不小作用，备用摄像头、自动紧急制动和苹果 CarPlay 等新技术以及诸多新车型都推动了美国 SUV 等车型的销售。

2017 年初，美国 SUV 的销量温和增长。2017 年 3 月，美国市场主要制造商本田和日产等在 SUV 细分行业的销量均有增长，中小型 SUV 市场表现较好。本田 CR-V 和日产奇骏的销量同比分别增长 23% 和 20%。不过其他公司的 SUV 销量也有下滑迹象。

根据汽车市场研究机构 Autodata 提供的数据，2016 年美国市场 SUV 销量占乘用车和轻卡市场销量的 38.4%，高于 2015 年的 35.9%。随着 SUV 市场需求的增加，包括通用、菲亚特克莱斯勒在内的汽车制造商不得不加大在 SUV 和轻卡领域的投资力度。

3. 欧洲： SUV 冲击传统热销车型 刺激车市产品结构变革

根据 JATO Dynamics 的数据，2016 年欧洲市场，包括雷诺 Captur、日产逍客、宝马 X1、沃尔沃 XC60 等车型在内的 SUV，销量同比增长 22%，达到近 380 万辆，明显高于欧洲乘用车市场 6.5% 的平均增幅。

SUV 和跨界车型在欧洲乘用车销量的占比达到 25%，高于 2015 年的 22.5%。值得关注的是，欧洲市场结构发生了很大变化，SUV 和跨界车型销售增长的同时，两厢车、厢式车和三厢轿车的销售则萎靡不振，这三种类型的轿车曾是欧洲汽车市场很多代人喜爱的传统车型。

在欧洲市场，小型 SUV 和跨界车型 2016 年的销量同比增长 20%，达到 126 万辆，同时雷诺 Clio 和大众 Polo 两厢车对应的欧洲传统热销细分市场，即小型及偏紧凑型轿车细分市场出现萎缩。紧凑型 SUV 和跨界车型销量同比增长 21%，达到 145 万辆。类似尺寸平台的轿车细分市场份额下滑。

在大型 SUV 领域，欧洲消费者偏爱大型豪华品牌 SUV 和跨界车型，2016 年销售额增长了 22%，超过 27 万辆。而普通品牌的大型 SUV 和跨界车型销量下降 12%，约逾 7000 辆，成为 SUV 细分领域唯一出现销量下滑的类别，显示出在欧洲市场中大型 SUV 这个细分领域，豪华品牌的竞争优势明显优于普通品牌，即大型 SUV 的消费具有特殊性，这类消费更适合定位为高档汽车产品消费，显示出这个领域的消费群体更看重品牌而不是性价比。

2016 年欧洲增长最快的 SUV 细分市场是豪华品牌入门级 SUV 和跨界车这一类别，同比增长 40%，达到 338428 辆。新款 BMW X1 销售翻倍，达到 97218 辆。

2015 年，SUV 也是欧洲乘用车各细分市场中增长最快的。其中，小型 SUV 表现最为突出。2015 年，欧洲新车登记量同比增长 9.3%，在比较成熟稳定的欧洲市场，这个增幅并不多见，SUV 对销量的贡献最大。在欧洲汽车销售历史上，SUV 首次在各个细分市场中销量领先，同比增长 24%，达到 312 万辆。SUV 在乘用车市场的份额从 2014 年的 19.8% 上升到 2015 年的 22.5%，一举超过欧洲传统热销市场小型车和紧凑型轿车细分市场。

在 SUV 细分领域，2015 年小型 SUV 市场占比达到 38%，同比增长 38%，首次超过 100 万辆，达到 120 万辆。紧凑型 SUV 销量达到 128 万辆。同期，中型 SUV 的增长率为 42%，销量为 47 万辆；大型 SUV 销量为 24.3 万辆，同比增长 27%。在 29 个欧洲国家中，SUV 的销量全部实现增长，英国 SUV 的销量从 2014 年的 50.12 万辆增加到 2015 年的 63.04 万辆，增幅在欧洲国家中排名第一。葡萄牙、西班牙、丹麦和希腊市场 SUV 的销量年增长幅度均在 40% 以上。

在汽车品牌方面，日产领跑，SUV 销量超过 37.6 万辆，市场份额达到 11.8%。雷诺再次屈居第二名。在市场份额方面，菲亚特凭借新 500X，市场份额涨幅最大，其次是雪铁龙和吉普。

根据 LMC Automotive 市场分析师的预测，欧洲小型 SUV 和跨界车型将继续快速增长，由于大众汽车、现代起亚等陆续从 2017 年开始推出新车型，预计 2018 年市场销量将增长到 200 万辆，2020 年达到 230 万辆。

随着各大跨国汽车公司在欧洲小型 SUV 细分市场的产品布局逐步完善，市场竞争也越来越激烈，消费者对这个类别车型的要求也越来越高。调查显示，欧洲消费者希望，小型 SUV 内部能做得更精致，增加新的技术配置。

法国仍然是欧洲最大的小型 SUV 市场，其中当地品牌雷诺旗下小型 SUV 车型销量强劲。2016 年意大利超过英国，成为欧洲第二大小型 SUV 市场，当地品牌菲亚特 500X 需求强劲。

欧洲市场有一个趋势，即汽车制造商希望将其新款尺寸偏小的 SUV 细分更加明显，在次紧凑型 SUV 与紧凑型 SUV 之间有更明显的市场区分，主要是希望突出紧凑型 SUV 的特征和竞争力。在欧洲市场，紧凑型 SUV 相对更具吸引力，在尺寸上改动不需要太多，却可以将售价提高一个层次，同时为下一步进一步拓宽产品线留下空间。

欧洲小型 SUV 市场火热的一个重要原因是，受到高档品牌的挤压相对更小。另外，微型以及小型 SUV 在欧洲南部国家比欧洲北部国家更受欢迎，主要是因为北欧国家由于自然条件的影响倾向于选择四驱车型，然而在小型 SUV 中，四驱车型的选择范围相对有限，四驱车型多见于中大型 SUV。

2016 年，欧洲销售的小型 SUV 中柴油车占 47%，这是该数据首次跌破 50%。2013 年，当 SUV 刚刚开始在欧洲走俏时，56% 的小型 SUV 是柴油车。

2017 年以来，欧洲汽车消费者对 SUV 和跨界车型的需求仍然非常旺盛，没有任何放缓的迹象，有些车型在欧洲一些区域市场的销售明显好于预期，一些跨国汽车公司的市场表现也明显受益于该类车型。

4. 日韩： 多种原因导致 SUV 市场缺少亮点

近年来，在日本和韩国市场，由于不同的原因，SUV 偶有突出表现，但是市场很不稳定。日本 SUV 销量在 2014 年实现爆发式增长（见图 4-1），2015 年，日本轻型车税增加，日本车市受挫，火热的 SUV 市场也被浇了冷水。2016 年日本国内的新车销量为 497 万辆，自 2011 年日本大地震之后再次跌破 500 万辆。

2016 年，韩国 SUV 的销量为 45.47 万辆，占乘用车市场份额的 33.8%，2011 年这一占比仅为 19%。不过由于多方面的原因，SUV 车型在韩国的实际销售情况并不稳定。以韩国 2017 年 4 月销量为例，由于 SUV 市场缺乏新车型，韩国市场 SUV 的销量同比大幅下滑 18.9%。韩国主要汽车制造商现代、起亚、通用韩国、雷诺三星和双龙汽车五家汽车制造商 2017 年 4 月的汽车销量为 34379 辆，SUV 在韩国乘用车市场占比仅为 25.9%，同比下降 5%。

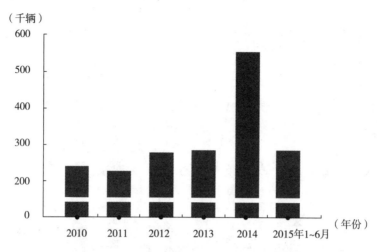

（千辆）

图 4-1　2010~2015 年 6 月日本 SUV 销量

数据来源：IHS。

（二）中国 SUV 在全球 SUV 市场赢得属于自己的位置

1. 中国 SUV 市场销量总体走势分析

中国 SUV 市场 2006~2017 年的销量特点鲜明（见图 4-2），2006~2017 年，中国市场 SUV 的销量从 23.8 万辆增加到 902.3 万辆，增幅 3691%，用了 10 年的时间。2016 年，中国 SUV 在全球 SUV 市场的占比达到 37.83%，成为全球最重要的 SUV 市场。2006~2009 年，中国市场 SUV 用 4 年时间突破百万辆大关，2010~2012 年，3 年时间，完成了从 100 万辆到 200 万辆的积累。2013~2016 年，保持年增幅 45%~55%的速度，向 1000 万辆进军。

近年来在全球 SUV 市场，欧洲和中国是两大主要推动力。欧洲车市 SUV 的市场份额从 2008 年的 9%增长到 2013 年的 19%，用了 6 年时间。中国车市 SUV 的市场份额从 2010 年的 9.64%增长到 2014 年的 20.7%用了 5 年时间。中国 SUV 市场的增长速度在全球汽车市场是领先的。

2013~2016 年，是中国 SUV 市场实现跨越式发展的 4 年，之所以

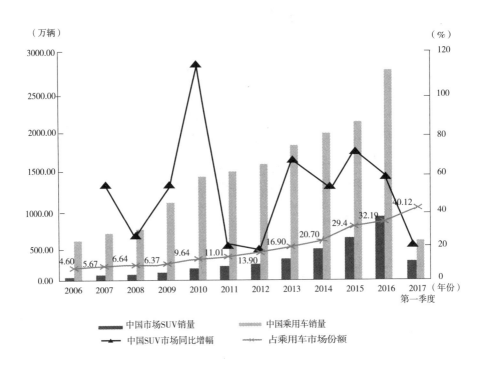

图 4-2　2006~2017 年第一季度中国 SUV 销量及占乘用车销量比例

资料来源：中国汽车工业协会、中国汽车消费公开数据、汽车制造商等。

在突破 250 万辆之后，仍然能保持约 50% 的增幅，原因之一是自主和合资汽车品牌主动地增加新车型的投放，在本就已经火热的 SUV 市场再添薪火。根据汽车数据服务商威尔森统计，自主品牌 SUV 从 2011 年的 41 辆增加到 2016 年的 117 辆，增长了近两倍。

从 SUV 车型在乘用车市场的结构趋势来看，2006～2016 年，从 4.6% 的份额利用 10 年时间达到约 1/3 的市场份额。2006～2009 年，SUV 在整个乘用车市场还是比较沉寂，但是从 2010 年开始到 2016 年，增幅稳定上升，2017 年有望进一步提升。中国 SUV 车型与美国和欧洲同步，在轿车市场攻城略地。

2. 中国 SUV 在全球市场占比迅速提升

中国 SUV 占全球市场 SUV 销量份额特点鲜明。2013～2016 年是中国 SUV 市场实现跨越式发展的 4 年，在这黄金 4 年中，中国 SUV 市场在突破 250 万辆之后，仍然能保持约 50% 的增幅。在这 4 年时间里，中国 SUV 细分市场销量在全球 SUV 市场的销量占比也实现了稳定快速的提升（见图 4-3），从 2013 年的 17.61% 增长到 2016 年的 36.71%，2017 年增速可能出现同比温和的增长或者放缓，主要是由于全球其他市场的 SUV 销量也比较乐观，以及中国 SUV 市场目前基数比较大，增速如若缓和也较正常。

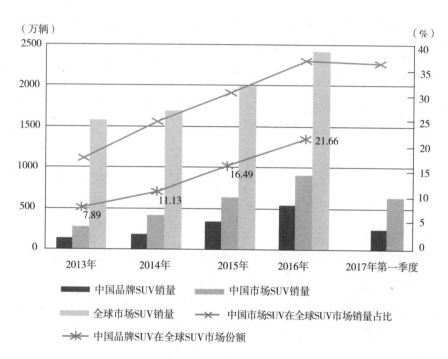

图 4-3 中国 SUV 市场销量及中国品牌 SUV 销量在全球 SUV 市场占比
资料来源：中国汽车消费公开数据、汽车制造商等。

中国自主品牌 SUV 在全球市场的占比逐年提高，为全球 SUV 市场注入活力与生机。2013~2016 年，中国品牌 SUV 的销量从 123.89 万辆增长到 526.8 万辆，在全球 SUV 市场的份额从 7.89% 迅速增长到 21.66%，在全球每 5 辆新出售的 SUV 中，就有一辆是中国品牌，这在以往是不可想象的，从一个角度反映了中国自主品牌的巨大进步，反映出偌大的中国汽车市场，因为中国自主品牌 SUV 的努力，不再仅是为跨国汽车公司贡献销售数据的市场，中国汽车品牌及中国汽车工业在世界乘用车舞台展示了前所未有的竞争力，相信以后也会让一些跨国汽车公司产生危机感，中国汽车工业正在以自己的方式推动世界汽车工业不断发展和进步。

3. 本国品牌 SUV 主导本国市场是全球现象

自主品牌 SUV 在中国 SUV 市场销量占比。中国自主品牌 SUV 曾经在 2003 年达到 SUV 市场份额的 67.37%，2003~2016 年的 15 年里，从市场份额的变化来看，可以大致分为两个阶段，即 2003~2011 年的下行阶段以及 2011~2016 年的上行阶段。与自主品牌轿车的市场份额受到合资品牌的冲击比较大，处于劣势相比，自主品牌 SUV 即使在低谷的时候，仍然基本守住市场份额 40% 的底线。

通过与全球其他主要汽车市场的比较可以看出，SUV 比轿车产品的地域性更强，表现在本国品牌一般会占据本国 SUV 市场的主导地位（见图 4-4）。

图 4-4 比较了中国、美国、德国三国 SUV 市场，本国品牌 SUV 在相应 SUV 市场的大致占比情况，在三个国家 2016 年 SUV 销量排名前 30 的车型中不同国别的 SUV 的数量。在美、中、德三国 SUV 市场销量排行前 30 的车型中，本国品牌 SUV 的数量分别占比 50%、50% 和 46.7%。从中可以看出，本国品牌 SUV 在当地市场表现强势，实际上可以说是全球现象，而不是中国独有。

从美国市场销量前 30 的 SUV 以及中国市场销量前 30 的 SUV 可以看出，中国 SUV 市场是很有特色的。在 2016 年中国 SUV 市场销量前 30 的汽车品牌中，中国品牌共有 15 款，占总数的 50%。其中前 10 名、第 11~20 名以及第 21~30 名各类别的中国品牌车型分别有 4 款、8 款和 3 款。中国本地的品牌在主场的表现还是很有亮点的，对于起步比

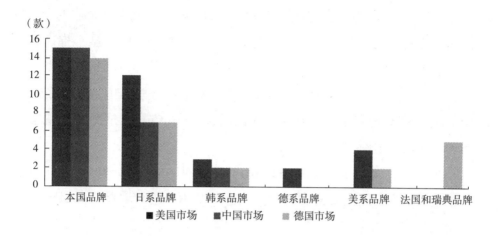

图 4-4 本国市场 SUV 销量前 30 的车型中本国品牌 SUV 的数量

资料来源：中国汽车工业协会、中国汽车消费公开数据、汽车制造商等。

较晚，同时始终处于跨国汽车公司品牌巨大竞争压力之下的中国汽车品牌来说，这个成绩是非常难得的。

在美国市场，在 2016 年销量前 30 的汽车品牌中，美国品牌共有 15 款，占总数的 50%。其中前 10 名、第 11～20 名以及第 21～30 名各类别的中国品牌车型分别有 6 款、3 款和 6 款。美国汽车品牌也展现了主场优势。实际上，通过对欧洲和日韩市场的比较，也可以注意到，SUV 市场基本上是以本地品牌的强势表现为一大特点的。其中的原因主要有，本地 SUV 品牌对本地消费者需求的把握更精准，而且本地品牌的市场反应速度更快，另外，本地品牌在对本地 SUV 市场的产品开发、市场拓展等方面舍得投入，重视程度比较高。不管是中国、美国还是欧洲以及亚洲的汽车发达国家，本地品牌的 SUV 都具有相当的优势。

2014 年以来，在中国市场，自主品牌在与合资和外资品牌同台竞技的过程中，SUV 车型愈加显著地成为中国自主品牌乘用车向上走的突破口。

2014 年，根据中国汽车工业协会的统计，全年汽车产销分别为

2372 万辆和 2349 万辆，同比增长 7.3% 和 6.9%。受到合资企业生产的外国品牌汽车在新车推出数量和推出速度上的加快、中小型车推出力度的加大以及产品价格下探等因素的影响，中国品牌市场份额持续下降，面临较为严峻的形势，但中国品牌 SUV 市场份额上升，成为亮点。中国品牌 SUV 销售 182.6 万辆，同比增长 50.36%，占 SUV 市场份额为 44.76%，同比增长 4.14 个百分点。

2015 年，中国 SUV 销售 622.03 万辆，同比增长 52.39%，自主品牌销量 334 辆，同比增长 82.9%，远超 SUV 市场平均增幅，占 SUV 市场份额为 53.7%。

2016 年全国汽车销量高达 2437.69 万辆，SUV 销量高达 902.3 万辆，同比增长 47.1%，SUV 的销量占总体的 40%。2016 年，中国品牌乘用车共销售 1052.9 万辆，同比增长 20.5%，占乘用车销售总量的43.2%，比上年同期提高 2 个百分点；其中，中国品牌轿车销售 234 万辆，同比下降 3.7%，占轿车销售总量的 19.3%，比上年同期下降 1.4个百分点；中国品牌 SUV 销售 526.8 万辆，同比增长 57.6%，占 SUV销售总量的 58.2%，比上年同期提高 4.8 个百分点。

从车型特点来看，除了全尺寸 SUV 这一类别之外，在小型至中大型 SUV 市场，中国市场 SUV 竞品庞杂，中国自主品牌 SUV 新车不断，中国 SUV 市场成为全球竞争最为激烈、最为活跃的汽车细分市场之一。

4. 全球及中国 SUV 市场未来发展分析

（1）汽车公司产品战略将助推 SUV 市场发展。20 世纪七八十年代，在美国车市迫切需要向节油车型转型的时候，丰田等日本汽车制造商趁机在美国市场夺取大量市场份额。时至今日，美国市场正在经历一场新的历史性转变，即 SUV 车型重新回归市场。作为全球具有代表性的市场，美国市场呈现出非常明显的从轿车向 SUV 转型的特点。

在过去的 30 多年间，丰田等日系汽车企业不仅完成了全系列产品线的布局，而且坚持不懈提升产品质量和研究美国市场消费者的需求。

目前，丰田在美国的产品阵容中 60% 是 SUV，轿车占 40%，未来会继续强化 SUV 产品的升级换代。预计 2017 年，丰田 RAV4 的销量可能超过凯美瑞的销量，后者 2016 年在美国的销量下滑了 9%。

奥迪汽车公司高层表示，未来 SUV 和跨界车型将达到奥迪全球汽车销量的 50%。他表示，SUV 的占比还会进一步提高。在德国三大高档品牌中，奥迪在 SUV 车型方面的布局并不领先。截至 2017 年上半年，奔驰已经有 7 款 SUV/跨界车型，宝马有 5 款，奥迪有 4 款。宝马还计划推出 X7 旗舰 SUV 以及紧凑型的 X2。

2017 年现代起亚也计划增加 SUV 的销量。该公司预计 2017 年，全球汽车销量仅仅增长 1%，可能是 2008 年国际金融危机以来，增幅最低的一年。现代起亚计划采取 5 项措施，首要的即是扩展 SUV 产品线。

国际市场，关于 SUV 的消息不断，戴姆勒在俄罗斯的工厂准备投产奔驰的 SUV，特斯拉、三菱等都透露了新 SUV 车型的部分细节。

高利润刺激跨国公司加大 SUV 市场开拓。2016 年，SUV 在全球市场增长强劲，菲亚特克莱斯勒（FCA）和本田等跨国汽车公司受益于 SUV 车型的带动，表现抢眼。除了刺激销量增长，利润率比普通轿车高，更能直接刺激跨国汽车公司在 SUV 方面加快产品开发和布局。以通用汽车为例，2017 年第一季度美国市场销量平淡，但是通用汽车净收入达到 26 亿美元，净利润也达到历史新高。通用汽车在北美市场的税前收入达到 34 亿美元，同比增长 50%。通用汽车 CFO 表示，收入增长主要受益于利润较高的车型轻卡和 SUV。

（2）SUV 在美国兴起的过程及中国 SUV 市场能走多远。从过去 40 年来的美国汽车市场走势可以看出，SUV 的兴衰与油价关系密切。如果排除油价的影响，SUV 车型近年来在全球市场的火热是一次短暂的潮流还是汽车市场持续的选择，这个问题，在美国也有很多讨论。主流的看法是，非常认同 SUV 不是昙花一现，而将是一种趋势，至于持续多久并无定论。在美国，认为 SUV 将长期发展的人士的主要理由是，自 20 世纪 80 年代 SUV 在美国兴起以来，这类车型本身在油耗、安全性、舒适性和排放方面不断提升，有了很大进步，一些车型的综合表现甚至可以与同级别的轿车相媲美。

美国能源部橡树岭国家实验室的科学家曾经分析过美国的 SUV 现象。美国市场 SUV 在 20 世纪 80 年代末期投入市场，随后的 10 年中，销量持续提升，在 20 世纪 90 年代增长速度加快，90 年代末，SUV 成为增长最快的细分市场。中型 SUV 占比最高，大型 SUV 份额不高但是市场份额相对稳定。中型和小型 SUV 的市场份额波动不小。1988 年，美国消协发布报告认为，小型 SUV 的安全性较差，其后小型 SUV 的销量受到很大影响。1980 年美国市场 SUV 车型共 11 款，1999 年达到 45 款。

1999 年，SUV 销量占轻型车市场销量的比例从 1990 年的 7% 达到 19%。当时很多人认为这只是一时的风潮，但是没想到 SUV 市场一直保持良好的成长状态，直到 21 世纪初，SUV 在美国市场也没有衰微的迹象。在国际金融危机期间，整个汽车市场受挫，最近几年，SUV 再次回归舞台主角。由于经济稳定，路况不断改善，油价处于低位，美国家庭驾驶 SUV 出行更加便利和频繁，行程更远。

美国 SUV 发展史上，有利于 SUV 车型增长的诸多因素在中国市场也是存在的，但是包括油价和油耗管理等，将来可能是制约中国 SUV 市场较大的影响因素。

从 SUV 在乘用车市场的占比来看，目前，中国市场 SUV 占比在全球已经处于比较高的水平，占比即使上涨，也难以保持以往速度。

2016 年，欧洲市场 SUV 和跨界车的销量占欧洲乘用车销量比例达到 25%，2015 年，这一比例为 21%。再看美国市场，最为火热的紧凑型以及中型尺寸 SUV 的销量占美国整个轻型车销量比重达到 35%。美国轻卡市场，包括厢式车、SUV、跨界车和轻卡 2016 年占整个轻型车市场销量份额达到 59.5%。2015 年，这一份额为 55.8%。

二、中国 SUV 产品与发达国家 SUV 产品的比较分析

(一) 发达国家 SUV 市场产品特点与结构分析

1. 美国 SUV 市场梯度和价格区间

美国 SUV 市场在全球发达国家汽车市场中颇具代表性。从图 4-5 可以看出，2 万美元基本上是美国市场 SUV 的起步价。价格在 2 万美元以下的 SUV 车型仅有 7 款，这 7 款车型的起价大致在 1.9 万美元，约合人民币 13 万元左右，其中有韩国品牌和美国品牌等。美国 SUV 市场销量占比较大的车型，即从小型到大型的非豪华品牌 SUV 价格分布在 2 万~5 万美元，约合人民币 13.6 万~34 万元。

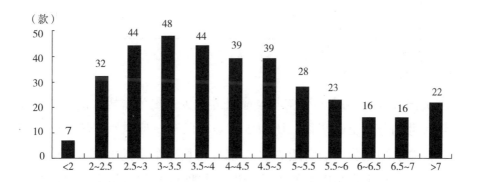

图 4-5 美国 SUV 市场各价格区间 (单位：万美元) 车型款数分布

资料来源：《美国新闻》网站、汽车制造商等。

也有一些美国的汽车消费门户对 SUV 的划分更宽泛一些，其中 1.5 万~2.5 万美元、2.5 万~3.5 万美元、3.5 万~4.5 万美元、4.5 万~5.5 万美元、5.5 万~8.5 万美元的 SUV 车型数量分别为 29 款、28

款、25 款、26 款和 28 款。这样的划分更能体现出美国 SUV 市场车型分布的一个特点，即各个价格区间竞品数量分布比较均匀，价格区间比较紧凑。

美国 SUV 市场的划分除了用车长、轴距等尺寸指标外，一般也会将越野 SUV 单独划分出来，近年来，随着油耗管理更加严格，混合动力 SUV 车型增多，也会单独划分出来。另外，有些时候也会将城市型 SUV 和跨界 SUV 区别开来。表 4-1 列出了美国非高档品牌各级别 SUV 代表车型及基本款的厂商建议零售价，与中国市场合资 SUV 展现出的梯度状态相接近。

表 4-1　美国市场各级别 SUV 代表车型及价格（未列高档品牌）

	次紧凑型	紧凑型	中型	中大型	大型
代表车型	2017 本田 HR-V	2017 福特 翼虎	2017 福特 锐界	2017 丰田 汉兰达	2017 福特 Expedition
基本款 MSRP （美元）	23255	26145	32685	39480	47125

资料来源：美国汽车消费公开数据、汽车制造商等。

美国 SUV 市场产品价格与产品尺寸的关系更为密切，价格分布和车型尺寸的分布更有规律。比如 2 万美元以下，基本是次紧凑型 SUV 占据。紧凑型是美国最活跃的 SUV 细分市场，车型竞争激烈，价格跨度略大，但至少也是以 2 万美元起步。中型 SUV 的价格至少要以 2 万美元起步，中大型 SUV 的价格至少以 3 万美元左右起步，大型 SUV 的价格起点更高。

表 4-2 美国 SUV 市场不同尺寸代表车型及 MSRP 区间（未列豪华品牌）

价格（万美元）	次紧凑型	紧凑型	中型	中大型	大型
<2	2017 本田 HR-V	2017 吉普 Compass			
	$ 19465~ $ 26240	$ 19940~ $ 28995			
2~2.5	2017 菲亚特 500X	2017 Ford Escape	2017 道奇 Journey		
	$ 19995~ $ 27050	$ 23750~ $ 31000	$ 21195~ $ 33895		
2.5~3	2017 别克 昂科拉	2017 本田 CR-V	2017 福特 锐界		
	$ 22990~ $ 31965	$ 24045~ $ 33795	$ 28950~ $ 40900		
3~3.5	2018 奥迪 Q3			2017 福特 Explorer	
	$ 32900~ $ 35000			$ 31660~ $ 53235	
3.5~4		2018 奥迪 Q5			
		$ 41500~ $ 54300			
4~4.5			2017 英菲 尼迪 QX60		
			$ 43100~ $ 44900		
4.5~5					2017 日产 Armada
					$ 44900~ $ 60490

资料来源：《美国新闻》网站、汽车制造商及其他美国汽车综合导购网站。

2. 德国 SUV 市场特点

2016 年，德国车市整体温和增长，但是德国的 SUV 市场却实现了强劲增长，增幅达到 25.2%。

德国著名汽车杂志《汽车发动机与运动》统计显示，德国市场在售 SUV 共有 86 款，2016 年德国 SUV 销量增长最快的三款车是本田HR-V，同比增长 368%；雷克萨斯 NX，销量同比增长 188%；双龙Tivoli，销量同比增长 130%。

在德国 SUV 销量前 30 名的车型中（见表 4-3），德国本地车型共有 14 款，几乎达到一半，欧洲品牌车型共 19 个，占比 63%。其中，德国品牌 6 个，车型 14 个；法国品牌 2 个，车型 4 款；瑞典品牌 1 个，车型 1 个。另外，美国品牌 1 个，车型 2 款；日本品牌 5 个，车型 7款；韩国品牌 2 个，车型 2 款。

表 4-3 德国 2016 年 SUV 销量排名前 30

排名	厂商	车型	注册量（辆）
1	大众	途观	63978
2	福特	翼虎	34676
3	欧宝	Mokka	32052
4	日产	逍客	28496
5	宝马	X1	28400
6	奥迪	Q3	27169
7	奥迪	Q5	26727
8	戴姆勒	奔驰 GLC	26255
9	现代	途胜	25494
10	雷诺	Captur	21194
11	大众	斯柯达 Yeti	20495
12	起亚	Sportage	18142
13	戴姆勒	奔驰 GLA	17308

续表

排名	厂商	车型	注册量（辆）
14	马自达	CX-5	17104
15	雷诺	Dacia Duster	15193
16	戴姆勒	奔驰 GLE	15096
17	沃尔沃	XC60	14525
18	标致	2008	14455
19	马自达	CX-3	14305
20	宝马	X3	13756
21	雷诺	Kadjar	13529
22	奥迪	Q7	11815
23	三菱	ASX	10468
24	铃木	维特拉	9736
25	福特	Ecosport	9727
26	宝马	X5	9393
27	丰田	RAV4	9088
28	保时捷	Macan	8348
29	大众	途锐	7927
30	三菱	Outlander	7532

资料来源：德国《汽车发动机与运动》。

　　德国 SUV 车市中，德国本地品牌是绝对主力。除此之外，欧洲其他国家汽车品牌表现强势。其他国家品牌中，日系品牌占比最多，其次是美国和韩国。

　　高档品牌销量居前是德国 SUV 市场的一大特点。通过与美国销量前 30 比较，这个特点更为明显。三个高档品牌，共 4 款车型进入德国 SUV 销量前十。

表 4-4　美国 SUV/跨界车市场 2016 年销量及增幅

排名	SUV/跨界车	2016 年（辆）	2015 年（辆）	增幅（%）
1	本田 CR-V	357335	345647	3.40
2	丰田 RAV4	352154	315412	11.60
3	日产奇骏	329904	287190	14.90
4	福特翼虎	307069	306492	0.20
5	福特探险者	248507	249251	-0.30
6	雪佛兰探界者 Equinox	242195	277589	-12.80
7	吉普大切诺基	212273	196312	8.10
8	吉普切诺基	199736	220744	-9.50
9	吉普牧马人	191774	202266	-5.20
10	丰田汉兰达	191379	158917	20.40
11	斯巴鲁傲虎	182898	152294	20.10
12	斯巴鲁森林人	178593	175192	1.90
13	福特锐界 Edge	134588	124120	8.40
14	现代圣达菲	131257	118134	11.10
15	吉普 爱国者	121926	121274	0.50
16	本田 飞行员	120772	136212	-11.30
17	雪佛兰 Traverse	116701	119945	-2.70
18	起亚索兰托	114733	116249	-1.30
19	马自达 CX-5	112235	111450	0.70
20	丰田 4Runner	111970	97034	15.40
21	雷克萨斯 RX	109435	100610	8.80
22	道奇 Journey	106759	108085	-1.20
23	吉普 Renegade	106606	60864	75.20
24	雪佛兰 Tahoe	103306	88342	16.90
25	斯巴鲁 Crosstrek	95677	88927	7.60
26	Jeep 吉普	94061	71448	31.70
27	现代途胜 Tucson	89713	63591	41.10
28	GMC Acadia	88466	96393	-8.20
29	GMC Terrain	87925	112030	-21.50
30	日产 Murano	86953	62907	38.20

资料来源：Timothy Cain 根据美国汽车制造商、美国《汽车新闻》、华尔街日报相关数据整理。

另外，美国市场销量第一的 SUV 比第 30 名的销量高出 311%，德国这个数字是 749.4%，中国是 544.9%，不同车型之间的市场表现差距和美国德国相比处于中游。反映了三个国家的大体特点，美国 SUV 汽车市场比较成熟稳定，德国的 SUV 市场更高端，高档品牌销量与一些普通品牌 SUV 旗鼓相当。中国 SUV 市场跨度大、产品梯度大。

（二）中国品牌 SUV 定位于独特价格区间

在竞争异常激烈的中国 SUV 市场，属于全球汽车工业后起之秀的中国自主品牌 SUV 之所以能够取得今天的成绩，除经济社会以及行业管理等因素有利外，最重要的是产品精准地契合特定段位的市场需求。

1. 中国 SUV 市场梯度大

从汽车制造商的构成看，中国销量前 30 名的 SUV 共来自 24 家汽车企业的 21 个品牌，中国 SUV 市场仍然处于成长阶段，竞争者众多，SUV 的开发和营销比较活跃。同时，中国 SUV 市场的需求梯度比较大、舞台大、市场空间大。相对于发达国家成熟的汽车市场，中国的 SUV 市场也更为拥挤，竞争更为激烈。在 30 款销量靠前的车型中，中国品牌 15 款，美系品牌 4 款，德系 2 款，日系 7 款，韩系 2 款。

再看美国市场，从汽车制造商的构成看，美国销量前 30 名的 SUV 共来自 11 家汽车公司的 13 个品牌。日系品牌有 6 个，韩国品牌 2 个，美系品牌 5 个；日系车型 12 款，韩系车型 3 款，美系车型 15 款。

目前中国市场的国产车型中，SUV 超过 300 款。其中 10 万元以下的车型约有 100 余款，排量从 1.1 升起步，最高 2.5 升。

在 10 万元以下这个类别，7 万元是个重要的"分水岭"，起步价在 7 万元以下的 SUV 车型共有 45 款，从车型数量上来看，这个类别的细分市场非常活跃。7 万元人民币以下这个细分类别的汽车制造商全部是中国本地企业，其中包括宝骏、比亚迪、奔腾、北汽幻速、北京汽车、北汽绅宝、北汽制造等。

综合国内大型汽车消费平台的数据粗略统计，10 万元以下的 SUV 中，中小型 SUV43 款、紧凑型 SUV50 款、中型 11 款，没有大型 SUV。

11 万~15 万元的车型约 90 款，其中小型 SUV 18 款、紧凑型 SUV 53 款、中型 SUV 17 款、中大型 SUV 1 款，没有大型 SUV；16 万~20 万元的 SUV 共有 63 款，小型 SUV 11 款、紧凑型 SUV 33 款、中型 SUV 17 款、中大型 SUV 2 款，没有大型 SUV；21 万~30 万元的 SUV 共有 54 款，小型 SUV 1 款、紧凑型 SUV 27 款、中型 SUV 22 款、中大型 SUV 4 款，没有大型 SUV；30 万~50 万元的 SUV 共有 2 款。

从汽车品牌来源看，7 万元人民币以下，由中国品牌占据。7 万~10 万元的国产 SUV 中，除长安福特翼搏、长安铃木维特拉和上汽通用雪佛兰创酷外，其他车型均为中国自主品牌。

11 万~15 万元的 89 款 SUV 中，中国品牌有 66 款，德国、日本、美国和韩国的品牌车型分别有 1 款、7 款、4 款和 4 款。在 16 万~20 万元的 63 款 SUV 中，中国品牌有 24 款，德国、日本、美国和韩国的品牌车型分别有 3 款、12 款、6 款和 7 款。在 21 万~30 万元的 54 款 SUV 中，中国品牌有 16 款，德国、日本、美国和韩国的品牌车型分别有 7 款、14 款、7 款和 5 款。31 万~100 万元的 28 款国产车型中，中国品牌有 2 款，如果包括进口车，这个价格区间共有 106 款车型。

中国品牌的车型数量在以上四个组别（7 万~10 万元、11 万~15 万元、16 万~20 万元、21 万~30 万元）中的占比分别为 97%、74%、38.1% 和 29.6%，中国自主品牌的 SUV 主要聚集在 10 万元以下，以及 11 万~15 万元人民币这个区间。

2. 中国自主品牌 SUV 站稳 15 万元以下市场

如前所述，美国的 SUV 市场价格起点基本在 1.9 万美元，约合人民币 13 万元左右。而中国市场 SUV 产品价格最低下探到 5 万元以下；5 万~8 万元也是竞争比较激烈的价格区间；7 万~12 万元是自主 SUV 的主要战场；13 万~17 万元的价格区间，以韩系、部分日系品牌 SUV

与部分自主品牌产品为主；15 万~25 万元以上的价格区间主要是国产各系合资产品厮杀；25 万~35 万元除了各系合资车型也有高档品牌参与，35 万元以上的价格区间，进口车和高档品牌参与较多。

与美国市场相比，中国市场向下延伸出三个价格区间，5 万元以下到 12 万元是中国市场特色的细分市场。如果与本土高档品牌比较活跃的德国 SUV 市场相比，中国 12 万元以下这个细分市场的特色就更为明显，它是中国市场的独特现象。

表 4-5　中国 SUV 市场结构

价格区间	<5 万元	5 万~8 万元	7 万~12 万元	13 万~17 万元	15 万~25 万元	25 万元~35 万元	>35 万元
竞品派系	自主	自主	主流自主	韩系核心、日系、自主等	日系、美系、法系等	美系、日系、德系等	大型车、国产高档、进口车
主要消费群体	城镇用户	城镇用户	城市普通用户	城市普通用户	城市中高端用户	城市高端用户	一线城市中高端用户 二、三线城市高端用户
消费特征			性价比要求高	性价比要求高　销售服务有要求	价格有影响品质要求	价格有影响品质要求	价格不敏感 性能和品牌要求高
车型	吉利远景 X1	宝骏 510	哈弗 H2	途胜	标致 4008	江铃福特撼路者	奇瑞　捷豹　路虎发现神行
价格	3.79 万~5.79 万元	5.39 万~6.97 万元	6.10 万~12.86 万元	13.49 万~22.79 万元	16.87 万~25.67 万元	26.58 万~36.08 万元	36.80 万~51.80 万元
车型		绅宝 X35	翼搏	传祺 GS4	RAV4 荣放	东风日产楼兰	英菲尼迪 QX50
价格		6.08 万~8.86 万元	6.18 万~11.98 万元	8.28 万~22.00 万元	15.48 万~25.98 万元	23.88 万~37.98 万元	34.98 万~44.98 万元
车型				博越	途观		奥迪 Q5
价格				9.88 万~15.78 万元	14.68 万~30.08 万元		40.04 万~52.53 万元

与合资车型或者说跨国公司的汽车品牌相比，中国自主 SUV 具有非常明显的价格优势，主流车型起步价格基本在 7 万~9 万元，站稳 15 万元，最高上探到 18 万元，个别超过 20 万元。

3. 中国 SUV 尺寸偏小　全驱比例小

跨国汽车公司的 SUV 产品线一般比较完整，重点体现在中大型 SUV 和大型 SUV 以及具有良好越野性能的 SUV 的产品布局方面。表 4-6 是通用旗下雪佛兰品牌以及丰田品牌在美国市场 SUV 产品线的设置情况。通用旗下的雪佛兰品牌的 SUV 从次紧凑型、紧凑型、中型到大型布局完整。另外，通用旗下的 GMC 品牌还有尺寸更大、越野性和舒适性更好的 SUV 车型。再看丰田品牌，中大型产品两款，大型 SUV 两款，其中兰德酷路泽越野性能更加突出。

从价格来看，中型和大型尺寸的 SUV 在价格上更高一个级别，大型车的价格一般能够达到次紧凑甚至紧凑型 SUV 的 1 倍。另外，从传动系统看，大型 SUV 一般提供 4WD，性能和价格都更高一些。

表 4-6　通用旗下雪佛兰品牌以及丰田品牌在美国市场 SUV 产品线设置情况

通用雪佛兰	MSRP 起点价（美元）	传动系统	尺寸	5 座	7~8 座
Trax	21000	AWD FWD	次紧凑		
Equinox	23580	AWD FWD	紧凑	Y	
Traverse	28700	AWD FWD	中型		Y
Tahoe	47215	RWD, 4WD	大型		Y
Suburban	49915	RWD, 4WD	大型		Y
丰田	MSRP 起点价（美元）	传动系统	尺寸	5 座	7~8 座
RAV4	24410	AWD FWD	紧凑	Y	
汉兰达	30639	AWD FWD	中大型		Y
4Runner	34210	RWD, 4WD	中大型	Y	
兰德酷路泽	84775	4WD	大型		Y
Sequoia	45560	RWD, 4WD	大型		Y

资料来源：美国汽车消费公开数据、汽车制造商等。

通过与中国市场 SUV 产品结构的对比，可以注意到，中国自主品牌 SUV 占据主导地位的市场一般对应的车型尺寸为微型、小型、紧凑型，而中大型和大型自主品牌相应产品并不多见。四驱车占比小以及车型尺寸偏小也是中国自主品牌 SUV 价格更低的重要原因。

从表 4-7 也能够看出全尺寸、3 排座 SUV 在价格上的分布情况。

表 4-7　美国市场部分 SUV 产品及起售价

SUV 类型	车型	MSRP 起点价（美元）
全尺寸	雪佛兰 Tahoe	47215
	福特 Expedition	47125
	丰田 Sequoia	45560
	日产 Armada	44900
3 排座中大型	起亚 Sorento	25600
	本田 Pilot	30745
	现代圣达菲	25350
	丰田汉兰达	30630
	道奇 Durango	29995
	福特 Flex	30025
	福特 Explorer	31660
越野 SUV	吉普 Compass	19940
	吉普 Wrangler	23995

资料来源：根据美国市场公开信息整理。

4. 中国市场 SUV 的销售跳跃幅度大

和美国市场相比，中国市场还没有进入成熟期，各个品牌的市场机会相对更大，市场表现跳跃幅度比较大。

在 2016 年中国市场 SUV 销量排行前 30 的 SUV 车型中，跳跃幅度最大的是广菲克的自由光，2016 年销量为 105009 辆，上年同期是 8005 辆，同比增幅为 1211.80%。另外，增幅比较快、幅度超过 100% 的车型包括众泰汽车的大迈 X5、比亚迪宋、东风日产逍客、北京现代全新途胜、上汽通用五菱的宝骏 560 以及广汽乘用车的传祺 GS4。在这些增长幅度比较大的汽车品牌中，既有合资品牌，也有中国品牌。跌幅最大的是北汽银翔生产的北汽幻速 S3，2016 年销量为 98377 辆，上年同期为 164436 辆，同比下滑 40.20%。

表 4-8　中国 SUV 市场 2016 年销量及增幅

排名	车型	车企	2016 年销量（辆）	2015 年销量（辆）	同比增幅（%）
1	哈弗 H6	长城汽车	580683	373229	55.60
2	传祺 GS4	广汽乘用车	326906	131016	149.50
3	宝骏 560	上汽通用五菱	321555	145007	121.80
4	昂科威	上汽通用	275383	162941	69.00
5	途观	上汽大众	240510	255751	-6.00
6	长安 CS75	长安汽车	209353	186623	12.20
7	瑞风 S3	江淮汽车	197947	196779	0.60
8	哈弗 H2	长城汽车	196926	168517	16.90
9	本田 CR-V	东风本田	180319	156608	15.10
10	日产奇骏	东风日产	180202	166385	8.30

资料来源：中国汽车工业协会及汽车制造商等。

中国 SUV 市场波动较大有多方面的原因，其中包括新车型的推出或者车型老旧，另外有些企业市场反应速度慢，对 SUV 的产品布局还在积极地探索和努力中。另外，较大的市场波动也反映出，中国 SUV 市场还远远没有进入稳定成熟的状态，必然要经历一个市场优胜劣汰的选择过程。

美国市场 SUV 车型的市场表现跳跃幅度一般。美国 SUV 市场销量前 30 的车型中，波动最大的车型也是增幅最高的吉普 Renegade，2016 年销量为 106606 辆，上年同期为 60864 辆，同比增长 75.2%；跌幅最大的是 GMC Terrain，2016 年的销量为 87925 辆，上年同期为 112030

辆，同比下滑 21.50%。美国 SUV 市场缺少处于销量绝对优势的车型，各品牌整体表现差距不大。

5. 中国自主 SUV 配置相比他国差距不明显

美国市场的数据显示，从车型配置来看，美国市场的 SUV，配置率达到 100% 的技术，或者说是在售 SUV 的标配包括蓝牙、侧气囊、稳定控制系统和牵引力控制系统等。配置率达到 96.7% 以上的技术包括导航、天窗、免钥匙发动系统、卫星无线接收器、氙气大灯、外置摄像头、座椅加热、iPod 接口。64% 的 SUV 配有预碰撞安全系统，62% 的 SUV 有车辆牵引索，51% 的 SUV 配有 DVD 播放器。

再看中国市场，在 10 万元人民币以上的中国自主品牌 SUV 车型中，GPS、倒车影像、免钥匙发动系统、动态稳定控制系统（ESP）、氙气大灯、胎压检测、蓝牙和倒车雷达的安装率分别为 82.6%、90.8%、75%、76%、30.3%、74.3%、96.9% 和 93.8%。

从通信、安全等技术配置方面来看，10 万元以上中国主流品牌 SUV 和美国市场的 SUV 相比，差距并不明显，甚至在某些方面，比如数字化技术的配置方面中国 SUV 是领先的。

（三）中国 SUV 品牌建立中国特色 SUV 细分市场

1. 在发达国家 SUV 是比轿车更高的消费

图 4-6 是美国轿车市场价格梯度的比较。在美国轿车市场，小型车在 2 万美元以下这个区间开始已经是一个比较明显的竞争区间，但是美国的 SUV 市场在 2 万美元以下，是一个隐性的狭小的细分市场，竞争车型比较少，活跃度极低。在美国轿车市场，中型尺寸轿车在 2 万~3.5 万美元产品密集，是主要竞争区间。大型尺寸轿车主要集中在 3 万~4.5 万美元。

美国的 SUV 市场产品密集区在 2.5 万~5 万美元（见图 4-5），高于美国大型轿车所在的价格区间，更高于美国整个轿车市场所在的售价区间。

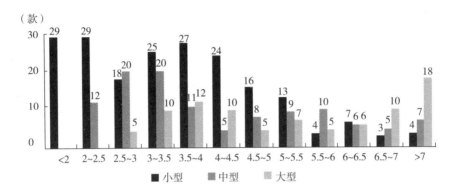

图 4-6　美国轿车市场各价格区间（单位：万美元）车型款数分布

数据来源：《美国新闻》网站、汽车制造商及其他美国汽车综合导购网站。

2. 美国以及中国市场跨国公司旗下 SUV 与同一平台轿车价格比较

SUV 在美国兴起，在欧美等发达国家，SUV 价格区间高于轿车。从价格上看，SUV 是比轿车更高档次的消费。以下选择性地比较了在美国市场以及中国市场，跨国公司同一平台下的 SUV 车型与轿车车型的价格，这不是一个完整的统计，但是可以说明价格差的存在。表 4-9 显示，在美国市场，SUV 比同平台轿车的价格可以高出 5000~15000 美元；在中国市场，SUV 的价格比同平台轿车价格可以高出 7 万 ~13 万元人民币。不考虑中美市场的差异和产品差异，SUV 与同级别轿车的价格差是客观存在的。对于消费者来说，在轿车和 SUV 之间选择的时候，面临多花多少钱的问题。

表 4-9　美国市场及中国市场同平台 SUV 与轿车价格比较

SUV 车型	美国市场 MSRP（万美元）	同平台轿车	美国市场 MSRP（万美元）	SUV 与轿车价格差（万美元）
丰田汉兰达	3.06~4.2	丰田凯美瑞	2.3~3.4	0.76~0.8

续表

SUV 车型	美国市场 MSRP（万美元）	同平台轿车	美国市场 MSRP（万美元）	SUV 与轿车价格差（万美元）
丰田 RAV4	2.4～3.62	卡罗拉	1.85～2.2	0.55～1.42
SUV 车型	中国市场 MSRP（万元）	同平台轿车	中国市场 MSRP（万元）	
福特翼虎	18～28	新福克斯	11～17	7～11
现代途胜	16～24	伊兰特	8.98～10.4	7.02～13.6
全新途观 L	27～29	高尔夫 7	14～18	11～13

资料来源：根据美国汽车消费综合网站、美国市场公开信息整理。

3. 中国 SUV 消费门槛远低于发达国家

通过以上对比，可以非常清晰地看到，中国的 SUV 消费门槛远远低于发达国家美国或者德国。在 13 万～15 万元的这一 SUV 市场，是中国市场特有的现象，不仅因为它具有非常鲜明的价格特征，还因为它与中国自主 SUV 存在高度的共生关系。

中国自主 SUV 之所以能够在合资品牌密集的竞争环境中赢得自己的空间有多方面的原因。

第一，中国自主 SUV 以独特的性价比优势，降低了消费门槛。

和美国市场 SUV 的消费从 1.9 万美元起步完全不同的是，在中国市场，SUV 产品的价格最低下探到 5 万元人民币以下，这在发达国家是不可想象的。主流 SUV 所在的 8 万～15 万元的价格区间也有合资车型进场，这样的价格水平，可以说是一个有着基本品质要求的一般性的轿车消费水平。中国自主品牌 SUV 以独特的性价比优势，可以让中国消费者以一定档次的轿车的消费能力购买到功能更多、乘坐和行李空间更大、视野更好的 SUV 车型，降低了 SUV 的消费门槛。

第二，中国自主 SUV 以敏锐的洞察力，准确及时地把握了本地消费者的需求。"入世"以来，中国经济发展步入新的阶段，人民生活水平不断提高，城市化进程加快，"70 后"、"80 后"等汽车消费群体建立家庭，国家政策支持"二孩"等各方面的因素不断刺激汽车需求。人民生活水平提高以后，生活方式和出行方式也发生了变化，休闲出游的时间开始增加；在感官审美上，对汽车追求更好的视野，更时尚靓丽的外形。另外，还有相当数量的消费群体考虑换车，而从发达国家的情况来看，换车时对 SUV 的偏好一般也会比较大。

中国不同区域、不同经济发展水平的多样化的消费需求刺激偌大的 SUV 市场呈阶梯状的发展态势，从东南沿海向内陆，从一线大都市向二线、三线城市直到城镇推进。这些不同区域的群体对于 SUV 的消费需求也呈现出比较大的跨度。而中国自主 SUV 正是在这样的跨度中，找准了自己的用户，满足了他们的消费偏好。

第三，中国自主 SUV 创造了不同于发达国家汽车业的独特制造能力。从内因来看，中国自主 SUV 能够在中国特色的 SUV 市场发挥巨大的供给侧的推动作用才是其取得良好成绩的关键。如果没有优于发达国家汽车生产国的性价比优势和制造能力，中国特色的 SUV 市场只能是昙花一现，产品不会经得起这么长时间的考验，市场表现也不可能呈现向好的趋势。

但是，也必须看到，中国自主 SUV 产品整体水平参差不齐。一些产品在动力性、通过性等性能方面，以及隔音效果、内饰等细节方面，还有售后服务等方面仍然有待改进，一些产品还存在局部设计不合理、油耗偏高等"硬伤"。

4. 中国自主 SUV 具有独特开发路径

跨国汽车公司的 SUV 产品一般与全球市场知名轿车共享平台，很多 SUV 产品是基于成熟轿车车型的平台开发的。这种开发能力需要时间和资金的巨大投入。

表 4-10 跨国汽车公司 SUV 及所属平台

SUV 车型	SUV 所属平台	同平台轿车
福特锐界 Edge	福特 C/D 中型车平台	蒙迪欧
福特翼虎	福特全球 C 平台	新福克斯
现代途胜	现代起亚 J3/J4 平台	伊兰特
起亚 KX5/智跑	现代起亚 J3/J4 平台	赛拉图
全新途观 L	大众 MQB 平台、PQ35 平台	高尔夫 7
斯柯达柯迪亚克	大众 MQB 平台	新明锐 1.6
丰田汉兰达	丰田 K 平台	丰田凯美瑞
丰田 RAV4	丰田新 MC 平台、TGNA 平台	卡罗拉
CR-V	本田新 Civic 平台	Civic
HR-V	本田 Fit 平台	Fit
日产奇骏	雷诺日产 C 平台	轩逸 Sentra

资料来源：美国汽车消费公开数据、汽车制造商等。

　　上述知名汽车开发平台经过不断的优化，更适合模块化生产，赋予整车制造商更多生产柔性，便于在全球不同市场进行本土化产品改进和生产，模块化平台已经成为各大车企节约成本、提高生产效率的重要手段之一。

　　跨国汽车公司仍然在努力进一步缩减平台的数量。以福特为例，该公司 2019 年计划每个平台平均可打造 6~7 款车，通过 8 大平台打造至少 52 款车型。同一平台的产品可大量采用通用化的零部件和动力总成，降低制造和采购成本，在研发方面也可节约资金。

　　中国的 SUV 开发是从无到有，靠自身努力不断摸索的过程。2003 年以前，中国汽车市场没有形成 SUV 的概念，当时，一些企业在越野车和皮卡平台上开发出厢式车开启了中国 SUV 发展历史，当时代表车型包括猎豹、BJ2020、陆风、赛弗、万丰、江铃宝威，如今，第一批中国 SUV 很多已经进入历史。

　　2003~2004 年，SUV 初步确立了一个细分市场，2005 年以后逐渐进入成长期。城市型 SUV 越发强势，越野型 SUV 变成非主流和小支流。

中国自主 SUV 的开发路径不同，既有像长城汽车这样直接面向中国 SUV 市场，依靠自己的力量，掌握很大主动权的自主开发；也有像广汽这样的自主正向研发，面向市场的全系列全品类产品的自主开发；也有像其他汽车企业那样，部分环节整合全球资源的自主开发。

中国自主轿车的整体市场竞争力这些年来并不理想，而 SUV 的开发因为市场好，所以开发能力也得到强化，但是与跨国汽车公司的柔性大平台相比，自主品牌企业有的正迎头追赶，有的还有很大差距。

（四） 全球、美国、中国 SUV 销量前十产品对比

1. 全球销量前十 SUV 产品特点

相关数据显示，在 2016 年全球销量前十的 SUV 中，日系占据 50%，另外韩国有两款，中国、德国和美国各有一款，发动机排量大致为 1.5~2.5L，基本上都有 2.0L 或者等同排量的动力版本。从上市时间看，既有经过 20 多年市场检验的车型，也有最近几年初出茅庐的新车型。丰田和本田的畅销 SUV 排名靠前，这两个企业也比较擅长于集中精力，精心打造、持续改进某一款或者某几款车型，使其在全球不同市场不断磨合，促其经久不衰。

表 4-11　2016 年全球 SUV 市场销量前十

排名	车型	2016 年销量（辆）	投放时间（年份）	发动机排量及类型
1	本田 CR-V	752670	1995	2.4L 1.5T
2	丰田 RAV4	723988	1994	2.0L 2.5L 或 2.2L 柴油 2.5L 混动
3	现代途胜	639053	2004	1.6L 2.0L 或 1.7L 2.0L 柴油
4	哈弗 H6	580683	2011	1.5L 2.4L 汽油或 2.0L 柴油
5	大众途观	519656	2007	2.0T（美国市场 2017 款）
6	起亚狮跑	492669	1993	1.6L 2.0L 2.4L 汽油 1.7T 柴油
7	日产逍客	449520	2006	1.2L 1.6L 汽油 1.5L 1.6L 柴油

排名	车型	2016 年销量（辆）	投放时间（年份）	发动机
8	日产奇骏	412729	2000	2.0L 2.5L 及柴油和混动版
9	日产 Rogue	373436	2007	2.0L 2.5L
10	福特翼虎	371133	2000	1.5L 2.0L 2.5L

资料来源：根据海外市场公开信息整理。

2. 美国 SUV 销量前十及特点

从车型的尺寸和动力来看，美国市场前十位的 SUV 中，排量在 2.0L 以上的车型有 8 款，涡轮增压发动机比较少见，3.0L 以上的车型共有 4 款，包括两款 3.5L 和两款 3.6L 的 SUV。

表 4-12　2016 年美国 SUV/跨界车市场销量前十

排名	SUV/跨界车	2016 年销量（辆）	发动机排量	轴距（mm）
1	本田 CR-V	357335	2.0L 2.4L	2659
2	丰田 RAV4	352154	2.0L 2.5L	2659
3	日产奇骏	329904	2.0L 2.5L	2705
4	福特翼虎	307069	1.5T 2.0T	2689.86
5	福特探险者	248507	2.3T 3.5T	2865.12
6	雪佛兰探界者	242195	1.5L	2725.42
7	吉普大切诺基	212273	3.6L	2915.92
8	吉普切诺基	199736	2.4L	2700.02
9	吉普牧马人	191774	3.6L	2946.4
10	丰田汉兰达	191379	3.5L	2788.92

资料来源：美国汽车消费公开数据、汽车制造商等。

3. 中国 SUV 销量前十产品特点

在中国销量前十的 SUV 中，中国本地品牌共有 6 款，表现相当抢眼。另有 3 款全球 SUV 销量排名前十以内的车型，以及一款通用紧凑型 SUV。

排量在 2.0L 以上的车型有 5 款，小型涡轮增压发动机比较多见，排量最高的车型为 2.5L 发动机，3.0L 以上的车型没有。

表 4-13　2016 年中国 SUV 市场销量前十

排名	车型	2016 年销量（辆）	发动机排量（单位：L；T：涡轮增压；无特殊标示为汽油机）	轴距（mm）	MSRP（万元）	国产车上市时间
1	哈弗 H6	580683	1.3T　1.5T　2.0T	2680	8.88~14.68	2011 年 8 月
2	传祺 GS4	326906	1.3T　1.5T	2650	8.38~14.68	2015 年 4 月
3	宝骏 560	321555	1.5T　1.8L	2750	6.98~10.58	2015 年 7 月
4	昂科威	275383	2.0T	2750	20.99~34.99	2014 年 10 月
5	途观	240510	2.0T	2684	19.98~31.58	2010 年 3 月
6	长安 CS75	209353	1.5T　1.8T　2.0L	2700	7.88~18.48	2014 年 4 月
7	瑞风 S3	197947	1.5　1.6	2560	6.58~9.58	2014 年 8 月
8	哈弗 H2	196926	1.5T	2560	8.68~12.88	2014 年 7 月
9	本田 CR-V	180319	2.0L　2.4L	2620	17.98~24.98	2004 年 4 月
10	日产奇骏	180202	2.0L　2.5L	2706	17.98~26.88	2008 年 11 月

资料来源：中国汽车工业协会、中国汽车消费公开数据、汽车制造商等。

在排名前十的中国品牌 SUV 中，哈弗 H6、宝骏 560、长安 CS75 三款车型之所以在中国 SUV 市场取得如此突出的成绩，有多方面的因素，并且这些因素都充分地体现了中国汽车企业这些年的成绩，也充分地体现了中国消费者的偏好。

这三个自主品牌已经很有市场号召力，哈弗来自中国最大的 SUV 汽车企业，宝骏来自上汽通用五菱，有上汽通用的品牌背书，长安通过这些年来的积累以及在自动驾驶等技术方面的尝试，也积累了比较好的品牌形象。其他包括江淮、比亚迪等也都形成了一定的市场口碑，充分反映了中国消费者对于本地汽车品牌的认可，对中国汽车品质的印象已经大有改观，这是中国汽车品牌共同努力的结果。

　　上述三款车有一个共同特点，即空间大，内部乘坐空间相对宽敞。三款车型的轴距分别是 2680 毫米、2750 毫米和 2700 毫米，这种空间的阔绰感和乘坐舒适度很好地提升了中国汽车消费者的满意度。以 10 万元左右，甚至 8 万元、9 万元左右的价格，购买到这样的配置和乘坐空间，性价比较高。对于不少收入稳定，购置第一辆车的家庭或者年轻人而言，这样的车型非常好地改善了生活方式，这个价位也不会有很大的经济负担，不管是短途出游、访亲会友，还是日常休闲及通勤都能应付。

三、中国 SUV 主流企业与跨国汽车公司竞争中的优势与差距分析

（一）优势

1. 对中国市场更熟悉、反应更迅速

　　跨国汽车公司一般有比较系统的产品规划和相对完善的产品系列，他们根据全球不同区域市场的特点会对产品进行适应性改动，比如为了迎合中国消费者喜欢大空间的需求，将部分车型的轴距加长等。但是，在制造的诸多环节要按照统一的标准执行。一般地，跨国汽车公司的理念是凭借既有成熟产品在不同区域市场找到其消费群体，按照车型所定位的细分市场的成熟度决定是否引入相应车型。但是中国自主品牌企业的思路是从中国消费者的需求出发，这从根本上决定了本地企业对本地市场的反应更迅速。

　　汽车不同于一般性产品，其开发周期比较长，制程企业需要与供应商等方方面面进行大量的协调工作，还有大量试验工作，对于合资企业来说，整个流程需要的时间很长。一般来讲，外资或者合资汽车研发周期长，完整的周期大概要四年多的时间，如果考虑到产品开发以前还需要公司决策层甚至总部的支持，那么需要的时间会更长。

但是扎根本土的自主品牌企业由于对本地汽车消费者的需求有比较深的认识和了解，在开发过程中可以利用地缘优势等，从决策层到执行层沟通协商的成本会节省很多，对市场的反应速度更快，对本地消费者的需求把握更精准。

SUV 市场中本地汽车品牌占主导地位几乎是汽车大国，或者汽车业基础较好的国家的一个普遍现象。如前文所述，在德国、美国、韩国等地的 SUV 市场，销量靠前的 SUV 车型以本地品牌居多。这正是因为本国品牌产品更能精准地把握住本地消费者的需求。

2. 在特定细分市场的性价比优势显著

表 4-14 是中国 SUV 市场 2016 年销量前十的车型。中国自主品牌 SUV 的热销产品主要的价格区间在 8 万~15 万元。在这一个价格区间，自主品牌产品车型多，热销车型也多，在这个细分市场占据绝对主导地位，性价比优势非常明显。

表 4-14　中国 SUV 市场 2016 年销量及增幅

排名	车型	车企	2016 年销量（辆）	同比增长（%）	MSRP（万元）
1	哈弗 H6	长城汽车	580683	55.60	8.88~14.68
2	传祺 GS4	广汽乘用车	326906	149.50	8.38~14.68
3	宝骏 560	上汽通用五菱	321555	121.80	6.98~10.58
4	昂科威	上汽通用	275383	69.00	20.99~34.99
5	途观	上汽大众	240510	-6.00	19.98~31.58
6	长安 CS75	长安汽车	209353	12.20	7.88~18.48
7	瑞风 S3	江淮汽车	197947	0.60	6.58~9.58
8	哈弗 H2	长城汽车	196926	16.90	8.68~12.88
9	本田 CR-V	东风本田	180319	15.10	17.98~24.98
10	日产奇骏	东风日产	180202	8.30	17.98~26.88

资料来源：中国汽车消费公开数据、汽车制造商等。

从 15 万元开始继续向上走，开始进入韩系、美系、日系和德国品牌的主要战区。中国主要 SUV 产品的价格区间与跨国汽车公司 SUV 产品的价格整体有比较大的区别。

在 15 万元、18 万元、20 万元以上的市场，自主品牌近来不断尝试，16.38 万~25.98 万元的广汽传祺 GS8、15.98 万~22.98 万元的长安 CS95、18.38 万~25.68 万元的长城哈弗 H8 等高端产品陆续推出。哈弗 H8 重复上市了几次，但是销量没有达到预期，显示出自主 SUV 向高端市场突围的压力比较大。长城方面表示，将通过不断的技术提升，不断地创新，对 20 万元车型不断加强研发。要让产品在 15 万元以上的市场，获得广为认可的性价比优势还需要产品和品牌的锤炼。

自主 SUV 的性价比优势体现了自主汽车企业在采购体系管理以及整个运营效率方面的进步，同时，也是自主品牌在利润上进行让步的结果，始终停留在以价格取胜的阶段终究会遇到极限。从长远来看，中国汽车品牌必须向上走，才能真正与跨国汽车公司相抗衡，才能在全球汽车业站稳脚跟。

3. 中国消费者对自主品牌的认同感越来越强

过去几年里，中国自主品牌 SUV 在销量和市场占有率方面进步很大，同时，更为值得关注的是，自主品牌在品质和价格上也有了相当大的突破。10 万元、12 万元已不再是自主产品不可触碰的"天花板"，一些产品已在 15 万元市场站稳了脚跟，并向 18 万元甚至 20 万元以上发起冲击，与合资品牌相抗衡。

而与此同时，跨国汽车公司长久以来的品牌优势不再是一个神话。在中国市场，不断有跨国汽车公司遭遇品牌危机，不乏国际市场知名的畅销车型涉入危机，危机的导火索有营销方面，也有产品技术方面的问题。中国消费者真正体会到跨国汽车公司的所谓国际品牌不代表完美，也不代表真正的全球统一的售后服务标准，中国消费者增加了汽车消费的经验，变得更加理性，更能够客观、公正地评价不同的汽车品牌。

从自主品牌的市场表现，能够看出中国消费者对于它们的认可。2016 年，自主品牌乘用车年销量首次突破 1000 万辆大关。吉利汽车 2016 年产销 76.59 万辆，增幅高达 50.2%。长城汽车 2016 年销量 1074471 辆，同比增长 26.01%。长安自主品牌 2016 年的销量为 1718126 辆，比销售目标翻了整整 1 倍，长安的自主品牌乘用车已经超过合资品牌，其中 SUV 的销量超过 54 万辆，同比增长 51.9%。自主品牌业务方面，广汽传祺 2016 年累计销量达 372034 辆，同比增长 90.66%，利润贡献率已超越同类多数合资品牌。

自主品牌能取得消费者认可的背后，是自主汽车企业在研发制造销售各个方面的不断突破，市场回报与中国自主品牌这些年来的努力是客观匹配的。

4. 中国车市梯度大， 有利于自主 SUV 企业创造中国特色产品和制造体系

和欧美汽车发达国家不同，中国市场跨度非常大。中国有与其他国际大都市接轨的一线城市，比如北京、上海、广州、深圳，也有包括直辖市和省会城市在内的二、三线城市，还有四、五线城镇。这些不同地区的城镇人口对汽车的需求也呈现了非常大的跨度，比如在一线城市，主流车型和高档车型的销售占比会更高一些，但是在人口更为广阔的其他城镇，中低档汽车销售量会更大一些。他们的消费特点也不同，对汽车的价格配置品牌都有不同的需求，在这样一个广阔的市场空间里，自主品牌有很大的发挥和发展的空间。

中国市场的高梯度、大容量为自主品牌向上发展，实现技术和品牌的积累提供了时间的缓冲，而且汽车是讲究规模效应的，以中国这样的全球独一无二的巨大市场容量，自主品牌企业在新产品和新技术的研发方面有更大的通过增加销量而降低成本的空间，企业暂时无须借助海外市场的销量就可以摊销成本，为研发和规模扩张进行原始积累。

自主品牌企业如奇瑞、吉利、长城、长安、江淮等中国 SUV 领先企业，在高性价比 SUV 产品方面创造了中国特色的产品形态和生产营销体系，形成了独特的竞争优势，掌握着 15 万元以下这部分 SUV 细分市场的主动权。将来，把握住自己的客户，提高产品力和服务水平，不断提高品牌忠诚度，中国自主 SUV 品牌相对于跨国汽车公司的性价比优势将得到强化和延伸。

5. 危机意识强、学习能力强、进步快

（1）危机感强。与跨国汽车公司的职业经理人高管不同的是，中国自主品牌企业的领军者有深刻的危机感。一位大型汽车集团的总裁曾说，"在当前占据优势的 SUV、MPV 领域，一旦行业出现增长降低或竞争激烈时，中国品牌的竞争力就会迅速下降"，"唯有世界一流才不会被淘汰，只做中国一流一定会被淘汰。"一位自主 SUV 企业董事长曾经在接受媒体采访时说，"汽车市场如果总是高速发展，中国品牌就不会重视核心技术研发，也就无所谓优胜劣汰。""我特别怕市场突然好了，突然一好的话，中国汽车产业创新力度就会衰弱。"一位民营汽车企业负责人曾说："造汽车从全球来讲，其实大家都在拼搏奋斗。中国的汽车公司也不能有任何的懈怠，必须紧跟全球汽车技术发展的潮流。"

经过这么多年的发展，中国自主品牌轿车和国际品牌的差距仍然存在，尽管在 SUV 市场需求的刺激下，我们的自主品牌 SUV 市场表现很好，但是就汽车业从设计、开发、制造到营销等各个环节，我们的能力还有很大的上升空间。对此，我们自主汽车企业正在不懈努力奋力追赶。

随着中国汽车工业的发展壮大，特别是 2001 年以后，中国汽车自主品牌异军突起，发展迅猛，日益成为中国汽车业的一支重要生力军。危机意识、强烈的使命感促使他们以更快的速度向领先者学习。他们在产品设计、开发和制造、营销方面有了多年的积累，成长迅速，在

外形设计、关键零部件的开发和制造能力方面，今日的自主企业与十几年前不可同日而语。

中国品牌从 2000 年以来，经过十几年的努力，从产品开发到市场战略可以说有了质的飞跃。比如，吉利汽车从当初借鉴成熟的技术到如今形成布局全球的研发体系，从靠低价走量开始，到如今开发出整合全球资源的旗舰车型博瑞。在前瞻技术的开发和运用方面，比如长安在智能化方面，有 600 余人的专业团队，加大了美国研发中心以及软件研发方面的投入，携手科技互联网公司，促进智能化技术发展。

（2）开发能力不同以往，外形设计与全球接轨。过去 15 年，SUV生产企业技术实力迅速壮大。中国自主品牌汽车企业吉利、奇瑞、长城、广汽、上汽和长安等都已经完成了研发布局。

善于利用全球资源是中国自主汽车企业学习能力强的体现之一。目前主流自主品牌企业都在海外建立自己的设计中心，比如，奇瑞也在组建欧洲中心。自主品牌企业有能力与世界一流的设计师和技术专家合作，自身设计与开发能力有了很大的提升。

目前自主品牌的造型设计已经不同程度地达到国际水平，有些企业的海外技术中心也负责基础性技术的研究，包括动力系统、底盘等。

通过十多年的积累，长安目前已经拥有了 5 国 7 地研发中心。其中包括四大海外技术中心，位于意大利都灵的设计中心、英国诺丁汉的动力中心以及位于日本横滨的内外饰设计中心，共有超过 7000 名研发人员。这三个海外中心侧重于设计与动力系统，而美国中心主要承担长安汽车的底盘开发与调校，并且新引入了智能驾驶的任务。

广汽研究院已形成多个研发基地的布局，包括总投资达 38 亿元、位于广州番禺的总院，广州五山分院、杭州分院以及正在拓展的海外分院。广汽研究院对广汽自主品牌产品进行了总体规划与开发，已成功开发了传祺 B/C 级轿车、SUV 车型传祺 GS5/GS4、全新 A/A0 级车型平台及中级轿车传祺等一系列量产车型。自主研发的 G 和 GS 两大系列发动机产品覆盖 0.7~2.0L 排量，应用于广汽传祺。广汽正在美国硅谷着手建立研发中心，以便引进人才、促进知识产权的交易和无人驾驶技术、智能网联汽车的发展。

吉利汽车集团在浙江杭州建有研究院，形成完备的整车、发动机、变速器和汽车电子电器的开发能力；在中国上海、瑞典哥德堡、西班牙巴塞罗那、美国加州设立了造型设计中心，构建了全球造型设计体系；在瑞典哥德堡设立了吉利汽车欧洲研发中心，打造具有全球竞争力的中级车模块化基础架构。吉利欧洲研发中心，主要从事汽车的基础性技术的研究，比如动力总成、底盘、转向系统、车身轻量化、车内空气质量、汽车安全技术、电子电器、自动驾驶等，未来双方将共享这些研究成果。

上汽通用五菱新研发中心占地面积达 564 亩，总工程将于 2018 年12 月竣工。工程共分为四期，其中一期将建成 NVH 实验室、环境模拟实验室；二期将针对电子电器，建成零部件试验室、材料试验室、结构试验室；三期规划建设发动机试验室、排放耐久试验室等；四期最终完成整车性能试验室、拆解试验室、造型中心等建设。一个功能相当全面的研发中心，是上汽通用五菱对提升自主研发能力的一次重大投资。

2016 年 1 月，长城汽车在日本设立的第一个海外技术中心投入运营，开启整合全球资源的新阶段。它还计划在北美、欧洲和印度开设研发中心。20 年来，长城汽车自主研发成果包括 3.0L 直列六缸两级废气涡轮增压柴油机+8AT 动力总成、缸孔内壁陶瓷化技术、全地形控制系统等。长城汽车技术中心拥有近 7000 人的研发团队，具备轿车、SUV、皮卡三大系列车型以及动力总成的开发设计能力，可同时开展十多个车型开发。整车造型、工程设计、CAE、试制试验、发动机、变速器等各个环节都形成了自主的技术、标准以及知识产权。

江淮汽车于 2005 年在意大利都灵设立了第一家海外设计中心。

2006 年 11 月，江淮汽车在日本东京设立了第二家独立设计中心。江淮汽车日本设计中心的设计研发功能逐步发展、完善，承担起车辆内饰和外饰造型的开发工作。江淮汽车已形成整车技术、核心动力总成和自动变速箱及软件系统等关键零部件研发、试验验证和标定开发等完整的正向研发体系，建设有整车碰撞试验、NVH 试验、电子电气设计验证、整车环境及耐久试验等验证中心，拥有一支近 5000 人的高水平研发团队，构筑了五层次的研发体系。

在短短十几年间，自主品牌的研发能力、制造能力等不断进步，这些是自主 SUV 近年来能够在中国汽车市场持续保持强势的根本。

（3）关键零部件的开发方面进步较快。在发动机技术方面，国内的长安、上汽、吉利、奇瑞、长城、江淮等都已经具备了一般轿车发动机的生产能力。比如，广汽还自主开发了 2.0T 直喷涡轮增压发动机，长安汽车的大型 SUV 长安 CS95 搭载的是长安汽车 100%自主研发的蓝鲸 2.0TGDI 发动机，自主研发耗时 6 年，100%正向研发，填补国内 2.0L 及以上增压直喷发动机自主开发能力的空白。

奇瑞开发出了第 3 代发动机，即 1.6TGDI 涡轮增压缸内直喷汽油发动机，奇瑞方面强调，3 代发动机在升功率、热效率以及先进零部件集成技术等方面表现优异，达到了国际一流品牌发动机的技术性能水平，大大提升了中国汽车之"芯"。

变速器方面，奇瑞早年研发出拥有自主专利的 CVT 变速箱，随后又研发了 4AT。比亚迪自主研发出双离合变速器。吉利收购 DSI 后研发出自主 6AT。数据显示，中国自主品牌的汽车自动变速器已超过 120 万台的搭载率，突破市场占有率 10%，盛瑞获得了中国国家科技进步一等奖，打造了围绕汽车自动变速器的全产业链条。

中国汽车自动变速器创新联盟秘书长李盛其曾预测，"到 2020 年甚至于 2025 年，中国汽车自动变速器产业将跻身世界汽车自动变速器的强者行列。到 2020 年，粗略估算，我们将实现 650 万台左右的自主品牌搭载率，大概占36%。"还有很多关键零部件自主汽车企业还没有达到跨国汽车公司的水平，但是进步很快，在若干领域已经具备了正向设计开发的基础。

（二）差距

1. 开发能力和制造水平仍然有差距和制约因素

近年来，我国自主汽车品牌的研发能力从无到有，有了巨大的突破和进步，逐步掌握了乘用车的开发流程，生产出的产品经受住了市场的检验，得到消费者和专业人士的认可。一些海外分析师表示，中国 SUV 市场领先者如吉利、长城和传祺等品牌的质量水平优于其他自主汽车品牌，品质与跨国公司的产品不相上下，有些产品在一些方面甚至自主品牌表现更好。

自主品牌企业的研发能力与跨国汽车公司相比差距越来越小，但是仍然有一定的差距，比如有些技术标准还没有吃透，开发过程中某些关键环节还是需要借助外力，等等。

在关键零部件，如发动机、变速器与底盘系统的研发方面，自主品牌企业取得了很大进步，大都具有正向自主研发发动机的能力，但是发动机技术的可靠性以及整个动力系统的匹配度仍然需要市场和时间的考验。

汽车不是简单的产品，它需要一个非常强大的零部件体系作为支撑。现在，国际领先的零部件企业基本都已经在中国建厂，自主汽车品牌在零部件采购方面可以充分利用。在制造环节，建厂标准可以全盘参照国际领先标准，制造装备也可以直接从国外采购，中国自主品牌企业具备这样做的资金实力，但是在零部件采购方面以及制造装备方面，自主品牌企业对国外技术和产品资源的依赖度还是太高。

有数据显示，在零部件方面，外资背景的汽车零部件企业占整个市场份额的75%以上，大部分核心零部件市场份额由外资/合资控制。

根据商务部 2010 年统计，在汽车电喷系统、发动机管理系统、ABS、微电机、安全气囊等零部件产量中，外资企业所占比例分别为 100%、100%、91%、97% 和 69%。

一个国家汽车工业的竞争力与装备的先进性有很大关系，装备水平在很大程度上决定了汽车制造的水平和质量。我国汽车生产装备主要依赖进口，如先进焊接设备、冲压自动化设备、涂装工艺、工业机器人等。相关数据显示，我国汽车零部件行业对国外设备的依存度更高，达到 90%。

2. SUV 系列的产品线不完善， 中大型 SUV 较少

正如前文所分析的，自主品牌 SUV 以 1.5L 紧凑型居多，中大型尺寸的 SUV 产品布局还不够完善。在中大型 SUV 市场，排量 1.7L 以上的车型中，我国市场有 70 多款，国产有十几款，中国自主品牌大概有七八款，全尺寸全驱 SUV 寥寥无几。

如前文的表格所看到的，通用、丰田等跨国汽车公司在 SUV 领域的产品布局从小型到全尺寸应有尽有。另外，由于美国市场比较偏爱尺寸大、牵引力强的 SUV，企业在大型 SUV 这部分格外重视，一个子品牌下一般会设置至少两款大型 SUV，一款中规中矩的全尺寸 SUV 和一款四驱越野 SUV。

我国自主品牌 SUV 产品线偏重小型和紧凑型，这与我国汽车市场和自主品牌所处的发展阶段，以及自主品牌的技术水平有密切关系。大尺寸 SUV 价格最少从相当于 25 万元人民币起步，相当一部分价格在 35 万元以上，相当于高档品牌汽车车型的消费，这部分细分市场不是 SUV 消费的主流市场，也不是自主 SUV 的优势所在。在技术上，美国的全尺寸 SUV 一般基于热销皮卡的平台开发，而对于自主品牌来说，重新开发这样的平台投入比较大，而如果利用现有平台，柔性化生产全尺寸 SUV 的条件也不是特别成熟。

中国市场大型 SUV 的竞争方面，国际品牌在大尺寸 SUV 方面有非

常成熟的产品，直接引进即可。另外，这部分产品价格高，消费群体对于价格不是特别敏感，有利于国际品牌在中国市场的销售。2017 年春季，东风悦达起亚中大型 SUV 新车 KX7、东风本田中大型 SUV 新车 UR-V、上汽大众中大型 SUV 途昂以及广汽本田中大型 SUV 冠道 240TURBO 等已经在该市场布局。

3. 品牌溢价能力和影响力偏弱，向高端市场挺进压力大

随着汽车技术和品质的提升，当今中国消费者对本土汽车品牌的接受程度不断提升，中国品牌 SUV 的售价也在提升。相关数据显示，2016 年汽车制造商的平均销售价格上涨了 22%，但仍低于跨国公司汽车品牌。

2006 年开始，自主品牌在转型升级、战略调整的基础上向高端化突围。广汽传祺 GS8、长安 CS95 等高端产品 2016 年陆续推出。另外，吉利和长城分别推出高端品牌 LYNK&CO 品牌以及 WEY 品牌，还有奇瑞倾力打造的观致，直接定位高端细分市场。

自主品牌在向高端化突围的路上进步不小，但是困难还是不少。究其原因，除了产品力可能存在的差距，品牌差距也客观存在。

汽车品牌和其他品牌一样是非常讲究内涵的，日本和韩国的品牌历史相对于欧洲和美国，比如戴姆勒以及福特历史短，但是通过自身努力创造了独特的品牌价值。品牌需要汽车制造商长期持续地在技术、性能、可靠性、营销以及在售后服务方面不断地积累，不断地带给消费者好的产品和服务，不断地兑现自己的品牌承诺，才能慢慢地得到消费者对品牌的认知和认可。这个过程必然需要细心、耐力、定力，更需要时间。

4. 研发投入增长快，但与跨国汽车公司相比仍有很大差距

中国汽车企业在研发投入方面的增长速度非常快。根据普华永道战略咨询业务部门的统计，2015 年在全球 1000 家创新企业的名单中，一共有 92 家汽车企业，这些汽车企业总体在各个行业合计的研发投资

占比为 16.1%，同比增长 4.5%，在全球各个细分行业中排名第五。在这些汽车企业中，来自日本的汽车公司最多，其次是北美和欧洲，中国汽车企业的研发投入在过去几年中增长非常迅速，2015 年上汽集团进入，首次进入汽车企业研发投入前 20 名。中国在汽车研发投入总额中的占比增长非常迅速。2007 年中国汽车行业的投资占全球汽车行业的 4%，2015 年提升到 11%。另外，2015 年中国取代德国成为全球第二大汽车研发进口国。

普华永道的统计显示，2015 年大众汽车的研发总额达到 153 亿美元，占营收的 5.6%，位居全球汽车企业第一位。2015 年，丰田汽车的研发投入达到 92 亿美元，占营收的 3.64%。

相关数据显示，2016 年，长城汽车研发投入约为 31.8 亿元人民币，占营收比例为 3.2%；广汽集团的研发投入大约为 23.89 亿元人民币，占营收比例达到 4.83%；上汽集团的研发投入约为 94 亿元人民币，占营收比例为 1.4%；比亚迪的研发投入约 45.22 亿元，占营收比例为 4.37%；江淮汽车研发投入约 21.58 亿元，占营收比重为 4.11%。

中国汽车企业的研发费用占营业收入的比率一般达到 3%~5%。自主品牌汽车企业的研发投入占营收的比例已经接近于跨国汽车公司的水平，但是从研发投入的绝对额度来看，与跨国汽车公司的差距还比较大。另外，与其他行业里在国际市场成绩显著的中国企业相比，自主汽车企业的研发投入也还有距离。以华为为例，其研发占营业收入比例至少为 10%，10 年累计研发投入超过 2000 亿元。研发投入比较高的上汽 2015 年研发投入是 94 亿元人民币，而同期大众汽车的研发投入约合 1040 亿元人民币，差距是巨大的。

5. 乘用车产品战略不够均衡

中国自主汽车品牌在轿车方面还没有形成像 SUV 车型这样的性价比优势，暴露出企业在产品战略方面均衡性不足。SUV 市场的高速增长不会永远持续下去，在 SUV 市场不好的时候，市场压力会突然增大，有些比较小规模的非主流的、过度依赖 SUV 的生产企业可能会陷入困境。在轿车市场,自主品牌的市场占有率从 2012 年的 27%降到如今的19.3%。合资品牌轿车已经占到 80%以上的市场份额,中国自主轿车品牌在 15 万元以上的市场占有率明显不足,显示出产品力均衡性不够,轿车不强,就很难说有进入世界汽车工业主流的可能。

2017 年上半年,丰田美国负责人在谈到美国市场的 SUV 热时表示,"所有企业都在增加在 SUV 方面的投入,但是我们却在增加轿车领域的投入,我们一直希望能够在市场保持平衡。"在发展 SUV 的同时,不能忽视轿车市场。必须齐头并进,才能真正成为全球汽车市场的强者。对于面对整个乘用车市场,生产全品类车型的汽车企业来说,轿车产品的重要性是不言而喻的。

6. 国际市场的开发比较落后

在拓展海外市场方面,自主品牌不断调整战略和进行新的尝试。例如,奇瑞的计划是"五年之内进入欧洲市场,北美需要更长时间"。2017 年 4 月奇瑞海外市场销量突破 1 万辆,达到 10030 辆,同比增长58.2%,继续蝉联国内汽车企业出口销量第一位。2017 年 1~4 月,奇瑞累计出口销量 34190 辆,同比增长 25.5%。2017 年第一季度,奇瑞产品出口单价增长 24%,出口额同比增长 38%。

长城汽车董事长魏建军在 2017 年 5 月表示,长城汽车正在研究在北美建立生产线,计划在北美生产 SUV,并出口到其他海外市场。长城汽车首个海外工厂建于俄罗斯,计划 2019 年开始投产。长城汽车2016 年的总销量达到 107 万辆,哈弗 H6 车型功不可没,其年出口量不到 3 万辆。吉利、广汽等其他企业在提升工程制造和设计能力的同时,都将拓展海外市场作为自己的目标。

这些年来,我国自主品牌汽车在海外市场的发展进步不大。2016年,中国汽车整车出口仅 81 万辆,还不到全年汽车产量的 3%。

中国一些优秀的自主汽车品牌的部分产品已经具备进入欧美市场

的技术实力，可以做到与欧美市场一样的技术标准。但是海外市场拓展方面一直没有太大的进展，存在各种原因，包括对海外市场的监管和需求了解不够，实战经验不足，全球化运营的经验不足，海外合作伙伴质量参差不齐等。

还有一个更为重要的原因，就是自主品牌企业拓展海外市场的意愿不够强烈，拓展海外市场的动力和决心不够大。中国市场比日本和韩国市场规模大太多，本土市场已经有足够的空间让自主品牌企业生存下去，然而现代起亚以及丰田等，如果当年不在海外市场站稳，如果仅仅依靠本土市场，可能今天已经走向衰落，因此，日韩汽车企业开发海外市场是要解决生存的问题，压力是巨大的。

在全球 SUV 市场，进入全球销量前十的自主品牌车型长城只是在中国销售。而全球排名靠前的日本、韩国、美国等品牌的 SUV 产品是真正在全球诸多国家销售的车型。在拓展国际市场方面，自主品牌还是要有更强的紧迫感，把眼光放得更长远一些，还需要付出很多努力。

四、中国 SUV 未来会给世界 SUV 行业带来什么影响

（一）为全球汽车业带来更高性价比的产品

1. 自主汽车品牌已经走出以价取胜的阶段

作为全球汽车业的后起之秀，中国 SUV 品牌和跨国汽车公司相比，品牌影响力和号召力偏弱。在研发能力和制造水平上跨国汽车公司积累时间更长，持续投入持续保持领先。而中国品牌的优势在于高性价比。

高性价比绝对不是只讲价格，而是一种综合性的竞争力，这种竞争力体现了企业在产品开发和制造方面的基础水平。对于 SUV 产品来

说，自主品牌已经掌握了乘用车开发的流程，基本具备了发动机等关键零部件的开发能力，优秀产品的设计与国际接轨，产品力已经达到一定水平，最终产品已经赢得市场认可。自主品牌 SUV 连续 4 年保持有力增长，2016 年自主 SUV 销售接近 530 万辆，占 SUV 总销量的58.6%。尽管中国自主品牌向更高价格的市场冲击遇到阻力，正说明了与跨国公司的品牌相比，自主品牌综合竞争力有待提升。

2. 中国品牌在其他领域已经得到全球市场认可

中国是制造大国，中国制造的产品整体上处于产业链底部，相比发达国家，中国的产业工人工作环境和收入水平距离发达国家还有距离，利润水平也有很大差距。这些年来，中国制造在技术和品牌的发展上有了很大的进步。在局部领域，中国制造形成了全球知名的品牌，凭借高性价比优势得到全球消费者的认可和喜爱。在智能手机、个人电脑、大屏电视等领域，中国品牌在很多发达国家有忠实粉丝。比如在手机方面华为、中兴、小米，很多欧洲消费者都很熟悉，华为在全球智能手机销量排名前三，终端机和高端机占比过半；个人电脑方面，联想位居欧洲 PC 类前三名；在全球电视市场，海信以 5.6% 的市场份额排名第四；大疆无人机在北美个人消费无人机市场占有率达到 50%；等等。

发达国家的消费者是理性务实的，品质可靠的高性价比产品终会赢得消费者。质量可靠的高性价比中国品牌 SUV 假以时日通过不懈坚持也能逐渐在全球市场打开局面。

3. 全球汽车消费者需要高性价比产品

从汽车行业的发展历史看，日本汽车当年进入美国市场推出高档品牌时，韩国现代起亚进入欧美市场以及推出高档子品牌时，一样是面对巨大的压力和质疑的。如果讲品牌历史，日本和韩国的汽车企业与发明了汽车的奔驰以及推出 T 型车的福特是不可比的。但是日本汽车企业借助精益制造模式在价格、质量、成本之间找到了其性价比竞争力，逐渐在欧美市场得到认可，品牌内涵丰满起来。

性价比没有止境。当年丰田进军美国的时候，其最大的卖点就是价格适中且质量可靠。之后，韩国现代起亚逐渐成长壮大，建立了新的性价比优势。品牌历史无法复制，但是品牌内涵与性价比优势却可以通过多方面的努力而获得。市场竞争没有终点，性价比也没有止境。其他国家的消费者和中国消费者一样需要高性价比的产品。

（二）促进全球 SUV 行业良性竞争为全球消费者提供更好的产品和服务

目前，中国自主汽车品牌在 8 万~15 万元的价格区间占据主导地位，随着中国自主品牌汽车继续向高端迈进，与跨国汽车公司的产品将逐渐展开正面交锋。随着不同品牌之间竞争的加剧，中国自主汽车品牌将在供应商管理、产品策略、营销以及售后服务等方面给原本占据优势的跨国汽车公司带来触动，促使跨国汽车公司提供更有竞争力的产品和更好的服务。

在全球汽车销量方面，2016 年，全球前十的汽车企业中，排名第 9 的标致—雪铁龙全球销量为 314 万辆，排名第 10 名的戴姆勒，全球销量接近 300 万辆。销量居前的自主品牌企业中，吉利汽车销量超过 79.9 万辆，奇瑞汽车全年销量超过 53.99 万辆。吉利汽车集团计划到 2020 年实现年产销 200 万辆目标，进入全球汽车企业前十强。自主品牌能否成功冲击全球汽车销量排名，现在下结论为时尚早，长远来看未必没有可能。

（三）促进全球汽车业技术创新

过去几年来，SUV 之所以能在欧洲、美国、中国等众多市场保持高增长，带动整个乘用车市场的发展，很重要的原因是 SUV 这种产品形态，其大空间、高视野、时尚的设计、出色的性能和丰富的功能对汽车消费者而言比轿车产品有着更大的优势。从消费端来看，SUV 的需求是客观存在的。但同时，SUV 面对着日趋严格的油耗和排放的监管压力。

要同时满足市场需求和行业监管要求需要汽车公司进行技术创新。中国自主品牌 SUV 已经在纯电动以及混合动力 SUV 方面有很多动作，产品包括传祺 GS4 PHEV、荣威插电混动车型 eRX5、比亚迪唐等混合动力 SUV，以及纯电动 SUV，包括长安 SUV CS15 EV、江淮 iEV6S 纯电动 SUV 等。

中国正在向电动汽车社会转型。按照规划，到 2020 年，中国品牌纯电动和插电式新能源汽车年销量将突破 100 万辆，在国内市场占 70%以上；到 2025 年，与国际先进水平同步的新能源汽车年销量 300 万辆，在国内市场占 80%以上。2020 年我国电动车的保有量目标是 500 万辆。中国自主品牌加快在新能源汽车方面研发是必然选择，在新能源汽车方面，中国已经有全球知名的品牌，中国汽车品牌将与跨国汽车公司同台竞争，或携手，或直面竞争，互相促进技术进步。

随着无人驾驶汽车、互联汽车技术等的出现，当今全球汽车业的发展已经从传统的研发制造向以创新为驱动的制造和运作模式转变，这种创新往往需要一定的社会生活环境和充满活力的商业环境，这种环境正是当今中国所具备的。宝马中国公司首席执行官 Olaf Kastner 曾说过，"想要洞察未来的欧洲汽车制造商，一定要研究中国市场，中国消费者在数字化和通信技术方面领先于欧洲十年。"

2017 年 5 月，有传闻称，吉利收购美国飞行汽车公司 Terrafugia 正式获得美国相关部门批准，如果消息属实，意味着吉利将进军科技含量更高的飞行汽车领域。不单是吉利，对于奇瑞、长安、江淮、广汽等所有积极进取谋求自主发展的中国汽车企业而言，在创新技术领域、新能源汽车领域，机会很大。如今，正是中国自主汽车品牌不断突破自我、不断创新、不断实现质的飞跃的最好的时期。

在近两年的国际车展期间，不乏海外媒体对中国品牌 SUV 在外形设计上提出质疑和委婉的商业道德评判，但是这种现象必将是暂时的和局部的。未来 10 年，将是中国自主企业提升品牌的黄金时间，给中国 SUV 品牌几年时间，或许中国汽车品牌能够借助 SUV 的发展热潮打入发达国家市场。自强不息、积极进取的中国自主汽车品牌总要走出国门，参与全球汽车市场的竞争，搅动世界 SUV 行业一池春水，为全球 SUV 行业的发展带来新的理念和方法，促进全球汽车业的健康持续发展。

第五部分

企业发展报告

一、长安汽车及其 SUV 发展

回顾长安汽车的历史，其已经拥有 155 年底蕴、33 年造车积累，在全球有 16 个生产基地、35 个整车及发动机工厂、10 个重点海外市场。作为中国汽车四大集团阵营企业，2014 年长安品牌汽车产销量累计突破 1000 万辆，2016 年长安汽车年销量突破 300 万辆，2017 年入选央视"国家品牌计划"，成为中国汽车品牌行业领跑者。

长安汽车拥有来自全球 17 个国家的研发人员 1.1 万余人（其中高级专家近 500 人），先后有 14 人入选国家"千人计划"，研发实力连续 4 届 8 年居中国汽车行业第一。同时还在重庆、北京、河北、合肥，意大利都灵、日本横滨、英国伯明翰、美国底特律和硅谷建立起各有侧重的全球协同研发格局；建立起汽车研发流程体系和试验验证体系，确保每一款产品都能满足用户使用 10 年或 26 万公里。

产品布局方面，长安汽车推出了睿骋、CS 系列、逸动系列、悦翔系列、欧诺、欧尚、CX70 等一系列经典产品，同时在新能源汽车方面，长安汽车计划到 2025 年推出 24 款产品，累计销量达 400 万辆。智能化领域，长安汽车当前已掌握智能互联、智能交互、智能驾驶三大类 60 余项智能化技术，2016 年 4 月睿骋无人驾驶汽车完成从重庆到北京的 2000 公里无人驾驶测试，实现中国首个长距离汽车无人驾驶。

值得一提的是，长安汽车积极寻求合资合作，成立长安铃木、长安福特、江铃控股、长安马自达、长安标致雪铁龙等合资企业，并向外资企业输入中国品牌产品，建立中国车企合资合作新模式。

自 2010 年开始的四年里，长安提出创造市场需求，扩大市场份额，培育客户忠诚的策划理念。2012 年 10 月推出了长安第一款 SUV 车型 CS35，也开创了中国小型 SUV 的先河。目前，长安汽车旗下 CS 系列 SUV 车型已经完成细分市场布局——它们分别是小型 SUV 长安

CS15、紧凑型 SUVCS35、CS55，以及大型旗舰 SUV 长安 CS95。至此，长安已经完成了从小型 SUV 到大型旗舰 SUV 的各细分市场的初步覆盖。

总体而言，长安汽车在最近几年的时间里，以过硬的产品质量以及精准的市场定位，让自身发展达到了前所未有的高度，现今的长安汽车又以更加亲近的方式贴近消费者，让更多的消费者认知到长安汽车的努力。

（一） 长安 CS35

长安 CS35 是长安汽车自主研发的第一款 SUV，整体造型运动、干练、时尚。自 2012 年 10 月上市以来，凭借其时尚动感的外观内饰、舒适的驾乘体验赢得市场广泛认可，领先的动力技术和日本爱信 Ss—Ⅱ全新一代手自一体变速器，令 CS35 具有良好的操控性。全套美国天合 TRW 刹车系统兼容 ABS、EBD，采用四轮碟刹也令 CS35 具有卓越的安全性能，超越同级车的丰富实用配置更令 CS35 驾乘更加舒适便利。CS35 车型经历了四次改款，累计销量超过 55 万辆。

CS35 整车外观造型挺拔有力，线条流畅、犀利、干净利落。前脸造型极具冲击力。A 柱延伸曲线与前大灯形体相呼应，加上前发动机罩隆起的两条筋线，凸显出 SUV 不折不扣的强劲、运动的风骨。长安 CS35 的外观配置统一，不同配置车型间的差异很小。其全系都标配了盾形镀铬前进气格栅、鹰眼晶钻透镜大灯、镶嵌式雾灯、外后视镜集成侧转向灯和动感 V 形铝合金轮毂。另外，双翼动感组合尾灯、动感扰流尾翼集成高位制动灯、鲨鱼鳍天线、多功能行李架、镀铬排气筒和发动机装饰罩也是长安 CS35 全系车型的标准外观配置。

在内饰部分，CS35 的内饰整体采用了以驾乘者为中心的包裹式太空舱设计，立体悬浮式中控台、双炮筒式深海冰蓝光仪表盘以及皮质车门扶手。而刀锋式镀铬内开门拉手和运动针织顶棚内衬则体现出了

CS35 较为年轻运动的一面。全系配备百度 Carlife 功能。不仅拥有更快速的地图导航，还可快速实现找车位、找加油站、找美食等多项功能，除此之外还提供语音服务。另外，长安 CS35 内饰空间部分表现也很不错，对于身高 175cm 的体验者来说前后排的头部空间都超过了一拳，后排腿部空间也表现尚可。值得一提的是，后排地板也是基本平坦的，中间乘客的舒适性也能够得到保证。

长安 CS35 标配倒车雷达、电动车窗与液晶显示屏等装备，而电动天窗、自动空调、多功能真皮方向盘等则会出现在高配车型上。长安 CS35 在价格和配置方面都有着很强的竞争力，随着它的上市，长安 CS35 将在经济性、实用性和配置方面发起强有力的进攻。在安全配置方面，新长安 CS35 除最低款车型外，主打车型标配了 ESP 车身稳定系统、倒车影像以及 HHC 坡道辅助系统。

动力方面，长安 CS35 搭载全新一代 Blue Core 高效 H 系列 1.6L 发动机，具备"劲、净、静"三大优点。其中，"净"是指 CS35 匹配采用 DVVT、DOHC、低摩擦、轻量化及博世 STT 等技术，运转时油耗更低，动力更强，能够让每一滴燃油发挥最大效能。这款发动机最大输出功率为 125 马力，最大扭矩为 160 牛·米。1.5T 涡轮增压发动机的最大功率达到了 121kW（165 马力），最大扭矩达到了 250 牛·米。匹配全新 5 速手动变速器及日本爱信原装进口的 Ss—II 4 速 AT 手自一体变速器，全新 5 速手动变速器集合了采用三锥同步器、三点橡胶悬置隔震等技术，具有挡位精准、换挡顺畅、低震动等特点；日本爱信原装进口 Ss—II 手自一体变速器，是爱信最新换代产品，具有高效传递、燃油经济、换挡迅速等特性。

（二）长安 CS55

长安 CS55 是长安汽车在"生命动感，智色双旋"的全新设计理念下打造的一款紧凑型 SUV，新车共计提供搭载 1.5T 发动机的 8 款车型供消费者选择，其售价区间为 8.39 万~13.29 万元。新车主要定位于年轻、时尚的消费人群。长安还期望 CS55 年产销量达 20 万台以上。

从外观来看，长安 CS55 采用了长安全新的家族式设计风格，前大灯采用多边形设计，与六边形前进气格栅相接，眼神较为锐利，前脸六边形格栅内部是 "CHANGAN" 英文字符。保险杠两侧配备了 C 形 LED 日间行车灯和前雾灯。从侧面以及尾部来看，CS55 采用了时下流行的设计风格，比如向前倾斜的 C 柱和隐藏式的 D 柱。同时，新车尾部造型也较有层次感，保险杠下方采用了双边共两出排气布局，底部的银色防擦护板则与车头相呼应。

色彩方面，CS55 炫动红采用三重先进涂装工艺，呈现出炫靓质感，由高辉度铝粉整齐排列而成的红色金属层，闪耀均匀反射效果；着色层运用纳米级材料喷涂，色漆在 2 微米的厚度空间内精密分布，彩度值高达 88.05。

CS55 的中控台造型跟 CS75 和 CS95 都不一样，新车采用了环抱式设计，同时主/副驾驶侧的造型相对称。中控台使用了仿碳纤维饰板、红色缝线以及红色饰板等元素进行装饰，让车厢更具活力。可以说，长安 CS55 在内饰设计方面走了一条精致化路线，空调出风口和中控区域布局颇具设计感，配合中控台两侧的红色饰条，显得十分个性。与此同时，新车的座椅也采用了红黑配色，满足了年轻人对于运动感的喜好。新车全系标配 8 英寸多媒体液晶显示屏、电子手刹、第二排靠背角度调节、后排座椅 4/6 比例放倒等。此外，高配车型还配有发动机启停、后排空调出风口、分区自动空调等。

动力方面，长安 CS55 搭载一台 1.5T 涡轮增压发动机，最大功率为 156 马力，传动系统与发动机匹配的是 6 速手动或 6 速手自一体变速箱。自动挡车型的发动机低扭调得并不弱，配合较轻的油门踏板，原地起步很轻松。行驶过程中想要超车时，深踩油门它也会给你带来一定的推背感，同时车身对于油门踏板的指令不会有太多的迟疑，整个加速过程比较流畅。爱信6AT变速箱在CS55上表现得可圈可点，换挡不会有顿挫感，还善于领会驾驶者的意图。在换挡速度上，它的表现也能令人满意，日常家用能做到换挡不拖沓。另外，这款6AT变速箱经过了多年的市场检验，在可靠度和耐用性上也都有保证。值得一提的是，CS55配备了方向盘助力可调模式，这是长安首次尝试该功能，方向盘助力共分三种：舒适、正常和运动，转向力度递增。当设置为舒适模式后，偏轻的油门和刹车踏板与轻巧的转向更配。

（三）长安CS75

长安CS75是紧凑型SUV，介于CS55和CS95之间，源自长安全球研发平台，经历了4次改款，累计销量突破56万辆。

车身整体外形霸气硬朗，车身极具力量感。硬朗前格栅设计，野性天生一目了然；矩形前脸大灯，神形犀利凌人；流畅车身腰线，动感蓄势待发；质感金属镀铬装饰，狂野之下难掩精致；硬派轮毂造型，呈现不妥协的自在个性；可折叠加热外后视镜，灵动气息时刻释放。

2700mm轴距带来超越寻常的空间尺度，大尺寸的肩部空间、肘部空间及臀部空间带来舒适的乘坐感受。可放倒式后排座椅、超大后备厢及全车28处人性化储藏空间，巧妙设计尽显便捷实用，满足不同的用车需求。配备超大电动天窗，开启车顶无限宽阔视界。

内饰方面，一体化中控设计，时尚气质内外如一。多层立体式双炮筒仪表盘，搭配3.5寸TFT彩色显示屏，时尚色彩及灯光运用，各种行车信息一目了然。悬浮式的面板按键，功能设置触手可及。包裹性十足的座椅设计，选用上等皮革打造，配以红色缝线的设计，更添动感。

CS75延续长安汽车在安全性能上的极致苛求，严格按照C-NCAP的新五星标准设计，采用HEEAB高刚度钢吸能构架式车身，实现在高速碰撞中乘员生存空间的完整性。高强度钢用材重量占比高达40%；

前、后门防撞杆采用屈服强度大于 1200MPa 的超高强度材料，确保任何状况下都安心无虞。

配置方面，360°全景系统将车辆四周的状况直观展示于显示屏上，实现全车影像无盲区，更能轻松预见障碍，尽享安心；胎压监测系统，杜绝隐患尽享安然，搭载胎压监测系统；定速巡航系统，减轻在良好路况下长时间的驾驶疲劳，更减少因人为操控时车速变化带来的燃油消耗。整车采用 101 项静音设计和全车"三明治"隔音设计，有效隔绝外界喧嚣与嘈杂，怠速噪声仅 37 分贝；一键控制全自动空调，带来舒适的室内温度；8 向电动调节座椅，充分考虑人体乘坐姿势，让旅途更加轻松自由。

安全配置方面，来自世界顶级供应商德国 Continental 的 ESP 电子稳定控制系统，集成 EBD、ABS、TCS、ESP、HBA、HBB、ECD 多项领先科技，全面提升车辆稳定状态；AUTO-HOLD 电子驻车系统，可安心停驻，有效避免意外发生；BLIS 并线辅助系统，全面覆盖监测视觉盲区，超车以及变更车道时，侧方车况了然于胸，告别死角。

动力配置方面，BlueCore 2.0VVT 强劲能发动机，最大功率 116kW/6000rpm，最大扭矩 200N·m/4000-4500rpm，带来无可比拟的超低油耗表现；1.8T 涡轮增压引擎最大功率为 130kW/5500rpm，最大扭矩 230N·m/5000rpm，带来无可阻挡的快感。2.0VVT 搭载 6MT 高效变速器，具备高效传递效率，换挡顺畅自如，带来随心所欲的驾控感受。新一代爱信 6 速手自一体变速器，换挡积极迅速，控制功能丰富，更具优异的燃油经济性。终身免维护变速器油设计，减少后期维护成本。针对现代都市实际行车状况，搭载博世智能怠速启停系统，有效降低怠速油耗，减少二氧化碳排放，尽享低碳出行。

（四）长安 CS95

2017 年 3 月上市的长安 CS95 定位于中型 SUV，采用全新家族式造型设计，配备 2.0T 涡轮增压发动机，匹配 6 速手自一体变速器，新车定位于一款中大型 SUV，提供 5 座和 7 座车型可选，其中 7 座车型采用 2+3+2 的座位布局。长安 CS95 显然是瞄准火爆的传祺 GS8 而来，给消费者提供了更多 7 座 SUV 的选择空间。

迎合大尺寸的车身设计，CS95 整体风格趋于大气、稳重，与此同时，通过凌厉的车身腰线展现动感的一面。侧身侧面的 19 寸高亮铝合金轮辋彰显力量感。黑色车顶配以鲨鱼鳍式 C 柱设计，让 CS95 引领潮流。顶配车型的前翼子板上的"Turbo"标识中的"T"字母还更换为红色涂装，配合 C 柱上的"CA DESIGN"标识，凸显了顶配车型的与众不同。此外，新车 D 柱的造型也进行了修改。

在前脸部分，CS95 以巨大的家族式进气格栅为核心元素展开设计，配以科技感十足的 LED 大灯，塑造出一副高辨别性的前脸，同时也提升了该车的安全性能。侧面线条方面，长安 CS95 线条修长方正，尾部采用全新的尾灯以及双边共两出的排气设计。光纤后组合尾灯，与前大灯遥相呼应，镀铬双排气管力量感十足，暗示着 CS95 强大的性能。

在内饰设计上，CS95 内部采用了双色设计，其中，中控台采用了黑色配色，并采用了大量的弧线勾勒，试图营造出一定的时尚色彩；中控台副驾驶侧采用了棕色木纹饰板装饰，同时，新车座椅以及车门两侧也采用了深棕色设计，提升了一定的内饰质感。相比长安 CS95 车系中的其他车型，顶配车型的方向盘和挡把等处运用了大量带有特殊标识的金属质感材质，看上去更有档次。值得一提的是，顶配车型配备的先锋品牌音响还使用了金属材质的扬声器装饰罩，视觉效果与配备柏林之声音响的奔驰品牌车型有异曲同工之妙，十分具有质感。

配置方面，长安 CS95 不仅配备了 ESP + EBA + TCS、9 安全气囊、胎压监测、行车记录仪等常见的安全配置，包括并线辅助、车道偏离系统、城市预碰撞系统在内的多个职能安全辅助系统，更是提高了

CS95 的主动安全性能。除此之外，CS95 还配备了无钥匙进入+一键启动、360°全景影像、长安 Incall 3.0+T-BOX、手机映射、芝麻开门等科技娱乐配置。包括电动加热通风皮椅、三温区自动空调、先锋高级音响系统以及氛围灯在内的舒适性配置，则进一步提升 CS95 的乘坐体验。

动力方面，CS95 搭载了 D20T-GDI 发动机与 6 速手自一体变速器的动力组合。其中，D20T-GDI 发动机是由重庆长安动力研究院本部与英国研发中心联合进行设计开发的，采用了增压、直喷、双 VVT 等主流发动机技术。同时，还采用了双平衡轴设计，在长安 Blue Core 发动机家族中马力最大。这款 2.0L 涡轮增压发动机额定功率为 160kW、最大扭矩 350 牛·米，此外，新车将提供两驱和四驱车型供选择。

在 2016 年底，长安汽车成功突破 300 万辆目标，作为拥有数十年汽车领域积淀的自主品牌车企，对长安汽车的意义非凡，同时对整体自主品牌也具有深刻的积极意义。在瞬息万变的市场环境下，300 万辆既是总结也是起点，督促、激励长安向更优质产品前进。

二、上汽乘用车 SUV 产品进化论

SUV（Sports-Utility Vehicles）——运动型多用途乘用车，是世界汽车市场上发展历史较短的车型，但其市场增速却很快，尤其是 20 世纪 90 年代以来更是如此。2002 年，一批拥有皮卡血统的 SUV 适时涌入，成功激活了国内的 SUV 市场。在此后的十年中，SUV 逐渐告别了"另类车"的身份，进入主流车行列。

自 2012 年起，国内的 SUV 市场迎来连续 5 年的高速增长。根据中国汽车工业协会（以下简称中汽协）数据显示，2016 年，我国 SUV 总销量为 944 万辆，占整个乘用车市场的 37%。2017 年上半年，SUV 同比增长 16%，占整体乘用车市场的 44%。

一瞬间，"全球车市看中国，中国车市看 SUV 市场"的说法开始在业内广为流传。SUV 在中国市场的"大行其道"，不仅为国内乘用车市场的活跃注入了新鲜动力，也为自主品牌的发展带来了重大机遇。2016 年，自主品牌占国内乘用车市场的份额从 2015 年的 41.2% 提升到 43.19%，达到六年来的新高。

伴随着自主品牌集体抢滩 SUV 市场的大潮，上汽乘用车犹如一匹"黑马"，携数款 SUV 产品闯入人们的视野。2011 年，上汽乘用车推出了其旗下首款 SUV 车型荣威 W5，荣威 W5 也是国内首款自主品牌的中高端 SUV，2014 年名爵品牌推出旗下首款 SUV 名爵 CS，紧接着 2015 年名爵品牌继续推出了 MG 3SW，上汽乘用车的 SUV 产品探索之路渐入佳境。

2016 年，上汽乘用车牵手阿里巴巴，共同打造了"全球首款量产互联网汽车"——荣威 RX5。这款 SUV 是上汽聚焦"品质战略"的首发作品，也是对"移动互联时代出行"需求做出及时响应的首款产品。

在荣威 RX5 的带动下，2016 年上汽乘用车全年销量达 32.2 万辆，同比增长 89.2%，不仅超额完成其全年 24 万辆的销量目标，还一举跨越 30 万辆大关，荣威品牌也相应成为 2016 年增速最快的中国品牌。

短短半年内，以荣威 RX5 为代表的互联网 SUV 成为了行业内的现象级爆款产品。在此基础上，上汽乘用车趁热打铁，相继推出了荣威 eRX5、名爵 ZS、名爵 GS、荣威 ERX5 等互联网 SUV 产品，加速带领消费者进入互联网汽车时代。

应该说，从初露锋芒到大放异彩，上汽乘用车的 SUV 产品进化之路走得既干脆又漂亮。那么究竟是什么原因，让上汽乘用车意识到了消费者的需求变化呢？又是什么力量助力上汽乘用车将大量的研发投入倾注于 SUV 产品开发上？上汽乘用车的 SUV 产品进化之路究竟有怎样的秘诀呢？

（一）跑在最前头的"新四化"战略

上汽乘用车所推出的 SUV 荣威 RX5，开创了互联网汽车这个全新品类。事实上，当新一代信息技术、新能源科技、人工智能、大数据云计算等技术爆发之时，上汽乘用车认识到，消费者的关注点早已不再仅仅局限于发动机、变速器、底盘等传统的"三大件"，而将逐渐聚焦于绿色出行、互联与智能驾驶等方面。因此，上汽乘用车率先提出了以"电动化、网联化、智能化、共享化"为主的"新四化"战略，并依托此战略积极展开跨界合作。

在"新四化"战略的指导下，上汽乘用车的 SUV 产品进化之路瞬间有了定盘星和主心骨。以爆款车荣威 RX5 为例，作为全球首款量产互联网汽车，荣威 RX5 搭载了世界级智能互联科技，每一位车主都拥有一个独立的 ID 身份账号，可远程控制车辆解锁上锁、开启空调、加热座椅等，还可语音控制空调、播放音乐和导航，彻底解放双手，让驾驶更便利也更有乐趣。

上汽乘用车曾强调道，互联网汽车是"跑在互联网上的汽车"，它不再由功能驱动，而要为场景而生，它将不再被动地解决出行问题，而是能够主动地根据用户的需求和使用习惯提供最优的出行方案。

此外，荣威 RX5 还充分觉察到了当代消费者的"无现金"消费需求，在搭载智能互联系统的同时，全面接入了支付宝服务。在汽车维修保养、加油、停车等一系列服务方面，消费者均可通过支付宝支付。此外，该智能系统将在全国越来越多的停车场实现空位查询，让用户无停滞出入停车场。

其实，为了最大化地实现荣威 RX5 的互联属性，上汽乘用车早在几年前就开启了与互联网巨头阿里巴巴的合作。不过，双方的合作并不仅仅局限于产品本身，上汽乘用车更希望能够借助阿里巴巴在大数据与云计算方面的积累，构建整个汽车生活的生态圈。

在此基础上，2017 年，上汽集团继续强化"网联化"探索，积极开启与中国移动、华为的跨界合作，以发力 5G 车联网技术，共同推进智能出行服务的发展。据悉，根据协议，三方将以 2019 年可规模化预商用的智能出行产品解决方案与应用服务为合作目标，布局 2020 年智慧城市智慧交通系统的商业服务，充分发挥各方的技术、产业、市场优势，共同构建基于 C-V2X 技术的智能出行服务系统和产业生态。

2017 年上汽乘用车的"新物种"来袭——概念车荣威"光之翼"，这款车可以称得上是上汽乘用车"新四化"的集大成者，作为全球第一款深度融合了世界级"绿芯"新能源科技、智能驾驶"黑科技"的未来之车，荣威 Vision-E 专注于用户对实时在线、智能交互、绿色出行等需求的满足。

如今看来，上汽乘用车对"新四化"战略的践行，上汽对于"新四化"战略的践行，不仅实现了从技术到数据，从产品到服务的最大融合，也为整个行业带来了全新的消费增长点。更重要的是，凭借自主创新的精神和对新兴技术的探索，上汽乘用车的 SUV 产品已经成功走出了一条特色鲜明的互联网之路，这种另辟蹊径的突围方式不仅为上汽乘用车在激烈的市场竞争中赢得了机遇，也加速了上汽乘用车的成功转型。如今，通过近几年的全方位布局，上汽所致力的智能出行生态已经初具规模。

（二）拒绝山寨　坚持上汽自主设计

曾几何时，人们在提起自主品牌时，总是要不自觉地为其扣上"山寨"的帽子，甚至有人认为，所谓的"中国设计"，就是将众多中国元素生硬地堆砌在一起。其实，随着自主品牌的成长，越来越多的自主品牌已经成功抛弃了饱受诟病的"山寨"汽车设计，开始逐渐探索出属于自己的原创设计。如今，随着自主车企的原创车型得到市场认可，中国汽车设计的整体形象也在改变。

2012 年，上汽集团正式启动"醒狮计划"，开始有计划、有目标地探索荣威品牌下一代的设计 DNA。"醒狮计划"的悄然推进，为上汽乘用车的自主设计打开了一扇窗。2015 年，上汽乘用车推出概念车 Vision-R，并明确表示，该概念车所传递出的设计理念就是未来荣威品牌主打的设计语言，即"律动设计"。

据了解，"律动设计"的核心是"东韵西律"，指的是东方神韵加上西方汽车制造工艺发展阶段性成果。设计理念的确定，让上汽自主品牌设计有了明确的方向，但究竟该用怎样的方式将设计理念传递给消费者，是一个新的难题。

为了解决这个难题，上汽乘用车将"律动设计"的理念细化为四个要素，分别是洗练、精准、舒展、韵律。在这种思路的引导下，荣威 RX5 应运而生。在车身比例上，呈现出"鲸头燕尾"的特点，下压式的前车身与上扬的尾部形成了鲜明的对比，增强了整个车身的动感。东西结合的黄金分割设计，平衡了荣威 RX5 作为 SUV 车型的硬派风格与都市风度。

这种对于东西方元素的深度融合，同样在概念车荣威"光之翼"

的设计上得到了充分体现。上汽乘用车认为，随着制造工艺的进步，特别是冲压与材料方面的改进，能让中国设计师有机会将自身的想法付诸实践，就如同荣威"光之翼"一般——凌厉的中线、优雅的双拱形腰线，呈现出中国书法一般的筋藏肉莹的独特效果。

此外，在车身造型的细节处理上，上汽乘用车的设计团队一直保持着"处女座"一般的苛刻，比如荣威 RX5 的内饰电器件，其面差可以达到 0，间隙匹配则可控制在 0.1~0.3 毫米。据悉，包括液晶显示屏等一系列内饰配置的比例设计，全部由上汽乘用车的设计团队通过对人手比例、操控和视觉平衡的研究，以黄金分割进行布局，最终确定最佳比例的搭配方式。

其实，总结起来，上汽乘用车的"律动设计"就是要让其产品从内到外都符合中国消费者的审美需求。显然，通过爆款车型荣威 RX5 和后续一系列的 SUV 车型，上汽乘用车已然实现了自身的设计初衷。

（三）引领"三擎时代"，要做好看的实力派

对于一款 SUV 产品而言，出众的外观设计就如同一张漂亮的名片，它能够帮助产品迅速获得消费者的关注，但"吸睛"之后，真正的爆款产品必定要有强大的硬实力作为支撑。

2015 年，为了响应国家的节能减排目标，通过动力总成技术的革新，实现整车性能和燃油经济性的提升、降低碳排放，为消费者提供最佳出行方案，上汽乘用车颇具前瞻性地发布了"芯动战略"，率先承诺 2020 年平均油耗降至 5.0/百公里。

在"蓝芯"板块，上汽的动力总成技术已达到国际一流水平。此前推出的全新一代高效动力总成，包括 MGE 系列、SGE 系列缸内直喷发动机、TST 6 速双离合变速器、TST 7 速双离合变速器，以及新一代发动机启停系统，目前已经搭载至名爵锐腾、荣威 RX5、荣威 RX3 等一系列车型上。

其中，"蓝芯"技术品牌旗下 MGE 系列 2.0T 发动机为名爵锐腾赋予了一颗"8 秒芯"，完美地兼顾高效与低耗；荣威 RX5 则搭载的是与北美通用联合开发的 SGE 1.5TGI "蓝芯"世界级发动机，综合百公里油耗可低至 6.8 升；荣威 RX3 则将搭载 SGE 18T 或 NSE 1.6L 新一代自然吸气发动机。

在"绿芯"板块，作为国内首家在纯电动、插电强混、燃料电池三大领域均拥有全球领先技术和自主知识产权的自主品牌车企，上汽乘用车现阶段的新能源 SUV 产品包括荣威 eRX5、荣威 ERX5 等。其中，荣威 eRX5 集结了上汽世界级"蓝芯+绿芯"插电式混合动力系统，采用发动机、电机和变速箱同轴设计，综合工况油耗仅 1.6L/100km。混动模式下综合工况油耗仅 5.4L/100km，能耗水平领先同级 20%；纯电续航里程为 60km，最大综合续航里程可达 650km，混动系统效率领先同级 20%。

而纯电动车型荣威 ERX5 其最大匀速续自主里程可达 425km，远超市场同级其他车型。在电驱方面，荣威 ERX5 纯电版搭载了全球三大最先进新能源技术之一、获得美国专利的 EDU 智能电驱动单元，可实现高效动力与超低电耗的有效结合；在电控方面，荣威 ERX5 纯电版拥有"纯电系统最强大脑"——VCU 智能高效电控系统，该系统可智能地控制和调节动力输出、驾驶模式，满足不同风格的多种驾驶需求。

据数据统计，2016 年上汽乘用车共销售新能源车型 2 万辆，同比增长 80%。据了解，到 2018 年上汽乘用车投放至市场的新能源产品将会达到 8 款。

除了"蓝芯"与"绿芯"两大动力引擎外，对于互联网 SUV 而言，还需要另外一个强大的支撑，那就是大数据。据了解，在 2016 年上汽集团与阿里巴巴联手打造"探索·创变"——全球首次互联网汽车拉力赛中，平均每辆荣威 RX5 每小时可以产生 10G 数据。大量的数据生成，不仅能够帮助车企更加了解消费者的实际需求，还能为推动未来全新的出行方式提供更多的支撑。

如今，随着上汽乘用车互联网 SUV 的逐步进化，上汽乘用车已经成功跨入了"车联万物"和"大数据"的时代，这种一路高歌猛进的态势也将逐渐引领整个中国汽车工业进入高效清洁内燃机动力、新能源技术和智能互联科技并重的"三擎时代"。

（四）产品进化要靠质量进化

上汽乘用车 SUV 产品的迅速进化，几乎成为打造爆款车型的经典教科书。不过，实际上，上汽乘用车的爆款产品并不是一味地追求所谓的"最高"、"最好"，而是在产品没有"短板"的前提下，均衡地考虑产品的设计和技术，由此产生乘法效应，为消费者打造出独具"品质感"的产品。

2017 年 RX3 下线之际，不少媒体再度提问，上汽乘用车打造爆款车究竟有何秘诀？上汽乘用车的内部人士则表示，所谓的爆款，并不是由企业决定的，而是由市场评定的。与其大谈特谈打造爆款的经验，还不如聚焦于"质量"二字，回归打造 SUV 产品的根本。

实际上，一直以来，上汽乘用车在质量管理体系上始终强调全过程质量管理。从每一款新产品的设计方案到样车制造的整个过程中，上汽乘用车的整个体系、质量中心和开发部门全部都会紧密糅合在一起，以确保产品的可靠性和制造工艺的稳定性。

据悉，在产品开发阶段，上汽乘用车会根据自身建立的《材料规避清单》，严格把控源头材料，以确保材料的安全性和工艺的先进性。此外，上汽还自主开发了一套国内领先的零部件控制标准，对车内气味、甲醛、总碳等含量做出明确规定，并通过多种测试方法，确保零件及整车空气质量达标。截至目前，在产品量产阶段，上汽乘用车已经形成了预防、巡检、协同管理、处理"四位一体"的控制策略。

此外，产品安全也一直是上汽乘用车开发产品的重点，大到整车安全目标分解，小到每一个断面承载能力的设计，上汽乘用车对产品的每一个细节都会进行几万个小时的虚拟仿真计算，并赋予实际测试。2014 年，上汽乘用车安全碰撞实验室投入使用，总投资高达 1.58 亿元，该实验室的投入使用对于上汽乘用车安全性能的开发产生了极大的促进作用。自此，上汽乘用车逐渐建立了完备的安全开发流程体系，并具备全球 5 星级安全架构的设计开发能力。

通过梳理上汽乘用车的 SUV 产品进化过程会发现，即便面对激烈的市场竞争，即便我国的乘用车市场增速已经悄然放缓，上汽乘用车依然保持着十足的前进动力，而这种动力的根本来源就是其自主创新与对正向开发的坚持。"鸡蛋从外面打破一定是别人的食物，如果从内部打破则一定是新的生命"，如今，上汽乘用车不仅在经历着 SUV 产品的进化，也在经历着自身的全面进化。

三、从平民向高端蜕变——长城"WEY 时代"已来

日前，长城汽车旗下高端品牌 WEY 携 VV5、VV7 两款常规车型，以及 P8、VV7-Hi4、VV5-Hi4 和一款全新纯电动概念车 WEY XEV 亮相法兰克福车展。从最初建厂到 SUV 产品销量多年蝉联冠军，长城汽车历时近 30 年，而品牌从平民化向高端化的蜕变，长城却仅用时不到一年。

从历年年报来看，2008 年，长城汽车销售额为 82.11 亿元，而仅 8 年后的 2016 年，其销售额就已增长至近千亿元，净利润高达 105.51 亿元。其利润增长的背后，不仅仅是我国汽车产业近年来快速发展的外因推动，更多的是长城汽车品牌的不断升级、车型的迭代，以及企业战略的适时调整。

在国内外车企纷纷通过轿车、SUV、MPV 等多车型共同拉动销量增长的同时，长城汽车却始终坚持靠 SUV "战略聚焦"来与市场竞争。与以往有所不同，如今的长城 SUV 车型不再拘泥于走平民化路线，而是向高端品牌迈进。从 WEY 品牌多款新车型的陆续发布和销量的持续走高就不难看出，在向高端品牌蜕变过程中，长城的步调稳且快，而"WEY 时代"也已悄然到来。

（一）"战略聚焦"，专注 SUV 车型

了解长城汽车的蜕变，要从其最早的起步开始。可以说，长城汽车真正的起步是从生产皮卡开始。十几年前，在合资品牌和自主品牌忙着主推轿车时，长城汽车则瞄准了还处于"蛮荒阶段"的皮卡市场。不过，当时面临的问题是，相比于轿车、SUV、MPV 等车型，皮卡车型的市场需求量较小，单靠皮卡并不能打出什么名堂。

考虑到长远发展，长城汽车先后投入 30 多亿，开始聚焦轿车、

MPV 等领域，旗下四五款轿车和一款 MPV 车型均获得较好销量。当一切发展井然有序时，问题又出现了，多车型共同发展的模式并不能把长城品牌与其他品牌相区分，且很难撑起一片市场。

观察到 SUV 未来的发展趋势，经过内部反复推敲，长城汽车做出了重要的决定——退出轿车和 MPV 市场，专注聚焦 SUV 细分市场。十几年前，国内的 SUV 车型基本靠进口，价格大多在 20 万元以上，而 10 万元级别的 SUV 车型市场正处于空白，而长城正是要填补这一空白。售价为 7.78 万~10.98 万元的长城赛弗一上市，就获得当年全国 SUV 销量前三的好成绩。随后，2003 年长城拿下 SUV 市场第一名，市场份额占比 25%，同年在香港 H 股上市。

2013 年 3 月，长城汽车再次做出重要决定，将哈弗设立为独立品牌，同时发布全新 Logo。自此开始，长城的资源与精力开始加速向 SUV 倾斜。特别是哈弗 H6 的上市，为哈弗 H 系列车型注入了更多的生机。

哈弗 H6 上市四个月销量破万辆，两年后月销量突破两万辆，销量连年持续攀升。2016 年的"金九"月份，H6 销量达到 5.33 万辆，到 12 月又像开挂一样把销量纪录抬到了 8 万辆大关。在长安 CS75、传祺 GS4 乃至后来的吉利博越等同级别车上市后，很多人都认为 H6 冠军宝座要动摇了。然而，即便这些竞品车型的销量一度接近 H6，但其冠军宝座没有一次让与他人。截至 2016 年 12 月，H6 在 SUV 销量榜首已经持续了 45 个月。

H6 之所以一直稳坐冠军的原因在于它并非是单一一款车型，而是一个分支庞大的家族系列，当客户走进哈弗 4S 店时，通常会看到不少于 3 辆外观明显不同的 H6，其中包括分为红标、蓝标的新、老款 H6，也包括定位较高的 H6 Coupe 版，同样分为红标、蓝标。单从发动机来看，这些车型就分为 1.5T、2.0T、2.4L 汽油版和 2.0T 柴油版，其中又分手动、自动车型，价格区间从入门的 8 万元一直跨越到近 18 万元，这些不同版本林林总总加起来，接近 70 款。

此外，长城一直没有放松对哈弗 H6 的逐步完善，因为一款车依靠市场热度一时取得成绩并不意外，但 H6 连续多年一直稳坐销量榜冠军就不是偶然了，在"2015 年汽车行业用户满意度评测"结果中，H6 就曾获得过 15 万元以下 A 级 SUV 的满意度冠军。而早在 2012 年，H6 就已经在 C-NCAP 的碰撞测试中获得了五星的成绩。

除了 H6 系列继续壮大之外，哈弗品牌旗下的小型 SUV H2 及 H2S、中型 SUV H7 和 H7L 等，都已经逐渐站稳了脚跟。从 2016 年销量来看，H2 系列销量总计达到 19.7 万辆，在整个哈弗品牌中贡献了两成以上的销量。

（二）向 SUV 高端品牌过渡

近年来，在国内 10 万~15 万元的 SUV 车型品类中，哈弗的销量首当其冲。因此，长城汽车董事层一度认为，"既然如此，15 万元以上的 SUV 车型也同样可以大受欢迎。"于是，价格 20 万~25 万元的哈弗 H8 产品上市。然而，尽管产品已经从技术和品质上有了高端车的样子，但上市后，却并未受到市场的认可，不仅因人力、物力、时间等成本使长城损失达近十亿元，甚至还影响到 10 万~15 万元区间的哈弗产品销量。

在长城汽车董事长魏建军看来，H8 销量的低迷给了长城深刻的教训：已经被定义为经济型 SUV 的哈弗品牌，很难直接走高端化路线，因为用户对于品牌的定位印象已经定性，很难再改变。然而，企业要想不断壮大，必须要进行多元化的产品布局。于是，基于 H8 的经验，2016 年 11 月，长城汽车特别推出了豪华 SUV 新品牌，并命名为 WEY。这既是长城品牌升级的战略，也是对消费升级趋势的把握。

魏建军表示，"哈弗 H8 销量低的原因，主要是我们做了高端产品，没有做高端品牌。两个品牌同时运作，使我们在细分市场上更加聚焦，哈弗去做主流的 10 万~15 万元市场，WEY 向上突破 15 万~20 万元的市场。两个品牌发展思路非常清晰，产品本身也有了差异化，长城逐渐形成了以哈弗品牌为主干的大树型架构。"

（三）WEY——看得见的豪华

按照长城汽车的规划，WEY 品牌的定位是"中国豪华 SUV 的旗帜与标杆"，这代表长城汽车进军高端车市场，并且依旧主打 SUV 车型。魏建军认为，"中国的高端豪华 SUV 市场是一片空白，并不是没有需求，而是因为市场上的豪华 SUV 太贵了"，因此 WEY 高端品牌车型的价格将锁定在 15 万~20 万元。

但实际上，定价在 15 万~20 万元的"豪华"与真正的主流豪华有所差异，特别是在消费者长久以来的认知上，对豪华的理解即为奢侈。因此，长城汽车转而提出了"轻奢"的概念，意味着消费者可以买得起的"看得见的豪华"品牌车型。WEY 品牌将用贴近中国用户的价格定位，来抢攻合资品牌的市场份额，预计未来两年将推出 5 款全新车型，其中 2017 年计划推出 3 款，2018 年还有两款将上市。

2017 年 4 月，WEY 的首款 SUV 量产车型 VV7 在上海车展上市。新车采用家族式 DNA 竖型元素，赋予车辆极高的识别度。全车标配超越传统豪华 SUV 级别的安全配置，将全系安全标准提高到一个全新的高度，重新定义豪华理念。VV7 售价为 16.78 万~18.88 万元。"VV7 在材质、技术、安全保障和造车理念等方面均以豪华 SUV 为标准，将凭借精致有型的外观设计、奢华质感的接触感受、静谧舒适的乘坐体验、360°智能化安全防护立志成为中国豪华 SUV 的代名词"，WEY 品牌 CEO 严思先生在发布会上表示。

10 月 1 日，陕西真信诚 WEY 品牌 4S 店在曲江会展中心 B4 馆成功举办 WEY 品牌新生力量 VV5 新车上市发布会，VV5 正式登陆古城西安。VV5 是 WEY 品牌推出的第二款重磅产品，首推两款运动版车型，售价分别为 15 万元和 16.3 万元，预计未来还将会推出豪华版的 VV5 车型。VV5 采用家族化设计语言，搭载 2.0 升涡轮增压发动机，匹配七速双离合变速箱，凭借"律动新生，韵动心灵"的产品理念，依靠WEY 家族化运动造型、高品质驾驶感受和智能科技性配置吸引追求优质生活的"泛 90 后"新生代群体。

根据最新数据显示，WEY 品牌在售车型在 2017 年 9 月表现良好，其中 VV7 销量为 7444 辆，环比上月增长 3.43%。另外，8 月刚上市的VV5 在 9 月销量为 4569 辆，表现同样抢眼。同时 WEY 品牌的销量首次突破万辆。由此可见，轻奢品牌车型正在形成一股购车新潮流，并逐渐被消费者认知和接受。

（四）哈弗与 WEY 并驾齐驱

如今，长城汽车虽然依旧靠 SUV "战略聚焦"，但在品牌的定位上更加清晰，哈弗将继续重点打造 10 万~15 万元的大众化 SUV 明星产品，而 WEY 品牌的重点则是 15 万~20 万元的豪华 SUV，既发展 WEY 高端品牌，又兼顾哈弗经济品牌，二者并驾齐驱。对长城来说，这不仅是一次升级，也是一种新的蜕变。

从哈弗品牌销量来看，2016 年长城汽车累计销售新车 107.45 万辆，其中哈弗 SUV 占比近九成，连续 14 年夺得全国 SUV 销量冠军。其中不乏明星车型，如哈弗 H6 全年销售 58.07 万辆，同比增长55.58%；哈弗 H9 全年销售 1.15 万辆，稳居 20 万元以上级别中国品牌SUV 第一。2017 年，长城继续聚焦 SUV 领域，并在为全年 125 万辆的销量目标努力。

尽管 WEY 品牌尚处于起步阶段，但在新车上市不久，已经获得了销量破万的好成绩，2017 年该品牌的销量目标为 10 万辆。对此，除了加快新车型的发布外，WEY 品牌的经销商网络已经建成，并开展了销售和售后等业务，此外，2017 年计划建成 200 家经销商店，以提高产品销量，应对明年的市场需求。

（五）新能源汽车产品厚积薄发

虽然魏建军曾表示，"不做到 SUV 世界第一，不推出轿车产品。"但在燃油车禁售、新能源汽车普及的大势所趋之下，无论是自主、合资还是外资品牌，都在加紧新能源汽车的研发和生产，长城汽车也不例外。虽然进军新能源汽车领域的时间相对较晚，但从 2017 年其公布的新能源成果来看，可谓后劲十足。

2017 年 5 月 25 日，长城首款纯电动轿车 C30EV 上市，正式拉开了长城汽车布局新能源产品的序幕。C30EV 采用了宁德时代提供的三元锂电池，电池容量 26.57kWh，综合工况续航里程 200km。搭载精进电动提供的最大功率 90kW、最大扭矩 240N·m 的永磁同步电机，0~50 公里加速 5.5 秒，最高车速 140km/h，共推出舒适型、豪华型、悦享型 3 款车型，售价 13.98 万~14.98 万元。

紧接着，就在双计分政策呼之欲出之时，为了顺应变化的市场政策，在 2017 年 7 月，长城汽车以现金增资入股方式获得河北御捷车业有限公司 25% 的股权。一方面，双方展开全方位合作，包括但不限于新能源技术研发、生产制造工艺、零部件供应、渠道建设、品牌推广等。另一方面，也是双计分政策的导向。根据合资协议的内容，御捷的燃料消耗量正积分将全部直接转让给长城汽车，并且"不收取任何费用"。在新能源汽车正积分方面，御捷承诺"在同等条件下优先向长城汽车公司出售"。河北御捷股东对外转让其持有的河北御捷股权时，长城汽车具有优先购买权。

2017 年 9 月，长城汽车间接全资子公司亿新发展认购澳大利亚 Pilbara Minerals 公司不超过 3.5% 股权涉及矿业权投资的消息又被爆出，Pilbara Minerals 主营业务为锂矿及钽矿勘探、矿产开发。众所周知，新能源车型目前所采用的电池为锂电池，长城此番投资锂矿石不仅对日后发展新能源汽车提供了资源保证，而且还可以有效地降低电池成本，这无疑是对外界释放了将大力发展新能源汽车的信号。

当然，新能源汽车也是 WEY 高端品牌接下来的主推方向。9 月 12 日，在法兰克福车展上，WEY 品牌展出四款新能源车型：VV5- Hi4/VV7- Hi4 为非插电混动车型，P8 为 WEY 首款插电混动车型，而 XEV 以概念车之名尽显前沿纯电技术。由此可洞悉 WEY 品牌丰富产品布局、深耕新能源 SUV 市场的决心。

VV7 Hi4/VV5Hi4 是 WEY 对非插电式混合动力的一次突破性尝试。将专属的非插电混动技术 Hi4—48V P4 搭载于已推出量产的 VV7 与 VV5 车型之上，并针对性能与油耗双重优化，使这两款 Hi4 车型不仅能够满足未来严格的排放法规和对产品性能的需求，更进一步提升了加速的平顺性与乘坐舒适性。VV7 Hi4/VV5 Hi4 全系搭新型 4C20NT 发动机和非插电混合动力 48V-P4 架构，完美实现高效四轮驱动与短距离纯电蠕行功能，兼顾燃油经济性。与之匹配的两挡变速箱能够有效减少机械损耗，实现扭矩辅助，而 BSG 电机及后桥电机可精准达成 80% 的能量回收率，充分优化整车能耗。

P8 是 WEY 首款 PHEV 插电式混合动力 SUV，搭载 Plug-in intelligent 4WD 智能电四驱系统，匹配一台 2.0T 和 6DCT 变速箱的汽油动力单元，并且装配前后双电机系统。P8 率先带来 PLUG-in intelligent 4WD 插电式混合动力智能四驱技术融合智能 5+3 驾驶模式，使车辆在各种工况下可展现出截然不同的驾驶特性，无论遭遇道路泥泞、沉沙抑或积雪均能轻松驾驭游刃有余。

作为一款纯电概念车，XEV 搭载的是全球最为先进的矩阵式充电技术，它能高效实现 99% 的电能转化率，并且只需短时充电即可重获 530km 续航。此外，XEV 凸显未来感的车体造型完美遵循空气动力学原理，降低整车风阻，节约能耗。此外，XEV 概念车将突破性全面搭载全球顶尖的 L4 级别无人驾驶技术，可在高速公路及城市交通系统中实现安全无忧的智慧领航体验。

值得关注的是，XEV 采用了全新的 Logo，其个性造型设计格外引人注目，相关负责人表示，长城未来有计划打造全新的纯电动品牌，由此可见，长城在新能源领域正在下一盘大棋。

"现在长城汽车专注做 SUV，在油耗方面是有压力的。混动、插电式混合动力对降低汽车油耗有很大帮助，它能使 SUV 油耗更低、消费者感受更好。"魏建军曾表示。日前，工信部副部长辛国斌披露，"中国已经开始研究制定禁售传统燃油汽车时间表。"在双计分政策的共同作用下，新能源汽车的发展已无可厚非，而无论从降低能耗和发展新能源汽车上，长城汽车都已经做好准备。

当下中国自主品牌面临着严峻的市场竞争压力，在外资、合资品牌纷纷抢占中国市场的同时，自主品牌唯有提高品牌的美誉度，提升产品品质与性价比，才能更好地与其他品牌竞争。面对未来更为激烈的竞争环境，长城汽车手握三张盾牌：一是专注经济型 SUV；二是轻奢品牌；三是新能源汽车生产和研发实力。在消费需求个性化、年轻化的新时代下，"WEY 时代"的到来，正开启新的消费潮流，即轻奢潮。而传统的 SUV 和新兴的新能源汽车产品，也将继续支撑长城品牌做大、做强。

四、北京汽车自主品牌格局及其 SUV 产品

（一）北京汽车的发展历程及北汽自主品牌格局

1. 北京汽车的发展历程

北汽的历史可以追溯到 1958 年，那一年，北京开始试制整车产品，同时，厂名也从第一汽车附件厂更名为北京汽车制造厂。

北汽先后试制和生产了井冈山轿车、北京牌高级轿车、东方红轿车、BJ750 轿车、BJ752 轿车、B210C 轻型越野车、BJ212 轻型越野车等整车产品。其中一些产品适应了市场的需要，受到国内用户的欢迎，成为国内汽车工业的重点产品。如 BJ212 轻型越野车，对中国汽车工业的发展产生了重要影响，也奠定了北京汽车工业在全国汽车工业中的重要地位。

北京汽车具有重要历史意义的车型有：

（1）北京第一辆开进中南海的轿车——井冈山

（2）国庆十周年献礼车——北京牌高级轿车

（3）北京第一个定型投产的轿车——东方红

（4）常青树——BJ212 轻型越野汽车

从 1958 年北京汽车制造厂建厂投产"井冈山"牌小轿车开始，北京汽车工业的发展逐渐提速。北汽实现产销汽车第一个 100 万辆，历时 35 年；实现第二个 100 万辆，历时 8 年；而完成了第三个 100 万辆，只用了 3 年多。北京汽车工业是一个加速发展的过程，到如今，北京汽车在整个汽车行业中占据重要地位。

2009 年 12 月 14 日，北京汽车完成了对瑞典萨博汽车公司相关知识产权的收购工作。萨博技术为日后北汽自主品牌车型的发展打下了高起点的基础，也让北汽自主车型的快速开发成为可能。

2010 年成立的北汽股份集中了北汽集团的优质资源，目前北汽股份旗下的自主品牌有绅宝、北京（BJ）和威旺，轿车及 SUV 主力车型集中在绅宝和北京（BJ）品牌，产品涵盖紧凑型轿车、小型 SUV、紧凑型 SUV、强力越野 SUV 等多个领域。

2. 北汽自主品牌格局

一段时间以来，北京汽车以缔造全球知名品牌为品牌愿景，以稳重、有责任、敢于开拓、具有国际化视野的成熟商业领袖形象为品牌形象，以"传承历史，凝聚力量，创新未来"为品牌内涵，以"行有道，达天下"为品牌理念，全力提升品牌运营能力。北京汽车的价值观和企业愿景最根本的一点，就是用户至上，为用户创造价值。只有这样，才能实现企业自身的效益，为社会做出贡献，并让股东和全体员工受益。在北汽集团内部，构建合理的集团品牌架构，形成一个相对完整、相互协调、相互支撑的品牌体系，是北汽集团的总体战略目标。而在统一的集团品牌架构下，着力打造自主品牌则是集团品牌战略的重点。

相对于国内其他汽车集团来说，北汽集团布局广、车型分布纵深长，因此北汽集团内部品牌梳理显得尤为重要。随着近年来北汽产品在市场上亮眼的表现，北汽旗下各品牌定位，尤其是自主品牌定位变得越来越清晰了。

作为自主品牌的主力,北汽绅宝和北京(BJ)牌车型有更加鲜明的特点。北汽绅宝以时下流行的城市型SUV为主,辅以最主流的紧凑型轿车;而北京(BJ)品牌是国内自主品牌中的专业越野品牌,旗下主力车型以追求极致不妥协的硬派越野车为鲜明特征,同时以硬朗的形象向城市SUV领域渗透。北汽绅宝和北京(BJ)品牌旗下主力SUV车型如表5-1所示。

表5-1 北京汽车主力SUV车型　　　单位:万元、毫米

企业	品牌	型号	车型	级别	指导价	车身尺寸
北京汽车	绅宝(SENOVA)	X25	SUV	小型	5.58~7.58	4110/1750/1583
		X35	SUV	小型	6.58~8.88	4300/1815/1640
		X55	SUV	小型	7.68~11.98	4405/1809/1685
北京汽车	北京(BJ)	北京(BJ)20	SUV	紧凑型	9.68~13.98	4451/1845/1675
		北京(BJ)40/40L	SUV	紧凑型	12.98~17.98	4350(4630)/1843/1834(1861)
		北京(BJ)80	SUV	中大型	28.30~31.80	4765/1890/2005(多种高度)

资料来源:根据厂家数据整理。

目前北京汽车车型以SUV为绝对主力,如绅宝和北京(BJ)品牌下的主力车型中,SUV的占比达到86%(见图5-1)。北京汽车紧紧抓住了国内SUV市场这一热点,该市场近年来不但增长迅猛,而且自主车型占据了主流地位。

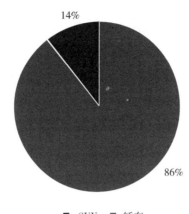

图 5-1　北京汽车主力车型分布

资料来源：根据厂家数据整理。

（二）北京汽车 SUV 产品

1. 承载式车身 SUV 产品

在 SUV 领域，采用承载式车身的都市化 SUV 是主流产品，销量非常大。2017 年 1~8 月，中国市场销量前十名的 SUV 车型都属于城市 SUV 范畴。北京汽车旗下的绅宝和北京（BJ）品牌也适时抓住国内 SUV 市场的流行趋势，大力推进城市 SUV 的发展。除了绅宝品牌全部以城市 SUV 为主外，主打硬派越野车的北京（BJ）品牌也巧妙地利用自身优势，推出了更个性化的城市 SUV 车型。

2016 年，北汽绅宝快速提升，同比增速超过 80%，远超中国品牌及整体市场增速水平（见图 5-2）。相比其他主流中国品牌，北汽绅宝以短短五年时间就实现了年销量突破 20 万辆，超过广汽、上汽、长城、江淮等企业的发展速度。在中国品牌 SUV 中，绅宝 2016 年排名第9，超越了奇瑞、华晨、吉利、上汽、东风、一汽等众多品牌。

绅宝 X25、X35 上市后快速上量，X25 上市 4 个月月度销量破万，X35 上市 5 个月月度销量破万，并且连续 4 个月保持销量破万。2016年绅宝 X25 的表现在竞品当中数一数二，并在北京、河北、吉林等 21

省市销量领先，绅宝 X35 月度销量也曾在竞争产品中排名第二，在北京、河北、天津等 12 省市销量领先。

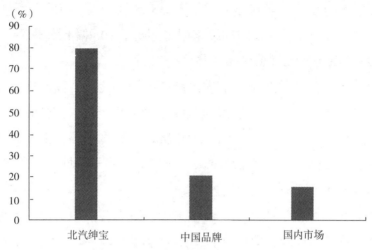

图 5-2　2016 年北汽绅宝同比增长率

资料来源：根据厂家数据整理。

（1）均衡之选——绅宝 X25

绅宝 X25 基于绅宝 D20 的技术平台，并进行了强化和改进。绅宝 X25 外观时尚，兼具粗犷的风格，X 形的前保险杠，梯形进气格栅，上格栅中间有单横幅的镀铬装饰，突出了中间的北汽标志。发动机盖上有两条隆起的折线，视觉效果凸显硬朗。前大灯棱角分明，雾灯位置较高。X25 尾部饱满、层次分明，黑色包围与后雾灯巧妙接合，加上银色护板的衬托，有一定的运动范。车侧的两条腰线，看上去凌厉、动感。

内饰采用悬浮式中央显示屏、碳纤维面板纹理、钢琴烤漆面板等，空调出风口包含了北汽绅宝的标志。绅宝 X25 长宽高尺寸分别为 4110 毫米、1750 毫米、1583 毫米，轴距为 2519 毫米。与竞争对手相比，绅宝 X25 车身尺寸略大，轴距方面优势较明显，从而使绅宝 X25 有不错的车内空间感。

绅宝 X25 搭载的 Smart call 手机智能互联系统功能强大，同时支持苹果与安卓系统，界面清晰、反应灵敏，可以将 7 英寸液晶显示屏转化为多用途的屏幕。整体上，北汽绅宝 X25 是一款均衡的车型，颜值、配置、动力以及品质表现在同级车型中都属于中等偏上水平。

（2）"最美"之誉的绅宝 X35

绅宝 X35 的外观造型，呈现出硬朗的阳刚之美。高亮前格栅、天使翼 LED 日间行车灯、豹肩式轮包线、狮爪型尾灯，充分彰显其硬朗的气质，曾被誉为"最美"SUV。悬浮式中控显示屏、钢琴式多媒体控制按键、方向盘钢琴烤漆装饰、飞机喷气口式空调出风口等内饰，品质感与档次感不输一些合资产品。

绅宝 X35 配备了博世 9.1 版本 ESP、博世智能上坡辅助系统，并搭载了智能换挡提醒，即使是新手用起来也很顺手。绅宝 X35 拥有同级较长的 2570 毫米轴距，以及同级中突出的车身尺寸（见表 5-2）。安全配置上，还装备了智能泊车辅助系统、6 个安全气囊、胎压监测等装置。另外，Smart call 手机智能互联系统、1.25 平方米全景天窗、前排座椅加热、后排 3 个头枕等配置在同级别车型中并不多见，让驾乘人员有一种越级体验。

表 5-2　绅宝 X35 与竞争产品车型车身尺寸对比

单位：毫米

车型	绅宝 X35	瑞风 S3	瑞虎 3	中华 V3	长安 C35
长	4300	4345	4420	4240	4160
宽	1815	1765	1760	1803	1810
高	1640	1640	1670	1600	1670
轴距	2570	2560	2510	2570	2560

资料来源：根据厂家数据整理。

（3）萨博平台扛鼎之作——绅宝 X55

绅宝 X55 在设计之初即运用了国际化的视角，整车造型由意大利知名公司操刀设计，采用了全球最新的生物仿真设计理念，双腰线等元素融合了阳刚风范与时尚灵动。内饰方面，应用了搪塑、钢琴烤漆、碳纤维等元素。安全上继承了萨博的驯鹿角安全车身，高强钢使用比例高达 68%，配备了博世 9.1 的 ESP 安全系统。

绅宝 X55 配备了 1.5T+CVT 的动力组合，拥有怠速启停系统。底盘采用前麦弗逊、后多连杆独立悬挂系统，集成了萨博独有的后轮随动转向。绅宝 X55 采用了水溶性胶和热熔胶替代传统胶水，达到了低于 VOC 排放标准 90% 的环保内饰标准。除此之外，绅宝 X55 怠速噪声只有 36.8 分贝，整车静音水平出色。

（4）都市最有型 SUV——北京（BJ）20

北京（BJ）20 是北京（BJ）品牌旗下首款都市型 SUV，专门为"向往情怀、忠于自己、认真生活、挑战创新"的年轻人量身打造。它的诞生，可以使"越野世家"这块金字招牌闪耀出新的光芒。

北京（BJ）20 外形完全突破了普通城市 SUV 圆润、饱满的审美习惯。北京（BJ）20 采用"五孔进气格栅+圆大灯"的标志性前脸，线条刚硬的"方壳子"设计融入时尚元素。它拥有经典"212"式圆形前大灯，越野型前后轮眉，整体贯穿式腰线，独立专属日间行车灯，宽大稳重的前保险杠，银色"狼牙"下护板，硬朗的铝合金行李架，18 英寸双色运动轮毂，三段式宽大厚重的尾部有镀铬"BEIJING"标识，与前护板呼应的后护板，双侧合金独立排气管等。这些，使北京（BJ）20 在都市 SUV 里显得与众不同，增强了它的强悍气息。

北京（BJ）20 车内中央显示屏幕达到了 10.1 英寸，车内采用多处镀铬装饰，有真皮座椅和内门板皮质包裹。软质中控台手感良好，空调出风口的设计灵感来自飞机喷气口，堪比钢琴按键的控制按钮及旋钮增加了车内档次感。

北京（BJ）20 车身的高强度钢比例达到了 57%，车身稳定系统采用博世 9.1。安全方面的其他装备还包括胎压监测、360 度全景影像、并线辅助等。除基本型外，全部标配电子驻车和电子手刹，车内更整洁的同时保障了行驶的便利与安全。北京（BJ）20 保留了"越野世家"高人一等的通过性，高达 215 毫米的离地间隙、650 毫米的涉水深度使其在同级别车型中出类拔萃。

北京（BJ）20 意欲突破 SUV 风格中都市与越野一贯泾渭分明的界限，让野性与舒适进一步融合，引领城市 SUV 从"型"到"行"转向。北京（BJ）20 的问世，也是北京（BJ）品牌从"硬派越野"到"都市 SUV"的跨越，标志着北京（BJ）品牌贴近"更多普通大众"的开始。

2. 非承载式车身 SUV 产品

从 1961 年推出 B210C 开始，北京汽车一直是国内越野车的主要生产者和开发者，为我国军队建设和越野文化的发展做出了突出贡献。经典车型 BJ212 系列长盛不衰，累计生产超过 1 百万辆，是多少代国人心目中的越野神车。50 多年来，北京汽车一直没有远离越野车和越野文化，越野世家的名头当之无愧。

2013 年 12 月 28 日，北京汽车旗下首款时尚硬派越野车——北京

（BJ）40 在中国国家游泳馆"水立方"正式上市。2016 年 4 月 23 日，北京（BJ）80 和北京（BJ）40L 以及 2016 款北京（BJ）40 在北京司马台长城脚下的古北水镇上市发布。北京（BJ）40 系列车型是北京（BJ）汽车的主力产品，北京（BJ）80 系列车型是"军转民"军民融合的产品代表，它们给北京（BJ）品牌定下了硬派越野的基调。

在国内市场，目前硬派越野车的市场份额正在逐步回升的过程中，其中，北京汽车的硬派越野车型北京（BJ）40 系列和北京（BJ）80 表现还是相当不错的，销量整体上处于主流行列，北京（BJ）40 系列的销量名列前茅（见表 5-3）。在硬派越野车领域，北京（BJ）品牌还是有比较强大的影响力。

表 5-3　硬派越野车 2017 年前 8 月销量对比

单位：辆

车型	江铃驭胜 S350	北京（BJ）40 系列	哈弗 H5	猎豹 Q6	陆风 X8
销量	11989	9992	9043	4903	1761

资料来源：根据上保险数整理。

（1）时尚硬派越野——北京（BJ）40 系列

北京（BJ）40 造型方方正正，风格很硬朗。2016 款车型在前格栅部位进行了升级，采用了较大面积的镀铬装饰。车侧有粗壮的轮眉、裸露的车门铰接链、双色车身。备胎放在尾门上，整个车的线条就是平、直、粗。车内风格也是方正硬朗，仪表盘采用双炮筒设计，7 英寸中央显示屏足够大，中控操作按键区域简洁。北京（BJ）40 有两个车门，北京（BJ）40L 是四个车门，北京（BJ）40L 比北京（BJ）40 轴距长 280 毫米，后排空间增加，也方便了后排乘客的进出。同时，四门版变身五座车型，比两门版的四座增加了乘员容量。

北京（BJ）40 系列有两款发动机，分别是 2.0 升和 2.3 升涡轮增压发动机。2.0 升发动机的最大功率和扭矩是 204 马力和 280 牛·米，

2.3 升发动机最大功率和扭矩是 250 马力和 350 牛·米。变速器有手动 5 速和自动 6 速两种，还有两驱和四驱之分。北京（BJ）40 系列车身骨架结实，通过能力强。

北京（BJ）40 是一款具有个性的车，车顶、前风挡和车门等处都可拆洗，让人有不一样的驾乘体验。其价格区间并不算低，体现了个性化价值，同时这个价位的类似车型很少。北京（BJ）40 采用分时四驱系统，有坚固的底盘，接近角和离去角都比较大，一般越野路段不必担心。

对于改装爱好者，北京（BJ）40L、北京（BJ）40 是个很好的选择，因为改装空间极大，外观、内饰、灯光、底盘各个方面都可以进行改装，不仅可以使外形更炫酷，通过改装还可以使车辆的越野能力大大增强，针对不同的越野需求可以有不同的改装方案，满足越野玩家的使用需求。越野玩家目前是"高端化、精准化"的一群人，他们人数虽少，但能量极大，是一群有影响力的社会群体。他们在改装车市场的行为，完全可以用圈层营销和圈层文化加以解释。

在地产界已经流行多时的"圈层营销"创造出不少优秀销售案例，像高端项目万科·兰乔圣菲、广州星河湾、北京星河湾以及贵阳山水黔城等，多少都有圈层营销的特点。简单说，圈层营销就是把目标客户当作一个圈层，进行所谓精准化营销。物以类聚、人以群分，越野玩家对越野和改装的钟情，让他们形成了一个特定的圈层，而北京汽车适宜的产品很好地满足了他们的需求。北京汽车在越野改装方面的营销，正在形成"圈层营销"的另一个经典案例。

近期创造票房新纪录的电影《战狼 2》中使用了北京汽车的北京（BJ）40，使北京（BJ）40 再次成为舆论焦点，有力地提升了北京（BJ）40 的知名度。在电影中，北京（BJ）40 硬朗的表现和超强的越野能力与中国军人的硬汉形象相得益彰。可以说，借助《战狼 2》，北京（BJ）40 和北京汽车得到了一次很好的品牌营销。从各界舆情的走势上可以看出，从《战狼 2》上映的 2017 年 7 月 27 日开始，北京

（BJ）40在舆情声浪方面明显走出一波上攻曲线，在影片上映的12~15天后达到高潮，随后长时间保持在高位徘徊。而北京（BJ）40系列的其他产品也受此影响，舆情高点非常突出。

（2）硬派越野旗舰——北京（BJ）80

北京（BJ）80作为硬派越野旗舰，传承了越野世家军工品质品牌核心DNA，在血统上与北汽出品的中国军车勇士血脉相连，是"军车使用，民用拓展"的典范，填补了国产中高端专业越野车型的空白。

北京（BJ）80外观延续BJ212经典DNA，融入"长城"五孔家族脸谱，以直线和棱角造型组合，前、后保险杠、轮眉、后视镜等造型饱满外凸，流露出浓郁硬派越野范儿。

车内有8英寸中央显示屏、主驾座椅迎宾功能、自动空调、带6向电动调节/加热/记忆的真皮座椅、一键启动等舒适配置；采用博世第九代ESP系统、倒车雷达、陡坡缓降、泊车辅助等安全辅助系统。

动力方面，搭载有2.3T汽油机的手动、自动版动力组合，以及2.8T柴油机与6MT的匹配。北京（BJ）80在高性能越野方面追求极致不妥协，专业的越野底盘和经典的四驱系统是这款高端越野车的标配。其分时四驱系统采用2H（两驱高速）、4H（高速四驱）、4L（低速四驱）三个档位，其中 4L 模式可以将扭矩放大 2.48 倍，提升了低速时的通过性。

在庆祝香港回归 20 周年和建军 90 周年的阅兵仪式上，北京（BJ）80 的改装车作为检阅用车，再次彰显了其在国内的尊贵地位，同时也让它的关注度瞬间提升。从网络搜索的舆情关注走势可以看出，2017 年 7 月 1 日和 8 月 1 日两个时间节点前后，北京（BJ）80 的关注度有明显的上升，最高点大约是平时关注量的 2.5 倍。更可喜的是，两次阅兵亮相的累加作用，让舆情声量在 8 月 11 日左右又迎来一波爆发，显示北京（BJ）80 的后续话题十分充分。

（三）北京汽车 SUV 业务的发展趋势

1. 北京汽车的技术储备和人才优势

北京汽车能否成为世界级企业，关键看自主。北京汽车以北汽集团汽车研究总院为核心，建设起门类较齐全的各种研究室和试验室，形成了自己的研发体系。以收购萨博为契机，通过整合全球技术资源，逐步形成自主研发能力。通过收购萨博的知识产权，北京汽车获得了世界先进的发动机、变速箱、底盘等汽车核心动力总成和零部件的制造技术，在发展自主高端轿车方面具备了技术基础。

通过多年的发展，中国品牌车企不断壮大，车型研发也逐渐融入国际元素。目前，大部分中国品牌车企都拥有海外研发基地。北汽集团在海外研发基地建设上处于领先地位，通过网罗各地优秀的研发人员，跟踪欧、美、日先进技术，迅速增强产品设计研发水平，提升企业的国际竞争力。北汽集团在意大利都灵、德国亚琛和德累斯顿、西班牙巴塞罗那、美国硅谷、底特律、日本东京等地有建成和待建的研发基地。其中，位于都灵的北汽研究院意大利都灵造型办公室主要为北汽自主品牌新车提供前端设计、造型和样车制造服务；亚琛研发中心致力于增程式电动汽车动力系统研发；中德汽车轻量化技术联合研发中心位于德累斯顿；巴塞罗那研发中心的方向是高性能车型；底特律研发中心负责电驱动系统；硅谷研发中心侧重于整车控制和智能网联。可以说，未来汽车研发的主要方向，北京汽车都有布局，形成了良好的有纵深和多样化的技术储备。

北京汽车积极开展与各类数字化科技公司的合作，研发未来汽车的新技术。如与百度的深入合作，推出搭载百度车联网解决方案的车型，双方合作的具备 L3 级别的自动驾驶原型车也即将上路测试。除此之外，北京汽车还与博世、华为等公司合作，同时计划收购或者参股与自动驾驶相关的高精度激光雷达、三维多摄像头探测等具备先进技术的初创企业，打造智能化核心技术 DNA。

在北汽集团董事长徐和谊看来，支撑汽车行业的技术路线变革，有三个发展阶段：一是传统能源阶段；二是新能源时代；三就是智能化汽车。对于这三个阶段的技术变革，北汽抓住了第二阶段的机遇，积累了一定的先发优势。那么对于智能化汽车，北汽也充分意识到提早布局的重要性，并且要把技术储备提升到全车系，不仅是高端车，也包括普通车；不仅是乘用车，也涉及商用车。在汽车智能化阶段，协同创新变得更加重要，北京不但是优秀汽车人才的聚居地，也是其他像互联网人才、人工智能人才等各种英才的聚集地，这有利于各学科协调发展，创建面向未来的新型汽车产业，这对于北京汽车的后续发展十分重要，也是北京汽车后续发展的潜力保障。

由于地处首都的地理优势，北京汽车在网罗优秀汽车人才方面具有得天独厚的优势。北京作为正在崛起大国的首都，一直以来对各界优秀人才呈开放态势，全国乃至全世界人才都被吸引而来，为北京汽车吸纳最优秀的人才创造了条件。北京汽车牢固树立"以人为本、尊重知识、尊重劳动、尊重人才、尊重创造"的理念，紧紧围绕自主创新和结构调整的重点，创新体制机制，完善相应制度，营造良好氛围，大力开发利用国内、国际人才资源，构筑起能够支撑北汽跨越式发展的人才高地。

2. 未来研发助推器——北汽德奔

2015 年，北汽德奔的建立，让北京汽车的技术储备更上一层楼。北汽德奔是北京北汽德奔汽车技术中心有限公司的简称，该公司由北汽股份和 MBtech 合资建立，北汽股份占有 51% 的控股权。自成立以来，北汽德奔已经成为北汽自主高端整车平台、研发体系搭建不可或缺的"助推器"。

北汽德奔的外方合作伙伴 MBtech 是闻名德国汽车界的"最强大脑"之一，在高端车型研发领域资历极为深厚，由戴姆勒汽车于 1995 年投资成立，2012 年欧洲领先的工程设计与科技咨询集团法国 AKKA Technologies 收购其 65% 股份，现在已是欧洲最大的汽车工程和咨询服务公司之一。作为戴姆勒汽车研发领域的重要"智库"，MBtech 一直为梅赛德斯—奔驰提供技术支持，其对奔驰系列产品开发流程、业务标准的熟悉程度无可比拟，无异于一个"奔驰技术专家"。

北汽德奔是中国目前唯一"专供"自主品牌的合资技术中心，自成立起便全面专注于北京汽车高端产品研发，是北京汽车未来最重要、代表最高水平的技术科研"心脏"。北汽德奔并非从零起步，而是拥有奔驰一流的技术资产作为基石。通过对奔驰平台的消化、吸收和应用，北汽德奔正协助北汽自主搭建起完整的高端研发体系、整车平台，从而实现完全正向研发和平台化开发流程。

未来，北汽德奔除了在整车研发、动力总成、轻量化、业务咨询等方面为北京汽车自主品牌提供支持，还会在安全及自动驾驶、智能网联、低碳环保等领域为北京汽车提供帮助，在北汽德奔的业务架构中，新技术的研究与应用占据了重要的地位。新技术方面既包括车身轻量化、动力驱动方式的演进，也包括逐渐成为前沿焦点的自动驾驶、智能照明等方面。对此，北汽德奔提出推动自主品牌实现产业"四化"升级——低碳化、智能化、轻量化、电动化。对于自主品牌而言，想要后来居上，这四化显得尤为重要，更需要在这方面进行前瞻性探索。北汽德奔与国际一流汽车技术同步，能为北京汽车自主品牌提供最先进的技术理念，以及专业有效的技术解决方案。

3. 北京汽车未来新产品的定位、格局

在北汽自主乘用车领域，一开始是基于收购的萨博技术 3 大平台展开产品研发，进而升级成为北汽自己的 M-trix 平台。可以说 M-trix 平台源自萨博又高于萨博，在该平台上的绅宝产品定位中高端，北汽 M-trix 平台可以衍生出 A 级车、B 级车、C 级车、MPV 和 CUV 等车系。北汽德奔成立后，北汽自主乘用车的底蕴更强了，技术平台的选择更加宽泛，新车产品线的扩展更加充分。从北京汽车的产品规划可以看出，未来北京汽车将会弥补产品线"短板"，均衡产品竞争布局。

北京汽车今后的产品战略是：通过自主品牌乘用车的发展，打造北京汽车的核心竞争力，实现自主掌控和可持续发展。北京汽车会进一步发挥萨博和奔驰平台的潜力，全方位改善和提升各级各类汽车的驾乘感受，提升效率、进一步降低排放和油耗。通过平台化战略，进一步完善车型体系，最大限度地满足消费需求。未来，北京汽车会在进一步完善传统汽车产业布局的前提下，全方位发力新能源汽车和汽车智能化，保持新能源汽车在全国乃至全球的领先地位，同时力争在智能化汽车的全球竞争中尽快脱颖而出。

全球汽车业的发展正在进入一个以汽车四化（智能化、网联化、电动化、轻量化）为契机重新抢占制高点的关键时刻，北京汽车未来的产品定位也与这四化息息相关。北京汽车已公布了以"Nova-PLS"命名的智能汽车发展战略，打造三大技术平台，分四个阶段实现产品化应用，目标是达成在智能驾驶 Nova-Pilot、智能网联 Nova-Link、智能座舱 Nova-Space"三位一体"全方位智能化战略体系上的领先。

五、众泰汽车的突破升级之路

（一）众泰汽车简介

众泰汽车始建于 2003 年，总部位于浙江永康，是一家以汽车整车及汽车关键零部件为核心业务的民营企业，目前在浙江、湖南、江苏、山东布局了整车生产基地。年生产能力超过 48 万辆，产品覆盖轿车、SUV、MPV 和新能源汽车。2016 年，众泰汽车销量突破 33 万辆，同比增长 50%，产值近 300 亿元。2017 年 6 月，众泰汽车重组更名成功，正式登陆 A 股市场。

众泰汽车具备传统汽车、新能源汽车两大领域及发动机、变速箱、电池、电机、电控等核心零部件设计开发能力，并通过与全国著名高校开展战略合作，引进国千、省千人才，成立院士工作站、博士后工作站。同时，众泰汽车整合利用全球优质研发资源，在杭州、重庆、日本横滨和意大利都灵设立了四大研发中心。

伴随着"中国制造 2025"战略的深入实施，众泰汽车将大力发展智能汽车和新能源汽车，通过融合创新完善众泰 Tye-net 智控系统，打造具备国际竞争力的世界知名品牌，真正实现"品质派 World tye"的梦想！

（二）众泰汽车核心战略——"七级变速"

2016 年，在国务院提出"增品种、提品质、创品牌"新时期工匠精神的引领下，众泰汽车通过打造"七级变速"，铸就"工匠精神"，全面开启了众泰汽车的"3.0 时代"。"七级变速"涵盖了众泰汽车在人才、规划、研发、产品、采购、制造和营销七大领域的突破升级。"3.0 时代"则开启了众泰汽车第三个五年规划，使众泰汽车在 2016

年迈进 30 万辆级整车俱乐部。

2017 年众泰汽车通过加速推进"七级变速"战略布局，推出众泰 T700、T300、T500 等多款自主原创车型，发布全新汽车品牌"君马"，与福特签署合作协议等，真正实现了从品质到品牌、从制造到创造的转变。

1. 培育工匠级人才

众泰汽车在推进智能级制造提升产品品质的同时，亦通过培育工匠级人才稳步提升企业研发实力。目前，众泰汽车在国内成立了省级重点汽车工程研究院、院士专家工作站和博士后科研工作站。本着传承工匠精神和以人为本的发展理念，众泰汽车通过"两引三提升"的人才战略，成功引进"千人计划"专家、青年科学家、博士、高级工程师等海内外高级人才，打造了一支 2000 余人的专业研发队伍。并在"十三五"期间启动了"千人名匠计划"，加大技术型人才培训，使企业充分融入工匠精神，以事业激励实现企业可持续发展。

2. 制定市场级规划

众泰汽车始终基于"用户需求、市场需求和竞争标杆"来制定市场级规划，通过大量调研和市场分析，采用差异化竞争策略，开发价值标杆级的产品。三个基于（市场、用户、竞争标杆），产品矩阵涵盖 SUV、轿车、新能源和 MPV，以合资品牌为竞争对象，争取品质比肩合资。

众泰汽车全面执行 TS16949 质量管理体系标准，全面保障设计质量、制造质量、检验质量和市场服务质量的不断提升。在产品研发过程中，众泰汽车全力推进 G8 质量阀整车开发管理系统，保证产品设计标准的一致性。在制造过程中，为确保产品过程质量始终受控，众泰汽车整车从冲压车间到总装车间，全程共有超过 30 个质量控制关键点，通过动态检测采集信息，实时监控质量波动。并以全球统一的 Audit 检验体系进行评审，将最优质的产品交付给顾客。在市场质量的控制方面，新车交付后，质量部门通过 DMS 系统、售后走访和电话回访形式收集质量信息，快速解决顾客抱怨，保证客户满意度。

3. 潜心平台级研发

在核心技术研发方面，众泰汽车在杭州、重庆、意大利都灵和日本横滨设立了研发设计中心。目前，众泰汽车已形成了 A、B、L 三大技术平台，同时通过 6 大整车应用平台的建设、9 大关键技术的研发、6 大新能源汽车核心零部件项目的实施，推动众泰汽车与国际先进水平并轨。2016 年，众泰汽车自主研发两大整车平台和一个新能源专项平台，同时规划了一体化创新平台，未来众泰汽车将在整车技术上对标大众、通用等跨国车企。

4. 打造价值级产品

众泰汽车始终牢记"造老百姓需求的好车"使命，以用户价值为导向，打造高颜值、高配置、高效动力和经济实惠的国民好车。不仅在动力、配置、网络、品质、安全、NVH、车身技术、内饰八大层面予以升级，还通过一系列的创新驱动，使产品不断向互联化、智能化、绿色化、价值化迈进。目前，众泰汽车已形成了 Z、T、E、M、S、V以及大迈系列为主的七大产品矩阵，包含 SUV、新能源和轿车在内的20 多款整车产品，主销车型有 Z360、Z560、Z700、Z700H、T600、T600 运动版、T600Coupe、T700、T300、大迈 X5、大迈 X7、SR7、SR9、云 100S、云 100plus、大迈芝麻和 E200 等，均在所属细分市场取得了不俗的市场表现。未来众泰汽车还将推出多款全新车型，其中包括 T500、T800 及相应车型的纯电动版和混动版等。

5. 实现全球级采购

众泰汽车建立了全球级高标准化的供应商平台，通过与合资产品对标，先后与上汽、宝钢、博世、三菱、现代、莲花、江森、德赛西威、伟巴斯特、ABB、PPG 等国际知名供应商建立了战略合作伙伴关系。不仅有力保障了产品品质，也大幅度提升了产品的满意度。

6. 推进智能级智造

当今智能化生产已成主流，众泰汽车在"智造体系"建设上，以"互联网+机器人+可持续"来规划智能制造，通过引进机器人生产线，使车间全自动化生产的各个工艺环节精准到位，工艺装备水平在中国同规模工厂中居于领先水平，新工厂生产线自动化率可达80%以上。众泰汽车推进智能级制造有力保障了产品品质，为众泰汽车树立了品质派的正面形象，千辆故障率更是达到了合资车的水平。2015年 J. D. Power 中国新车质量研究（IQS）报告，众泰汽车荣膺中国品牌前三强，位列世界品牌第十二名。2016年，众泰 T600 IQS 排名在细分市场中位列中国品牌第二名，众泰大迈 X5 以 56.4 分的高分获得 C-NCAP 五星安全评级，并获得该批次自主 SUV 车型中的第一名。

7. 提创五星级营销

近年来，众泰汽车"提升渠道质量，打造五星服务"，通过创新营销组合，走出了一条"口碑+体验式"的创新品牌营销之路：突破传统营销，触"电"联"网"。"众行中国，一带一路"做足体验。征战 COC 场地越野赛、环塔拉力赛、环青海湖挑战赛、环洞庭湖拉力赛等，成就冠军品质。成立"众益行"公益品牌，创新公益营销，荣获 2015 年度创新品牌、2016 年度创新品牌营销奖。

（三）众泰汽车品牌营销之路

众泰汽车自成立以来始终坚守"精品造车、以质取胜"造车理念，致力于为消费者提供最优质的服务。面对竞争日益激烈的中国汽车市场，众泰汽车通过"五星"服务以及"口碑+体验"式的创新品牌营销手段，走出了一条独具特色并适合众泰的发展之路，且在一系列的活动中得到了成功的验证。先后荣获 CCTV 年度车型奖、创新中国绿色先锋品牌、2015 年度创新品牌奖、2016 年度品牌营销奖等多项荣誉。

1. 五星服务护航品质派车生活

在产品安全上，众泰汽车按五星安全评级设计，Z300、Z500、大迈 X5 等车型荣获 C-NCAP 五星碰撞安全评级。服务 G20 峰会期间，众泰汽车精心制订了"G20 峰会护航计划"，同时"众泰汽车给力特勤队"也正式启动，设置全天候 24 小时服务，以确保准确、高效完成车辆的服务保障工作。

在服务品质上，众泰汽车坚持以"提升产品质量、打造五星服务"为出发点，严格按照五星级标准稳步推进各项售后服务。在服务流程上，众泰汽车以客户为中心，建立以提醒预约——接车——制单/派工——维修进行——完工检验/内部交车——交车/结算——回访跟踪 7 个阶段为完整闭环的服务流程，并将每个流程进行分解细化，严格落实考核。在管理机制上，分别从服务管理、技术管理、备件管理、客服管理 4 个方面不断完善管理机制，通过及时反馈质量信息，开展市场质量整改，合理计划、储备和发送备件，通过 400 个客服 24 小时内对客户进行回访等举措，提升众泰汽车品牌的客户满意度和口碑。

凭借出色的终端销售网络硬件环境与服务意识，众泰汽车赢得了消费者的满意度与忠诚度，提升了众泰汽车服务品牌形象，并相继荣获品质杰出售后服务奖、消费者贡献奖和十佳售后服务标杆企业称号。

2. 娱乐赛事营销提升品牌知名度

2010 年众泰汽车以亿元中标央视一套黄金广告资源；2014 年众泰汽车再斥巨资在央视一套、五套及 13 套的《焦点访谈》《体育新闻》和《天气预报》等节目的特 A 级黄金时段播出广告。高密度、多频次的广告投放，进一步巩固提升了众泰汽车品牌影响力，通过大平台、大投入，努力实现从"制造众泰"迈向"品牌众泰"。2015 年 1 月，众泰汽车斥巨资赞助江苏卫视王牌节目《超级战队》，直接将主打产品搬上舞台，将众泰汽车的各种特性、优势无缝对接植入到竞技项目中，不仅证明了中国品牌的造车水准和品质，更在世界吉尼斯纪录上留下了"中国众泰"的光辉印迹，使品牌影响力得到全面提升；2015 年 9 月众泰汽车又携手央视 2 套推出全民益智互动类节目《惊喜连连》，收视率直线上升，直接带动了产品线上线下销量；2016 年 10 月众泰汽车携手吉林卫视打造全国首档情侣默契答题挑战真人秀节目《为爱而战》，通过摇奖的形式挑选出折扣购车的观众，以史无前例的优惠回馈广大消费者。

触"电"营销虽然让众泰汽车提高了知名度，但为了获得更广泛的影响力，众泰汽车不断地借势体育赛事，提升品牌知名度的同时也展现产品实力。2015～2016 年，众泰汽车征战 COC 越野锦标赛，连续两年称冠 COC。众泰 T600 首征环塔，夺得 SS5/SS8 两个高难度赛段的冠军，并获得 2016 年环塔优秀车队；众泰 E200 连续两年征战环青海湖（国际）电动汽车挑战赛，完成新能源汽车第一漂，斩获七项大奖；众泰云系列车型也在环洞庭湖拉力赛中以优异表现获得公开组冠军。通过赛事严苛的行驶环境及道路情况，考验车辆的品质稳定及越野性能，更好地提升车辆的操控性能和品质，持续聚焦和优化产品特质。这也很好地契合了众泰汽车一贯秉承并追求的"精品造车　以质取胜"的造车理念。作为稳健成长的自主品牌，众泰汽车也通过赞助高尔夫球赛、全地形车赛、中式八球赛、乒乓球赛、马拉松、汽车集结赛等打响品牌知名度。

3. 体验式营销提升众泰产品魅力

自 2014 年开启"众行中国"大型系列体验活动以来，众泰汽车不仅赢得了口碑，更积淀了深厚的品牌底蕴。2014～2016 年，众泰 T600 开启了以"众行中国"为主题的"再走丝绸之路、高原行、问茶之道、海南行、畅游青海、西藏探索之旅、勇闯罗布泊"七次长途路测体验，开创了汽车品牌体验营销的创新模式，不仅成为众泰 T600 品质检测的一种拉练，更是通过"一带一路"，将车队一路的行进与不同区域的营销工作进行带动。而众泰 T600 在翻山越岭、长途奔袭中所体现出的卓越性能，也通过媒体和社会舆论的持续发酵，在消费人群中口口相传。

4. G20 峰会让世界瞩目众泰：　Z700G20 公务版被浙商博物馆永久收藏

助力 G20 峰会，无疑是众泰汽车有史以来在品牌建设中最为亮眼的一笔。作为中国自主品牌汽车，众泰汽车以优秀的产品品质和性能全面超越部分合资品牌，成为 2016 年杭州 G20 峰会的官方指定工作用车。111 辆特别定制的众泰 T600 运动版、Z700、Z500 为 G20 峰会服务，其车队规模庞大，服务周期持久，运行里程漫长，无论对车的整体性能，或是人的耐力恒心，都是不小的考验。因而，众泰汽车能够圆满完成此次服务任务，意义深远。在服务 G20 峰会期间，众泰汽车频获与会嘉宾点赞，荣获 "G20 杭州峰会高级赞助商" 荣誉称号。众泰 Z700 G20 公务版还被浙商博物馆永久收藏。2013 年，"中国纯电动汽车第一牌" 即牌号为浙 A·2279H 的众泰 2008EV 纯电动车也已被杭州浙商博物馆永久收藏，成为中国新能源汽车的一段历史记忆。

5. 公益营销　勇担企业社会责任

作为民族自主品牌，众泰汽车自成立起便一直在爱心公益的路上奋力前行，积极履行企业社会责任，为社会的和谐发展贡献一分力量。面对汶川地震、玉树地震、雅安地震等自然灾害，众泰汽车第一时间捐赠物资，积极参与救灾工作。2014 年，众泰汽车积极响应浙江省政府 "五水共治" 号召，带头捐款百万元，带动社会共同参与 "五水共治"。

2015 年，众泰汽车正式成立 "众益行" 公益事业品牌，先后走进董存瑞部队和台儿庄，通过捐资助学、慰问老兵等形式开启了英雄精神励后人的公益新篇章，献礼抗战胜利 70 周年。

2016 年 11 月，在长征胜利 80 周年的时代主旋律中，众泰汽车又发起 "众益行·红色足迹" 关爱留守儿童行动，为革命老区延安的冯庄学校捐赠爱心物资并建立了"众泰爱心食堂"和"众泰希望图书馆",再次展现了众泰汽车不忘历史、回报社会的企业理念,以及自主品牌在品牌建设领域赤诚的责任担当。众泰汽车"众益前行"的公益理念也延伸到了社会生活的各个方面:4月,众泰汽车积极捐赠云100S,为西藏建设添砖加瓦;7月,众泰大迈心系江苏暴雨受灾群众,多次捐赠物资改善受灾群众生活状况,并携手中国文化管理协会演艺工作委员会一同开展"手挽手筑梦行动"大型公益演唱会……

万众一心,众益前行,众泰汽车勇担民族车企的历史责任与社会责任,为振兴民族汽车工业,打造中国品牌而不断奋进!因此众泰也荣获了"2015年度企业社会责任公益典范奖""2015中国汽车企业社会责任益轩奖""2016中国社会责任公益慈善奖"等荣誉。

6. 匠心智造　打造大国品牌新形象

从2014年习近平总书记提出"推动中国制造向中国创造转变、中国速度向中国质量转变、中国产品向中国品牌转变"到2017年国务院将每年5月10日设立为"中国品牌日",品牌强国已经成为国家层战略。2017年是"中国品牌日"元年,众泰汽车凭借过硬的品质实力和品牌影响力荣获中国品牌百强,树立"大国品牌"新形象。众泰汽车以全新的品牌形象向世界展现民族品牌的力量,担当中国民族品牌的使命与责任,成就"大国品牌"新时代,实现从"中国制造"到"中国品牌"的转型,用实力引领中国企业走向世界。

(四) 众泰汽车SUV主力担当

目前,众泰汽车已形成了涵盖SUV、轿车、MPV和新能源汽车在内的Z、T、E、M、V、S和大迈系列的七大产品矩阵。其中,SUV热销车型有众泰T700、T300、T600运动版、T600Coupe、T600、大迈X5、大迈X7、SR9、SR7等。2016年,众泰汽车SUV销量达253837辆,同比增长67%。主力车型众泰T600以11.2万辆的销量雄踞众泰

SUV 销量榜首。2017 年，在国内汽车销量增速明显放缓的情况下，众泰首款原创车型众泰 T700 市场表现火热，月销过万辆，位居自主品牌中大型 SUV 销量榜首。

1. 众泰 T700： 从优秀到卓越　行胜于言

众泰 T700 是众泰首款中大型原创豪华 SUV，于 2017 年 5 月 31 日上市。T700 外观融入国际先进设计理念，偏重时尚、运动且不失商务的综合表现。具有超高的颜值、奢华的配置、智能的科技以及匠心的品质，是目前同级车型中唯一配备电动吸合门、电动伸缩踏板、电子旋钮换挡，双液晶显示超大屏、智能语音控制且融汇目前领先智能科技、超五星级安全的综合性价比最高的车型。

众泰 T700 长、宽、高分别为 4748 毫米、1933 毫米、1680/1697 毫米，在自主中大型 SUV 中占据领先地位，结合 2850 毫米的超长轴距，成就超越同级的舒适乘坐空间。全系采用高端皮质工艺，拥有良好的包覆性与支撑性，并提供电动多向调节、座椅加热、按摩、通风及电动记忆等功能，进一步满足车内乘员的多样化需求，提供至臻乘坐体验。10.1 寸超大中控触屏设计，集成音乐、电台、导航、蓝牙、智能手机及倒车影像等实用功能。车联网 Tye-net 智控系统，为消费者构建更为便捷的手机端远程操控体验。凭借优越的性能，众泰 T700 获得"2017 国产 SUV 车型奖"。

2. 众泰 T300： 实力派驾趣 SUV

众泰 T300 定位于紧凑型 SUV，长、宽、高分别为 4405 毫米、1830 毫米、1665 毫米，轴距为 2610 毫米，搭载 1.5T 和 1.5L 两款发动机，其中 1.5T 发动机最大功率 105kW，最大扭矩 205 牛·米，并匹配 5 挡手动和 CVT 变速箱。新车前格栅采用六边形设计，配大面积车头大灯，悬浮式车顶，完全符合时下流行审美。内饰上，新车采用棕色和黑色双色搭配，全液晶仪表盘配备大尺寸中控屏。此外，T300 还将配备众泰自主研发的人车智能交互系统，可实现手机遥控开启发动机、空调和智能语音控制，还设置了手机无线充电装置。众泰 T300 集原创外观设计、内饰布局、智能人机交互系统、强劲动力组合和越级空间等魅力于一身，不愧为实力派驾趣 SUV，必将吸引更多年轻消费群体。

3. 众泰 T500：将于 12 月正式上市

2016 年 10 月，众泰 T500 正式下线。T500 定位于众泰 T300 和 T700 之间，是众泰旗下的一款全新 SUV 车型。众泰 T500 的前格栅采用多种材质组合而成，并与 LED 自动前大灯配合，看起来大气稳重。尾部造型饱满，全新的横贯式尾灯设计与前大灯完美呼应。车身尺寸方面，众泰 T500 长、宽、高分别为 4632 毫米、1850 毫米、1695 毫米，轴距为 2700 毫米。此外，T500 的风阻系数为 0.33。众泰 T500 的内饰采用了全新个性化的设计风格，提供黑色以及米色两种内饰配色。其配备了全新的三辐式多功能方向盘，并使用了众泰最新的"zotye" LOGO。新车中控区域采用多层次布局，自上而下分别为中控大屏、空调出风口、触控区以及功能按键区。

配置方面，新车将配备一键启动+无钥匙进入、胎压监测、全景泊车影像、行车记录仪、触控式静音空调、液晶仪表盘、全景天窗、语音控制和车联网等配置外，高配车型还将配备 ACC 自适应巡航、AEB 自动紧急刹车系统、ESC 车身稳定系统等核心配置。

动力方面，新车将搭载一台 1.5T 发动机，预计最大功率为 156 马力（115kW），峰值扭矩为 205 牛·米，传动系统将匹配 5 速手动和 6 速手自一体变速箱。

4. 众泰 T600Coupe：行止有度　视野无疆

作为众泰汽车首款都市酷跑 SUV，众泰 T600 Coupe 配备 1.5T+6AT 黄金动力组合，动力性及燃油经济性达到了国内自动挡车型一流水准，媲美合资进口车型，且百公里加速仅需 11.35 秒，百公里油耗仅为 7.9 升，100-0 米刹车距离只有 39 米。众泰 T600 Coupe 长、宽、高分别为 4654 毫米、1893 毫米、1696 毫米，与现款 T600 相比在长度及高度方面更具优势，结合 2807 毫米超长轴距，以及 44L 超大后备厢容积和后排座椅提供的 4：6 放倒功能，亦为消费者提供更加舒适乘坐空间，并完全满足用户的日常出行、外出旅行，以及大件物品的运输需求。

全系标配 ABS+EBD、EPB 电子驻车、智能车身防盗报警系统、前排四安全气囊、PM2.5 绿净装置以及集成多媒体视听功能于一体的 9 寸中控彩色大屏等众多实用高端科技配置，律动氛围灯、360°全景倒车影像、盲点信息系统、车道偏离预警、雨量感应式智能无骨雨刷、全景电动天窗、手机无线充电、后背门脚步感应开启、Tye-net 智控系统、全彩色液晶大屏仪表、智能伸缩踏板等尖端配置，也应用于不同配置的车型上，最大化满足消费者的用车需求。NVH 技术优化后，T600 Coupe 怠速时仅有 36 分贝。

5. 众泰 T600 运动版： 行止有度　视野无疆

T600 运动版是目前同类 SUV 中综合配置最高的车型，也是众泰汽车首款采用旋钮换挡的车型，科技感强。配置方面，众泰 T600 运动版全系标配 LED 日间行车灯、车内氛围灯、前排座椅加热、10 寸多媒体彩色屏幕、GPS 导航、智能语音控制系统、后排出风口、手机无线充电等功能。此外，诸如全液晶式组合仪表、360°全景影像、盲点信息探测、电动开启尾门，以及智能语音控制系统、PM2.5 绿静技术等尖端配置，也将进一步满足消费者需求。在动力方面，众泰 T600 运动版延续经典 1.5T 与 2.0T 涡轮增压发动机，最大功率分别为 119kW 及 140kW，最大扭矩为 215 牛·米和 250 牛·米。传动系统匹配 5 挡手动或 6 速 DCT 双离合变速箱，百公里加速表现仅 9.52 秒，与同级相比更具优势且可全面满足不同用户的动力需求。

6. 众泰 T600： 行止有度　视野无疆

T600 是众泰汽车 2013 年基于市场、用户和竞争标杆的研发理念打造的一款智能全景都市 SUV。产品设计集大气、安全、舒适、品质于一身，是一款适合野外作业的城市型 SUV，同时兼顾了舒适性、实用性以及良好的驾驭感。一经上市便掀起了中国主流 SUV 新潮，成为中国 SUV 界最大赢家，曾获得"2014 品质杰出奖"等荣誉。T600 主打超高性价比，先后推出了 1.5 TMT、2.0 TMT 与 DCT 等车型，2015 年众泰 T600 通过 26 项细节与品质提升，进一步优化了综合性价比与市场竞争力。

7. 众泰大迈 X7：勇敢做自己

大迈 X7 是众泰大迈在"专研需求、专注品质、专心服务"的理念下，为中国老百姓打造的一款高品质、高性价比的高性能中型长轴 SUV。大迈 X7 先期推出的四款车型搭载了 1.8T 涡轮增压发动机，最大马力 177Ps，峰值扭矩 245 牛·米，与之匹配的是一款 5 挡手动变速箱。该发动机采用低惯量涡轮增压技术，涡轮在 1000rpm 便开始介入，并在 1750~5300rpm 常用转速区间内保持最大扭矩 90% 以上的持续平顺输出。

8. 众泰大迈 X5：迈享自由

大迈 X5 是众泰大迈秉承"迈享自由"理念，顺应市场需求，结合自身优势，借鉴国内外先进制造技术，推出的全新高品质紧凑型新"驾"值 SUV。大迈 X5 长宽高分别为 4527 毫米、1836 毫米、1682 毫米，轴距为 2680 毫米。动力方面，大迈 X5 搭载 1.5T 涡轮增压发动机，并匹配 5 挡手动或 6 速 CVT 无极变速箱。外观方面，大迈 X5 车身多处采用仿生学设计，极具动感。在内饰设计上，大迈 X5 融入德系高端车的设计元素，中控台采用软性搪塑工艺进行覆盖，堪比豪华品牌 SUV。大迈 X5 全系标配电子手刹、安全气囊、ABS+EBD、电子助力转向等安全配置。与此同时，大迈 X5 还推出了七座版车型，更是目前市场中 8 万元级别里唯一带 T 动力的七座紧凑型 SUV。

9. 众泰 SR9：耀出色

"优雅曲线与豪奢气质完美结合，心广体旷尽显运动风范"。轿跑

SUV 颠覆式造型，让众泰 SR9 摘得 "中国首款轿跑 SUV" 的桂冠的同时，也俘获了每个年轻行者追逐梦想的心。众泰 SR9，前脸层次分明，腰线流畅、优雅，尾部饱满有力，磅礴大气、动感十足。凌越轿跑的 0.36 风阻系数、超越同级别车型的 0.85 车宽比、罕见的 1258 毫米× 857 毫米大尺寸全景天窗、19 寸超大铝合金轮毂、"Tye-net" 智能车联网系统、高科技电动后背门、流畅 CUOPE 车顶造型、国际顶级底盘调校工艺以及全系 2.0T 澎湃动力，每一处都是众泰 SR9 实力的见证。

10. 众泰 SR7： 活出色

众泰 SR7，崇尚活出个性、活出自己、活出精彩，是一款随心、随变、随享的 "SUV 新魔方"。车身尺寸方面，众泰 SR7 长、宽、高分别为 4510 毫米、1835 毫米、1610 毫米，轴距 2680 毫米。SR7 外观颜值颇高，且拥有多变的车身色彩，共有 6 种纯色、4 种混搭的车身色彩供自由选择，仿佛是一款百变的魔方，能够满足年轻人追求个性化的需求。内饰方面，SR7 采用了 T 型运动座舱，配备了市面罕有、同级独有的 12 寸超大触控屏。动力方面，众泰 SR7 全系搭载 1.5T 涡轮增压发动机，匹配 CVT 或五速手动变速器。发动机功率为 110kW/ 6000rpm，扭矩为 195N·m/2000-4400rpm，动力高效强劲。

（五） 众泰汽车未来规划

未来，众泰汽车将沿着 "中国制造 2025" 战略规划进一步完善产品序列、提升品牌形象和影响力，通过加大产品研发投入，形成全新设计语言和 DNA 元素的众泰汽车家族脸谱，产品品质争取能比肩国际品牌。以全球化视野来规划和发展众泰汽车，通过掌握核心技术，特别是在新能源、智能网联和无人驾驶等领域实现创新领先，打造具备国际核心竞争力的世界知名品牌，真正实现 "品质派 World tye" 的梦想！

在动力总成方面，众泰汽车已经大规模运用第二代发动机（1.8T、

1.5T 发动机），下一代将推出 1.2TGDI、1.5TGDI、1.6TGDI、2.0TGDI（横置/纵置）一系列全新动力总成，其自主开发的三代动力系统将全面配备缸内直喷和涡轮增压技术，预计在 2018 年前后陆续推向市场。

在汽车智能化和互联化方面，自 2016 年正式对外公布后，众泰无人驾驶样车已经可以实现城市特定工况的自动驾驶和高速公路自动驾驶。在车联网服务上，众泰汽车 2015 年底推出了车联网品牌"Tye-net"，为消费者提供六大种类共计 27 项具体服务功能，下一代的车联网产品将围绕更加人性化的 HMI 人机界面和更完善的车联服务展开。未来众泰汽车将着重推进在硬件与算法、软件服务和大数据运营三大方向的核心技术能力积累。

在产品规划上，2017 年众泰汽车推出了 T300、T700、T600 Coupe 等车型，今后还将推出众泰 T500、T800 等多款全新车型，以及现有车型的改进车型，继续引领消费新需求，实现新的增长。

在品牌营销上，众泰汽车将继续通过多形式创新发展品牌势力，通过中央电视台国家平台传播民族品牌新形象；通过新华网等更多平台搭建更广泛的公益事业，为中国公益事业发展做更大贡献。

六、航盛——走向全球的中国汽车电子"领头羊"

多年来，汽车电子技术一直被国外的跨国公司所垄断，能在汽车电子领域突围的自主零部件企业并不多。近年来随着整车制造技术突飞猛进地发展，给中国汽车电子产业带来了机遇，有越来越多的中国企业开始崭露头角，敢于向跨国巨头"掰手腕"，航盛就是其中一家。从一家濒临倒闭的音响制造厂，到现在为全球整车客户供货，航盛的成长就是中国汽车电子产业的缩影。现如今，航盛通过对智能网联信息系统、智能驾驶辅助系统、新能源控制系统的精密布局，不断向全球汽车电子巨头的目标迈进。

（一）敢于和跨国公司"掰手腕"

"汽车零部件是传统产业，汽车电子则是朝阳产业。"深圳市航盛电子股份有限公司（以下简称"航盛电子"）总裁杨洪在 2017 年深圳国际汽车电子产业年会上说："曾经中国的汽车电子很羸弱，但今天我们正在杀出重围，与跨国公司短兵相接。"

长期以来，中国的汽车电子一直被跨国公司所垄断，中国企业在这一领域很难立足，杨洪何以有这样的底气，敢于和跨国公司"掰手腕"，敢于说出中国汽车电子企业压抑很久的一句心里话，这源自于他对汽车电子趋势的判断，源自于航盛这些年来所走的每一步都很坚实。

航盛电子成立于 1993 年，注册资本 2.1 亿元，是一家集研发、生产、销售、售后服务、物流配送于一体，为整车企业开发生产智能网联信息系统、智能驾驶系统、新能源汽车控制系统等产品的国家级高新技术企业。经过 24 年的发展，航盛电子已经与国内外众多汽车厂商建立了长期稳定的合作关系。

2016 年，航盛电子销售额接近 50 亿元。国内整车销量前 20 位的汽车企业中，有18家都是航盛电子的客户。从市场份额看，2016年全国汽车销量超过2800万辆，其中近600万辆汽车都使用了航盛电子的产品。航盛电子市场覆盖率达90%，市场占有率达25%以上。目前，航盛电子的产品也逐步进入国际知名汽车企业的全球采购体系。

近年来，汽车电子技术和整车制造技术的发展速度越来越快，产品更新迭代周期越来越短。汽车电子产业的发展直接推动汽车工业的高速发展，在提高汽车驾驶的安全性、稳定性、舒适性方面起到了关键作用。

不可否认的是，汽车电子的技术应用水平已经成为衡量整车先进程度的重要指标。汽车电子行业是一个易吸纳新技术、新工艺、新材料的行业，因此汽车电子行业最能体现和把握我国制造工业向智能制造转型的发展脉络。

从全球汽车产业对比发展来看，业界普遍担心中国汽车电子产业核心技术缺失，尤其是汽车底盘、车身控制电子领域。十几年来，国家相关部门努力从政策上推动汽车电子产业的联合研发和技术进步。同时，我国相关企业需要有符合产业趋势的长远发展战略和准确定位。

航盛电子就是从这样的环境中成长起来的。杨洪总裁根据航盛电子实际发展状况，并结合中国汽车电子产业现状制定了"把航盛电子发展成为中国的博世，汽车电子行业的华为"的企业愿景。航盛电子为了这个梦想坚持不懈、殚精竭虑。实际上，这不仅是航盛电子的梦想，也是中国汽车电子产业的梦想，更是中国自主汽车零部件企业的梦想。

（二）创新已经根植到航盛的血脉中

航盛电子已经成为中国汽车市场上一家"小而强"的企业，规模虽不比国际数百亿的零部件巨头，但在汽车电子领域已引起全球市场的关注。

在中国汽车电子市场上，前十大品牌中航盛电子是唯一一家自主品牌企业，其余均为跨国巨头，取得这样的成绩离不开航盛电子"敢为天下先"的自主创新精神、持续不断的研发投入、强大的生产制造能力和卓有成效的管理模式。

"唯有创新，才能让企业立于不败之地。"这是杨洪经常挂在嘴边的一句话。很多企业家都明白这句话的道理，也会经常说起这句话，但真正能够做到并根植到企业基因中的，并不多见。航盛电子在发展过程中的每一个关键节点，都是靠对这句话的理解突围的。

靠创新赢得尊严，靠创新赢得地位。航盛电子是国内唯一一家获得"日产全球技术创新奖"的自主企业，是"省知识产权优势企业"，2007年被国家发改委、科技部等部门联合授予"国家认定企业技术中心"；2008年获得"国家级高新技术企业"称号；2010年获批成立国内汽车电子行业第一家博士后科研工作站；2013年12月，杨洪总裁获评为"2013创新中国十大年度人物"，在人民大会堂接受了表彰；2015年航盛电子产品验证检测中心成为CNAS（中国合格评定国家认可委员会）认可实验室，2016年通过软件能力CMMI4级认证评估。每个荣誉的背后都是源于对创新的执着。

注重产品研发的航盛电子，目前已形成了自主研发、国际合作、厂校联合三位一体的技术创新模式。2010年，航盛电子成立新能源汽车电控事业部，全面进军新能源汽车电池电机控制系统领域，并与全球计算机创新领域领先厂商英特尔公司共建航盛—英特尔联合创新中心。2012年，航盛电子投入巨资建设了深圳市市级工程实验室——北斗导航终端技术工程实验室，开发北斗导航产品，被推举为广东省北斗卫星导航产业联盟主席团单位。航盛电子还主导或参与了十多项汽车电子产品行业标准的制定和国家汽车电子产业发展战略规划的编制，在中国汽车工业发展史上写下了浓墨重彩的一笔。

航盛电子具备了强大的生产制造和研发能力，在北京、上海、吉林、柳州、吉安、鹤壁等地分布有子公司 10 余家，先后通过了 ISO 9001、QS9000、VDA6.1、ISO/TS16949、ISO 14001 和 QC080000 的管理体系认证以及大众、日产、三菱、福特、标致雪铁龙、菲亚特等国际客户的企业认证。在不断提高深圳总部高端制造能力的基础上，2013 年，鹤壁航盛工业园、江西航盛工业园相继建成投产，航盛电子制造战略布局面向全国市场。

通过推行卓越绩效的管理模式，航盛电子经营质量不断提升。航盛电子连续多年被各大客户评为"优秀供应商"，先后获得了"中国电子信息百强企业""广东省著名商标""广东省名牌产品"等荣誉。2011 年成为唯一一家同时获得广东省政府质量奖和深圳市市长质量奖的企业。2012 年成为深圳市首批四个卓越绩效示范基地之一，标志着公司成为从"深圳速度"向"深圳质量"转型的典范。2013 年，杨洪总裁荣获"深圳市质量强市金质奖章"。2017 年 9 月，航盛电子荣登 2017 中国汽车零部件企业百强榜。

（三）基因传承造百年航盛

杨洪总裁说："造百年航盛，这是我的梦想，也是每一位航盛人的梦想。"作为一位 20 世纪 60 年代出生的企业家，杨洪总裁眼里最重要的东西是要培养"70 后""80 后"，甚至是"90 后"的年轻骨干，让一代一代的接班人把打造百年航盛的基因传承下去，同时还要营造中国汽车电子行业和谐发展的环境。只有这样，航盛电子才能做到龙腾四海、基业长青。

航盛电子地处工业优越发展的珠三角地带，产业集群程度与科技研发实力均走在国内前列。航盛电子在珠三角地缘优势的带动下，积极发挥中国汽车电子协会、深圳市质量协会会长单位的模范带头作用，巩固自身在汽车电子行业的战略领先地位，全面推动战略性新兴产业的蓬勃发展，注重用新技术、新业态全面改造提升传统产业。

　　航盛电子在发展进程中注重国家时政在企业的落地实施，紧跟"中国制造 2025"创新驱动、质量为先、绿色发展、结构优化、人才为本的基本方针，大力推动重点领域突破发展，积极促进新能源汽车零部件的开发与研制，全面推进高效节能、先进环保和资源循环利用产业体系建设。根据国家政策方向，航盛电子制定了"三三二·一一八"中长期发展规划目标。"三三二"，即三个创新，商业模式创新、技术创新、管理创新；三个转变，由经营型向经营管理型、由规模型向规模实力型、由速度型向速度效益型转变；两种能力，实现研发能力和管理能力的全面提升。"一一八"是指销售收入 100 亿元，汽车电子板块产销量达 1000 万台套，净利润率 8% 以上。

　　实现"三三二·一一八"，打造百年航盛，以杨洪总裁为首的"航盛人"正在为抵御未来市场风险打造超强基因。

　　一是体系能力建设。经过 20 多年的积累，航盛电子在体系能力建设方面奠定了良好基础，对汽车文化及汽车行业发展规律有了很好的理解，航盛电子的汽车产品实现了大批量、高一致性的生产能力，具备高技术含量和成本优势。

　　二是坚持自主研发。航盛电子从客户需求出发，建立课题进行技术攻关，对车载娱乐系统，新能源汽车控制系统、智能网联以及智能驾驶技术都坚持自主研发。

　　三是客户服务意识。航盛电子的产品逐步进入国际知名汽车企业的全球采购体系，广泛的市场覆盖面要求航盛电子必须建立强大的客户服务网络。现在航盛电子已经建成了 24 小时客户响应机制。

　　四是集团化管理。从单一的收放机到现在的车载娱乐系统；从单一的车载电子零部件到现在的车载系统供应商，航盛电子已经拥有 20 多家控股子公司，分布在国内外市场，为了达到更有效的管理，航盛电子建立了集团化的管控模式。

　　五是塑造品牌竞争力。作为自主品牌、民族品牌，航盛电子已经获得了很多荣誉，目前已是中国汽车电子行业的龙头企业。航盛电子非常注重塑造品牌形象，实现品牌影响力与产品品质共同进步。

六是广纳人才。航盛电子积累了很多优秀基因，发展战略明确，商业模式清晰，另外就是要广纳人才，包括国内的技术管理人才、国际化的综合性人才。优秀人才储备是企业研发实力提升的根基。

（四）智能化与新能源时代的谋篇布局

航盛电子的发展可以分为三个十年：第一个十年是从1993年企业成立之初到2003年，这是奠定基础、体制机制改革的十年，是引入战略股东爆发式增长的十年；第二个十年发展截止到2013年，这是自主创新、技术创新与管理创新的十年，是以开放心态打造核心竞争力的十年；第三个十年是从2014年到2023年，是航盛电子转型求变、持续发展、迎接未来的十年，是认清人工智能、新能源电控等产业方向，并实现跨越式发展的十年，是朝着世界级、国际化企业迈进的十年。

"进入第三个10年以后，航盛电子变化确实非常大"，杨洪总裁说。航盛电子坚持"强技术、重质量、提价值、树品牌"的总体发展思路，随着汽车工业智能化、电动化、信息化与低碳化发展，航盛电子开始加强智能网联信息系统、智能驾驶系统、新能源汽车控制系统核心产品竞争力与价值创造力的提升。这三大系统已经是航盛电子最重要的三大业务。

智能网联信息系统与航盛电子传统业务契合度最高，航盛电子要将这项业务做专、做精，这也是重点投入的领域。在车载智能网联业务上，航盛电子的目标是要做到技术上国内领先、国际一流，通过"自主+合资"的方式做到国内市场的领导地位，在国际市场上具有一定影响力。

智能驾驶辅助系统属于航盛电子的种子业务，其安全级别最高，发展难度也最大。航盛电子在"十三五"期间重点发展ADAS，包括高级驾驶辅助系统、自动泊车、全景高清摄像头、倒车雷达等产品。目前，航盛电子在 ADAS 单项技术上已经开始产业化。

新能源三电控制系统属于航盛电子具有发展潜力的增长性业务。借助资本力量，航盛电子构建了新能源汽车技术核心开发能力，实现技术领先，是目前少数新能源汽车三电全部开发的企业之一。2016 年，经过 6 年的积累，航盛电子成立了航盛新能源有限公司（以下简称"航盛新能源"），形成了以 MCU（电机控制器）、VCU（整车控制器）、BMS（电池管理系统）控制系统全面覆盖的局面，产品覆盖乘用车与商用车平台，未来将继续加强对电机及 PACK 资源的整合以及建立动力总成系统配套能力。

目前，航盛新能源三电产品全部满足车规级标准，且统一到一个芯片平台，实现了底层软件标准化，功能安全等级达到 QM；电池管理系统兼容市场全部新能源车型，SOC 估算精度为 5%～11%；电机控制器（MCU/PEU）方面，采用多合一的高度集成化的高压系统集成方案，实现结构轻量化、小型化、平台化，有利于整车布置，降低损耗；整车控制器（VCU）建立控制设计模型并进行离线仿真，已经建立功能模块库，实现符合国际标准的通信、诊断、标定协议。

2017 年 5 月 22 日，航盛电子在新能源汽车领域的耕作再进一步，航盛新能源与东风电动车辆股份有限公司签署了合资经营新能源车辆控制系统的协议，合资组建东风航盛汽车（武汉）控制系统有限公司，标志着航盛电子在新能源核心零部件控制系统方面与整车客户合作进入新的阶段。

（五）汽车巨头点赞航盛

2017 年 8 月，航盛技术中心南山研究院正式揭牌。在揭牌典礼上，有一行人值得关注，他们是日产 EVP 中村公泰团队。他们的到来也是航盛国际化合作的例证。

多年来，航盛一直坚持走国际化道路，重点放在欧洲、日本、东南亚等国家和地区，以欧系、日系汽车配套客户为主。航盛电子的国际客户有雷诺日产、本田、铃木、PSA、大众等。航盛电子海外业务快速拓展，"十三五"末将全面进入国际八大整车企业的全球采购体系。

2017 年 3 月，航盛电子驻法国办事处成立。自 2015 年航盛电子在法国 PSA Vélizy 研发中心成功举办航盛专场技术展以来，接连取得 PSA 全球采购的显示屏、收音机等多个项目，因此航盛电子在法国组建团队已成为航盛与客户共同的迫切需求，法国办事处应运而生。航盛法国办事处致力于为 PSA、雷诺等法国本土车企提供工程支持、项目管理、质量控制、物流管理和售后全方位、快速的本地化服务，做到积极响应合作伙伴的需求，提出有价值的创新和改善计划。

在国际市场，航盛电子居安思危，不曾停止创新的步伐。从 2015 年 PSA 技术专场开始，航盛电子不断向欧洲客户展示出众的技术实力，也让航盛品牌在欧洲汽车界获得了前所未有的关注。近期，航盛开始为 PSA 提供引领汽车内饰新趋势的曲面屏中控系统，这款产品采用了可控双色注塑变形技术，使大尺寸曲面面板收缩变形量可控，同时改善了常规全贴合工艺产生的显示 mura 缺陷，提升了显示图像的品质，另外创新的胶体结构设计避免了常规 TFT 屏幕刚性固定方式产生的组装应力。

航盛电子走向国际市场靠的是日积月累的技术和管理能力的不断提升。杨洪总裁认为，只要企业真正地在研发，在发展理念方面注重质量，注重体系能力建设，注重研发投入，并不断地在新材料、新技术、新工艺方面创新探索，中国汽车电子企业就会有更广阔的发展空间。

（六）为中国汽车电子赢得尊重

航盛电子代表了中国汽车电子产业的最新水平。从中国汽车产业的竞争格局来看，吉利、长城等企业成长非常迅速，自主品牌的市场占有率已达到45%，因此自主品牌再发展需要有更多优秀的自主汽车电子零部件企业在这个阶段有所作为，航盛电子承担起了这种助力自主汽车企业发展的责任，通过不断提高自身的技术创新能力，来提升中国汽车整个体系的竞争力。

航盛电子今日的成绩源自于对技术、对研发的重视，实现了引领中国汽车电子产业发展。多年来，航盛电子持续加大研发投入，技术人员数量从2011年的226人增加到2016年的1100人，开发投入占销售收入的比重更是从2.2%（2011年）增长到12%（2016年）。航盛电子主动承担了多项国家科技项目，推动自主汽车电子产业发展。航盛从TS16949"质量管理"模式逐步过渡到"卓越经营"管理；并通过整合科研机构、国际资源、互联网企业等资源来提升企业技术研发能力。

对汽车厂商而言，产品的性能和质量永远是第一位的，过去整车厂都倾向于采购那些成熟的、没有风险的国际巨头的产品，现在航盛电子这样的民族品牌因其高水平、重质量的发展，已经获得了国内外企业的高度关注。

中国汽车产业正走在由大到强的道路上，自主汽车零部件企业肩负着中国汽车工业从大到强的重要任务。正如杨洪总裁所说，航盛电子必须参与其中，承担起做强中国汽车电子产业的使命。

使命呼唤担当，使命引领未来。航盛电子积极响应国家振兴实体经济的号召，立足于实体经济，不忘初心，牢记使命。航盛电子将助力中国由汽车大国迈向汽车强国，为中国的汽车电子在国际市场上赢得尊重。

参考文献

［1］ Davis S. C., L. F. Truett. Analysis of Impact of Sport Utility Vehicles in the United States ［A］. Oak Ridge National Laboratory, 2000.

［2］ 赵英."自主开放"研发创新模式探索［R］. 北京：首届自主品牌汽车年度发展趋势研讨会, 2017.

［3］ http：//www. autohome. com. cn/suv/#pvareaid=103451.

［4］ http：//www. jato. com/global-car-sales-5-6-2016-due-soaring-demand-china-india-europe/.

［5］ https：//www. edmunds. com/ford/edge/2017/suv/.

［6］ https：//cars. usnews. com/cars-trucks/rankings/suvs.

［7］ http：//www. auto-motor-und-sport. de/news/suv-neuzulassungen-maerz-2017-zulassungszahlen-769337. html.

［8］ http://beijing. bitauto. com/? referrer=https://www. baidu. com/link? url=VS8MOF7ys30-x2mUWmpRtv61lkqRu-sbDLFzDf7QLTylrJa1ZH GDUb5YW-4vxUHm&wd=&eqid=965a26920004a6dd000000045950dcd1.

［9］ http://europe. autonews. com/article/20170324/ANE/170329994/suv-sales-rise-to-25-of-european-market.

［10］ http://auto. sina. com. cn/news/hy/2017-06-18/detail-ifyhfnrf9298402. shtml.

［11］ http://www.sohu.com/a/119405419_430289.

［12］ http://www.goodcarbadcar.net/2017/01/2016-year-end-usa-suvcrossover-sales-by-model.html.

［13］ http：//auto. gasgoo. com/News/2013/03/150907527526O187544692. shtml.

［14］https：//www. trucks. com/2017/01/04/trucks － record － 2016 － auto-sales/.

［15］http：//fortune.com/2014/11/17/top-10-research-development/.

［16］http：//guangzhou.auto.sohu.com/20170301/n482061595. shtml.